Evolutionärer Idealismus

*

Gottes Schatten

im Zentrum des Regenbogens

Über den Autor:

Gerhard Höberth, Jahrgang 1960, arbeitete zunächst als Computertechniker, Informatiker, Technischer Zeichner, Gärtner, Schafhirte, Grafiker und Kunstmaler, bevor er an der Universität Wien Philosophie studierte. Dazwischen beschäftigte er sich mit vergleichender Religionsforschung und unterzog sich parallel mehreren Einweihungswegen in traditionellen esoterischen Schulen und psychologischen Selbsterfahrungsprogrammen. Seit 1991 arbeitet er unter anderem als Philosoph, bildender Künstler und freier Autor.

Kontakt:

Email: info@hoeberth.de

Website:
www.hoeberth.de

Bisherige Veröffentlichungen (Auszug):

»ITEX Kurioso«, 1990, Eigenverlag

»Das Lambdoma«, 1999, Mitteilungen Nr 42, Kreis der Freunde um Hans Kayser

»Struktur der Ganzheit«, 2000, KernVerlag

»ITEX Kurioso«
Überarbeitete Neuauflage, 2006 creAstroVerlag

Gerhard Höberth

Evolutionärer Idealismus

*

Gottes Schatten

im Zentrum des Regenbogens

creAstro Verlag

Besuchen Sie auch die Website www.creastro.de

Bibliografische Information Der Deutschen Bibliothek

Die Deutsche Bibliothek verzeichnet diese Publikation in der Deutschen Nationalbibliografie; detaillierte bibliografische Daten sind im Internet über http://dnb.ddb.de abrufbar.

Gerhard Höberth
Evolutionärer Idealismus
Gottes Schatten im Zentrum des Regenbogens

Wasserburg am Inn, creAstro-Verlag 2010

ISBN: 978-3-939078-04-3

Grafik: Gerhard Höberth

Umschlaggestaltung: Gerhard Höberth

Gedruckt in Deutschland

Mein herzlicher Dank gilt meiner Frau Ilona Picha-Höberth, die mit viel Herz und unendlicher Geduld den Text immer wieder las und dafür sorgte, dass er verständlicher und lesbarer wurde. Wenn dies an der einen oder anderen Stelle nicht gelungen ist, liegt das ausschließlich an mir.

Auch deshalb widme ich ihr dieses Buch.

Inhaltsverzeichnis

Im Zentrum des Regenbogens

siehst du den Schatten jenes Ortes,

an dem Du Gott suchen musst.

Um das Ganze verstehen zu können, muss man die Teile verstehen, aber man kann die Teile nur verstehen, wenn man einen gewissen Begriff vom Ganzen hat.

David Couzens Hoy

1 Grundlagen des EvId

1.1 Einleitung

Als ich ein Kind war, erzählte man mir, dass *dort wo der Regenbogen den Boden berührt, ein Topf voll Gold vergraben sei.*

Ich habe das nie geglaubt. Hatte ich doch schon längst im Garten meiner Großmutter mit dem Wasserschlauch gespielt und, den Rücken zur Sonne gekehrt, die schönsten Regenbögen erzeugt. Wenn ich meine Position veränderte, wanderte auch der Regenbogen mit. Wie also sollte ich mit der Schaufel geschultert jenen Platz erreichen, an dem ich den Goldtopf ausgraben soll, wenn der Regenbogen ständig vor mir zurückweicht? Es konnte also diesen Ort - und damit auch den Goldtopf - nicht wirklich geben.

Mittlerweile ist mir natürlich bewusst geworden, dass diese Geschichte des Regenbogens eine phantastische Metapher ist und in einer bestimmten Form von Übertragung auf eine Symbolebene durchaus wahr sein könnte. Man darf sie nur nicht wörtlich nehmen. Diese Geschichte bedarf einer metaphorischen Interpretation und benötigt keinen sachlichen, sondern einen hermeneutischen, interpretierenden Verstand. Durch diese Betrachtungsweise habe ich den Goldtopf tatsächlich gefunden, nur nicht am Ende, sondern im Zentrum des Regenbogens.
Und wie? Davon handelt dieses Buch.

Geschichten über den Regenbogen gibt es über die ganze Welt verstreut in allen Kulturen.

Die Aborignes erzählen in ihren Traumzeitgeschichten, dass in den Wasserlöchern der australischen Wüste die Regenbogenschlange wohnt, welche sich von Zeit zu Zeit aus diesen kleinen Seen heraus windet um sich über den Himmel zu spannen. Wer Wasser trinken will, muss daher eine rauchende Fackel zum Wasserloch mitnehmen, um nicht verschlungen zu werden.

In den Mythologien der nordamerikanischen Indianer und der Polynesier ist der Regenbogen die Verbindung zum Jenseits. Er ist der Weg, der die verstorbenen Seelen ins Leben nach dem Tod führt.

Bei den Navajo-Indianern im Südwesten der USA spricht man von Göttern, welche auf ihren Wanderungen die Regenbogenbrücken über die Schluchten spannten. Einige dieser himmlischen Pfade haben sich verfestigt und sind heute – zu Stein geworden – immer noch zu besichtigen.

Zeus bediente sich laut Homer der Iris, der Göttin des Regenbogens, welche »eilend auf dem stürmischen Regen« seine Botschaften an Götter und Menschen übermittelte. Sie war die Tochter von Elektra und dem Wundergott Thaumas, ihr Großvater der tiefströmende Okeanos. Iris, die Regenbogengöttin, wird also aus Wasser (Okeanos) und Wunder (Thaumas) geboren.

Im Sagengedicht Edda wird der Regenbogen als die mit Kunstfertigkeit und Verstand aus drei Farben gebaute Verbindungsbrücke zum Himmel genannt, die bei der Götterdämmerung einst zerstört werden wird.

So wundert es auch nicht mehr, dass dem Regenbogen in der Bibel ebenfalls ein Ehrenplatz zukommt. Er symbolisierte dort den Übergang von einer früheren, dunklen Ära zu einem Zeitalter, in dem Gott zu den Menschen eine innigere Beziehung aufnimmt und verspricht, dass die Menschheit nie wieder in einer Sintflut untergehen wird. Er ist Symbol des neuen Bundes. Immer wenn der Mensch einen Regenbogen erblickt, erinnert ihn dieser daran, dass er auf Gott vertrauen darf.

Soweit unser Wissen in die Zeit zurückreicht, beschäftigte dieses bunte Kreissegment aus Licht die Menschen und versetzte sie in Erstaunen. Und dieses Erstaunen ist es auch, das die Wurzel jeder Philosophie bildet. Ohne Staunen über die Welt gibt es keine Motivation, sich über sie Gedanken zu machen. Wir staunen und beginnen nachzudenken.

Jetzt habe ich selbst eine Geschichte über den Regenbogen geschrieben und auch sie ist eine Metapher über mein Staunen über die Welt. Zudem passt sie nicht nur zu meinen eigenen Erfahrungen, sondern auch zu den wissenschaftlichen Erkenntnissen und den religiösen Überlieferungen. Vielleicht wollen Sie mir ja auf meinen Weg folgen und mit mir gemeinsam staunen über die Vielfalt der Welt, die geboren wird, wenn Wunder und Wasser sich verbinden.

Aber so wie sich das weiße Licht der Sonne nur in tausenden Tropfen reflektierend in seine Spektralfarben zerlegt um den Regenbogen zu erzeugen, so müssen auch wir die Thematik in einzelne Bereiche zerlegen. Erst am Ende können wir die bunten Splitter wieder zu einer neuen Einheit zusammenfügen und das Licht, aus dem diese Welt hervorgeht, mit neuen Augen betrachten.

Und welche Welt taucht dann vor uns auf? Eine Welt, in der sich der Quantenkollaps als Äquivalent zur Geburt herausstellt. Eine Welt, in der es einen direkten Zusammenhang zwischen Quantenwahrscheinlichkeit und Bewusstsein gibt. Eine Welt, in der Religion und Wissenschaft keine unterschiedlichen und inkompatiblen Realitäten beschreiben, sondern lediglich mit anderen Worten dieselbe Wirklichkeit erklären. *Eine Welt, in der Gott und die Unsterblichkeit der Seele rationale Tatsachen sind.*

Ich wünsche Ihnen eine interessante Zeit bei der Lektüre dieses Buches.

Gerhard Höberth, September 2010

1.2 Die Farben Des Regenbogens

1.2.1. Das Zentrum

Einst hielt man die Erde für das Zentrum der Welt. Alles im damals noch kleinen Universum kreiste um sie und bezog sich auf sie. Der ganze Kosmos war nur für die Erde geschaffen worden. Doch nach der kopernikanischen Wende wurde die Sonne zum Mittelpunkt und nun kreiste die Erde um die Sonne und nicht mehr umgekehrt. Dies zog eine dramatische Umorientierung bezüglich des gesamten Kosmos und seiner Sinnhaftigkeit nach sich. Die Kirche wehrte sich nicht nur aus sachlichen, traditionellen Gründen oder aus Gründen der Bequemlichkeit gegen diese neue Sichtweise, sondern auch, weil sie den gesamten Zweck der Kirche in Frage zu stellen schien. Aber schließlich waren die Fakten so erdrückend, dass sich die Menschen dieser neuen Perspektive auch entgegen der Meinung der Kirche nicht mehr verschließen konnten. Das Zeitalter der Aufklärung begann.

Wie wir inzwischen wissen, war das nicht die letzte Verschiebung des Mittelpunkts der Welt. Bald darauf wurde die Sonne vom Zentrum der Milchstraße abgelöst und als man Anfang des 20. Jahrhunderts schließlich entdeckte, dass die Milchstraße nicht die einzige Galaxie war, sondern dass die Flecken, die man bisher für kleine Nebel gehalten hatte, ebenfalls solche riesigen Sterneninseln waren, verschob sich das Zentrum des Kosmos erneut. Aber diesmal verschob es sich ins Nichts, es löste sich auf. Es gab kein Zentrum mehr. Mehr als 100 Milliarden Galaxien mit jeweils ebenso vielen Sternen schwebten in einem grenzenlosen und damit zentrumslosen Universum.

Bereits einige Jahre zuvor hatte die Relativitätstheorie gezeigt, dass jedes Zentrum nur relativ sein konnte und immer in Abhängigkeit vom Beobachter stand.
(Kommt Ihnen das jetzt bekannt vor? Vielleicht erinnern Sie sich: Der Punkt, an dem der Goldtopf am Ende des Regenbogens vergraben sein soll, ist ebenfalls vom Beobachter und seinem Standpunkt abhängig. ;-))

Nach den Glaubensüberzeugungen einiger Stämme nordamerikanischer Indianer ist jeder Mensch unverrückbarer Mittelpunkt *seines* Kosmos. Würde nun einer von ihnen mit dem Lift in einem Hochhaus nach oben fahren, wäre sein Eindruck, nicht er bewege sich nach oben, sondern das Hochhaus und der Rest der Welt in Relation zu ihm nach unten. Diese Sichtweise mag ungewohnt erscheinen, ist psychologisch betrachtet aber sehr hilfreich: Der Beobachter ist immer in Ruhe. Wie das Zentrum eines Zyklons. Die Welt um ihn herum mag noch so wirbeln und tosen, der Mensch selbst steht ruhig – fast möchte man sagen ungerührt –, wie ein Fels in der Brandung. Es lohnt sich, über diese Weltsicht nach zu denken.

Aber nicht nur bei den Indianern gibt es eine derartige Sichtweise. Die Astronomen werfen der Astrologie oft vor, dass sie einer überholten Theorie anhängt, weil sie angeblich mit dem geozentrischen Weltbild arbeitet. Aber dieser Vorwurf ist falsch. Die Astrologie arbeitet mit dem *Anthropozentrischen* und nicht mit dem geozentrischen Weltbild. Nicht die Erde steht dabei im Mittelpunkt des Weltalls, sondern der jeweilige Mensch mit seiner bewussten Aufmerksamkeit, dessen Horoskop betrachtet wird. Der Kosmos kreist nicht um die Erde, sondern um den, der ihn beobachtet. Zumindest in diesem Bereich ist die Astrologie wesentlich moderner als die Astronomen ihr zugestehen, - genau genommen sogar moderner als die Astronomen selbst. Denn wenn es keinen Mittelpunkt gibt, außer dem, den man selbst bestimmt, wie es in der Relativitätstheorie heißt, dann ist es sinnvoll, einen Bereich der Welt, über den ich etwas erfahren will, auch zum Mittelpunkt zu erklären. Und genau das tut das Horoskop. Man mag zur Astrologie stehen, wie man will, diese Weisheit kann man ihr nicht absprechen.

Was genau ist nun dieses Zentrum?

Das *Bewusstsein* des Menschen!

Das meint aber nicht das, was in der Psychologie beschrieben wird, nicht unsere Persönlichkeit und nicht der Inhalt unseres Denkens oder Fühlens, sondern das, was die *Qualia* genannt wird. Es ist das bewusste Erleben dieser Welt. Für mich ist es mein bewusstes Erleben. Für Sie ist es Ihr bewusstes Erleben der Welt. Das kann auch gar nicht anders sein, denn worum drehen sich denn alle Wahrnehmungen? Natürlich um uns und unser Bewusstsein. Meine Wahrnehmungen haben logischerweise meine Aufmerksamkeit zum Zentrum. Ihre Wahrnehmungen gruppieren sich um ihr Bewusstsein als Zentrum. Das ist etwas derart Selbstverständliches, dass wir es oft nicht bemerken. Wir sind heute von der Objektivität und damit der Subjekt-Unabhängigkeit der Welt so überzeugt, dass uns nicht mehr auffällt, dass für jedes bewusste Wesen das Zentrum der Welt seine eigene Aufmerksamkeit sein ***muss***. Das hat nichts mit Egozentrik zu tun, das ist Phänomenologie. Das ist das zwingende Los jeder subjektiven Perspektive: *Das beobachtende Bewusstsein ist das Zentrum der Beobachtungsinhalte.*

Aber was ist das eigentlich: Bewusstsein? Wie ist Bewusstsein in einem naturwissenschaftlichen Weltbild zu erklären? Gibt es dafür überhaupt eine Erklärung? Oder anders gefragt: Ist eine objektive Naturwissenschaft überhaupt dazu geeignet, dafür eine

Erklärung zu finden? Erzeugt unser Gehirn das Bewusstsein? Ist also ein kleiner grauer Fleischklumpen aus Materie die Ursache für unser Bewusstsein? Oder ist es eine Seele, die Bewusstsein hat und den Körper nur bewohnt? Wenn wir eine Trennung zwischen Bewusstsein und Bewusstseinsinhalt vornehmen, wie wir es oben getan haben, muss es sich dann nicht auch um zwei verschiedene Dinge handeln? Hat mein Bewusstsein mit meinem Körper vielleicht gar nichts zu tun?

Diesen Fragen werden wir uns zuwenden, wenn wir im ersten Teil des Buches das ZENTRUM genauer betrachten. Dort gehen wir der Frage nach, wie Geist und Materie zusammenhängen.

1.2.2. Der Regenbogen

Als Nächstes wenden wir uns dem Begriff des Regenbogens zu. Was ist ein Regenbogen eigentlich? Wie entsteht er? Keinem von uns ist der Regenbogen fremd, aber haben wir auch verstanden, was er ist und wie er ist? Welche Begleitumstände müssen vorhanden sein, damit sich diese Himmelsbrücke zwischen Wolken und Erde aufspannt? Und welche und wie viele Farben beinhaltet er eigentlich? Sind es drei wie in der Edda beschrieben oder sieben wie Newton meinte?

Eines Sommerabends war ich auf dem Weg um meine Mutter im Weinviertel nordöstlich von Wien zu besuchen. Es war bereits spät und obwohl es stark regnete, sah ich die Sonne links von mir am Horizont hinter den Kornfeldern und Weinbergen untergehen. Vom Westen her kam schöneres Wetter und ließ die Sonne unter den Wolken durchscheinen. Es war ein herrlicher Anblick. Dann verlor ich diesen strahlenden Abendhimmel in einer Rechtskurve aus den Augen. Die Perspektive, die aber dann hinter dem kleinen Auwald, den ich umfuhr, auftauchte, war noch viel erstaunlicher. Noch nie in meinem Leben hatte ich einen derart hohen Regenbogen gesehen. Ich blieb stehen und stieg aus, um mich voll und ganz diesem Schauspiel widmen zu können. Ehrfurcht gebietend weit war der Himmel unter den Wolken geworden und ich schien direkt unter dem Bogen aus Licht zu stehen. Dann entdeckte ich, dass er vom Boden her nach oben wandernd immer mehr verblasste.

Als ich unter diesem gigantischen Lichtkreis stand, waren Erklärungen nicht wichtig. Obwohl ich wusste, dass der Regenbogen so hoch war, weil die Sonne von mir aus gesehen bereits hinter dem Horizont war und der Bogen von unten nach oben verschwand, weil auch für die vielen Millionen Regentropfen dort oben die Sonne unterging, tat dies der Erhabenheit dieses Anblicks keinen Abbruch. Wieder wurde mir meine Einstellung auf eindrucksvolle Weise bestätigt, dass Aufklärung und Romantik keine Antagonisten sind. Ich empfand dieses Schauspiel gerade deswegen als so großartig, *weil* ich wusste, wie es zustande kam. Ich konnte den Regenbogen nicht nur mit den sinnlichen Augen sehen, sondern auch mit den Augen des Verstandes. Das sinnliche Bild, das mich umgab, löste die Vision nur aus. Der Verstand hingegen zeigte mir meine Winzigkeit im Vergleich zu dieser kunstvollen Aufführung der Natur. Ich sah die Sonne in ihrer gigantischen Größe im leeren Weltraum schweben, ich sah die kleine Erde in einer unvorstellbaren Entfernung dazu von einer Seite beleuchtet rotieren, und ich sah mich genau an der Grenze zwischen Licht und Schatten, in einem winzigen Spalt zwischen Erdoberfläche und Wolkenbergen stehen, in den die Sonne für einen kurzen Augenblick ihre Strahlen hineinwarf. Und dieser vergleichsweise winzige Raum zwischen Erde und Wolken, war jene gigantische Halle über mir, in der sich der Regenbogen als kunstvolle Reflexion der Sonne aufspannte und diese, durch die Auffächerung ihres Lichts in die Vielfalt der

Farben, in ihrem eigentlichen Wesen transparent machte. Und ich wusste: Dieser Regenbogen war nur für mich. Jeder, der hier und jetzt zum Himmel hinauf sah, hatte seinen eigenen, großartigen Regenbogen.

Aber nichts von diesen Überlegungen riss mich aus der Erhabenheit dieser Gegenwart, weil es keine Gedanken waren, wie hier geschildert, sondern nonverbale, integrierte Empfindungen des Verstandes, die eine Größe ermöglichten, zu der sich unverständiges Schauen niemals emporschwingen kann.

Natürlich war diese Würde des Regenbogens auch schon in Zeiten vorhanden, als man seine Physik noch nicht verstand. Und durch den Glauben an Götter hatte man auch großen Respekt und große Ehrfurcht vor den Erscheinungen der Natur. Aber es war eine kindliche Ehrfurcht. Ein Respekt vor einer Macht, die man nicht verstand und die man mit Übertragungen menschlicher Emotionen auf das Naturgeschehen rationalisierte. Dieser Respekt vor der Natur ist vielen von uns mit der Aufklärung verloren gegangen und es steht außer Frage, dass wir wieder zu einer Ehrfurcht vor der Natur zurückfinden müssen, wenn wir überleben wollen. Aber wenn möglich sollten wir diese Achtung aus ganz anderen Motiven schöpfen. Nicht die Rückkehr zu alten Vorstellungen ist gefragt, sondern der Fortschritt, hin, zu einer neuen Mystik, welche der Wissenschaft nicht entgegensteht sondern sie aufnimmt und transformiert.

Die Entzauberung der Natur begann bereits im antiken Griechenland, bei Aristoteles, der in seiner »Meteorologie« auch den Regenbogen beschrieb. Er stellte sich die Regentropfen wie Spiegel vor, welche das Sonnenlicht reflektieren, die aber zu klein waren, als dass man die ganze Sonne darin erblicken könnte.

Im Mittelalter sprach man dann davon, dass das Licht nicht von einzelnen Tropfen gespiegelt wird, sondern sich in der Gesamtheit einer konvex geformten Wolke bricht und so der Regenbogen entsteht.

Am Beginn des 14. Jahrhunderts verband man schließlich die Idee der Brechung des Lichts aus dem Mittelalter mit der Idee der einzelnen Tropfen von Aristoteles. Die Ganzheit des Regenbogens entstand deshalb, weil viele kleine Einzeldinge zusammenwirken und ein großes Ganzes schaffen. Jeder einzelne Tropfen bietet dem Auge nur einen winzigen Ausschnitt des gesamten Bildes an. Erst in der Summe der Wirkungen aller Tropfen entsteht der schillernde Bogen am Himmel. Eine revolutionäre Idee, die bereits das Prinzip der Holographie vorwegnimmt.

Rene Descartes fand dann den Grund für die Position des Regenbogens, indem er den Regenbogenwinkel von 42° entdeckte und seine Ursache im Brechungsverhalten des Wassers beschrieb. Die Göttin Iris begann ihren mystischen Glanz zu verlieren.

Aber noch war die Ursache für das Wichtigste nicht gefunden: Niemand konnte erklären, wie die Farben zustande kamen. Die Geometrie des Regenbogens war bisher nur schwarz-weiß. Erst Isaac Newton brachte Farbe ins Spiel. Er erklärte, dass weißes Licht eine Zusammensetzung aller Farben sei und der von Descartes entdeckte Regenbogenwinkel für jede einzelne Farbe eine geringe Abweichung hatte.

Damit war der Regenbogen enträtselt. Natürlich nicht vollkommen, ein paar Details blieben noch schleierhaft, wie einige Streifen in Rosa und Grün, die sich immer wieder zeigen. Wie man heute weiß, handelt es sich dabei um Interferenzphänomene, aber damals war das noch völlig unbekanntes Terrain. Daher entzündete sich an diesen letzten Rätseln auch der Streit der Wissenschaftler mit den Vertretern der Romantik, die in der Enträtselung des Phänomens gleichzeitig ein Symbol für den Verlust der Poesie erblickten. In der Bibel wurde der Regenbogen noch als ein Symbol für den Bund Gottes mit den Menschen beschrieben, nun war er nichts anderes als gewöhnliches, gebrochenes Licht, ein simples meteorologisches Ereignis aus Sonne und Regen. Da bleibt anscheinend nicht viel Platz zum Staunen. Zumal das Weltbild der damaligen Physik ein bloß mechanisches Modell war.

Am Bild des Regenbogens zeigt sich die Wandlung des Weltbildes. An ihm wird deutlich, wie sich der Blick des Menschen auf die Naturerscheinungen geändert hat. Dort, wo gestern noch Götter verantwortlich waren, herrscht heute blinde Mechanik. Dass man daran verzweifeln kann, ist durchaus nachvollziehbar. Schließlich hinterlässt es nichts als einen resignierten Nihilismus. Die Wirklichkeit ist entzaubert. Der Glaube an eine höhere Macht, an eine sinngebende Kraft, von der wir geführt und geleitet einem Ziel zustreben, wurde abgelöst von blindem Zufall und mitleidlosem Naturgesetz.

Aber an der Front der Wissenschaft ist mittlerweile klar herausgearbeitet worden, dass die Naturwissenschaften keineswegs dazu geeignet sind, die Natur wirklich zu entzaubern. Es mag zwar alles aus Materie bestehen, aber was Materie ist, bleibt ein Geheimnis. Genau diesem Mysterium werden wir uns nähern, wenn wir in diesem zweiten Teil des Buches über den

Regenbogen nachdenken. Wir wenden uns der buntschillernden Vielfalt der Erscheinungswelt zu. Ein flirrendes Spektrum an Variationen, die rund um unser Zentrum, unser Bewusstsein, ihren sinnlichen Tanz aufführen.

1.2.3. Gottes Schatten

In den Überlieferungen der Religionen erscheinen alle Götter menschenähnlich. Sogar wenn sie Affen-, Elefanten- oder Ibisköpfe tragen, handeln und sprechen sie wie Menschen. Selbst in den monotheistischen Religionen wie Judentum, Christentum und Islam ist Gott menschlich. Denn auch wenn es dort heißt, *»ihr sollt euch keine Bilder machen«,* bleibt den Gläubigen kaum eine andere Möglichkeit, nachdem in Genesis 1.27. geschrieben steht: *»Und Gott schuf den Menschen zu seinem Bilde, zum Bilde Gottes schuf er ihn;...«* Wie also sollte man sich Gott dann anders vorstellen, wenn nicht menschlich? Wenn der Mensch ein Abbild Gottes ist, dann wäre Gott ein schlechter Künstler, würde er selbst soviel anders aussehen als der Mensch.

Aber steht das wirklich so in der Bibel? Natürlich habe ich es dort abgeschrieben. Jedoch wurden die biblischen Texte mehrfach übersetzt und wie man weiß, ist jede Übersetzung fehleranfällig. War also die ursprüngliche Bedeutung des Textes auch so zu verstehen, dass sich Gott und Mensch derart gleichen, dass man vom Menschen auf Gottes Erscheinung schließen konnte? Die Bibel wurde aus dem Lateinischen ins Deutsche übersetzt und vorher vom Griechischen ins Lateinische. *Der Ursprungstext von Genesis 1.27. aber war in Althebräisch geschrieben, einer Schrift, in der es keine Vokale gibt.*

Stellen Sie sich vor, wir müssten unsere Texte ohne Vokale schreiben. Dann würde der letzte Satz des vorigen Absatzes so aussehen:
d R R S P R N G S T X T V N G N S S A.BG. B R W R N L T H B R S C H G SC H R B N N S C H R F T N D R S K N V K L G B T.

Hier könnten sich doch schon einige Übersetzungsfehler einschleichen, meinen Sie nicht? Wir sollten uns das also einmal näher ansehen.

Das althebräische Wort für »Bild« setzt sich aus drei Buchstaben zusammen.

TSADE-LAMED-MEM.

Um die Problematik der Übersetzung besser zu verstehen muss man wissen, dass hebräische Zeichen wie Hieroglyphen sind. Sie stehen nicht nur als Platzhalter für Buchstaben und Zahlen, sondern haben auch noch eine tiefere Bedeutung. Aus der Zusammenstellung dieser Bedeutungen lässt sich der Sinn eines Wortes ableiten.

So benennt TSADE die formgebende Kraft; eine Art von Urbild oder geistiger Idee. Die Hieroglyphe LAMED hat die Form eines Blitzes, der vom Himmel fährt. Sie steht für eine (Informations-) Übertragung von einer Seite auf eine andere oder von oben nach unten. MEM steht für jede konkrete Manifestation. Betrachten wir nun die Gesamtbedeutung: Eine *Form* oder *Idee* wird *übertragen* und *manifestiert* sich. So könnte man die Bedeutung des Wortes *Bild* oder *Abbild* durchaus umschreiben.

Jedoch ist diese Übersetzung nur eine von vielen Möglichkeit. Die Bibel selbst legt davon Zeugnis ab. An verschiedenen Stellen wird die Buchstabenfolge TSADE-LAMED-MEM unterschiedlich gedeutet. Abwechselnd wird sie als *gemaltes Bild*, *Götzenbild*, *Gesichtsausdruck* oder als *Schatten* übersetzt. All diese Bedeutungen lassen sich mit dem oben genannten Sinn der Buchstabenkombination vereinbaren. Immer wird eine Form übertragen und manifestiert sich dann in einem neuen Medium. Beim *gemalten Bild* wird die Form des abgebildeten Gegenstandes auf den Malgrund übertragen und dort manifestiert. Aber dass der Mensch ein *gemaltes Bild* Gottes sein soll, erscheint höchst unwahrscheinlich. Die traditionelle Übersetzung von Genesis 1.27. wird damit fragwürdig.

Ebenso scheint der Begriff *Götzenbild* unpassend, auch wenn dieser eine dreidimensionale Skulptur beschreibt. Aber sollte der Mensch nichts weiter als Gottes Hülle darstellen, ohne etwas von seinem Innenleben geerbt zu haben? Denn genau das ist doch das Wesen einer Skulptur. Mir will das nicht so recht einleuchten.

Wie steht es mit *Gesichtsausdruck*? Sollte der Mensch wirklich die Stimmungen Gottes widerspiegeln? Das wiederum erscheint mir eine recht überhebliche und zudem gekünstelte Vorstellung zu sein.

Was wäre, wenn man die Buchstabenfolge in Genesis 1.27. aber als *Schatten* übersetzen würde? Es ergäbe sich sinngemäß folgender Satz: »*Und Gott schuf den Menschen. Im Schatten von Gottes Schatten schuf er ihn*«. Dies wird meiner Meinung nach einer erhabenen Gottesvorstellung gerecht. Ein Schatten ist ein um eine Dimension reduziertes, eventuell perspektivisch verzerrtes und vielen Details beraubtes Gleichnis des Schatten werfenden Gegenstandes. Wenn jetzt noch der Schatten einen Schatten wirft, dann ist die Erhabenheit Gottes vielleicht zur Genüge herunter gebrochen, um den Menschen mit ihm zu vergleichen.

Wir sind also nicht Ebenbilder Gottes. Wir existieren in seinem Schatten oder als Schatten seines Schattens.

Ist es uns dann aber überhaupt möglich, irgendetwas von Gott und seiner Schöpfung zu begreifen? Kann der Schatten von Gottes Schatten die Prinzipien verstehen, nach denen diese Welt erschaffen wurde?

Ich werde versuchen, genau das zu beweisen.

Es gilt tatsächlich einen Schatz zu heben. Nicht am Ende des Regenbogens, sondern dort, wo der Ursprung jenes Schattens liegt, der immer im Zentrum des Regenbogens zu sehen ist. Denn es ist immer unser eigener Schatten. Egal wo wir uns hinbewegen, der Regenbogen wandert mit und unser Schatten bleibt immer im Zentrum dieses bunten Kreissegments.

Verbinden wir die Sonne hinter unserem Rücken durch eine gedachte, gerade Linie mit dem Zentrum des Regenbogens, dann geht diese Linie genau durch unser Auge. Der Schatten im Zentrum des Regenbogens ist der Schatten unserer Aufmerksamkeit.

Damit haben wir jenen Ort gefunden, an dem Gott uns erwartet: Unser eigener Geist. Wir finden Gott entweder in unserem eigenen Bewusstsein oder wir finden ihn nirgendwo. Ich werde Ihnen zeigen, dass wir ihn finden können – und wie.

1.3 Das Zentrum

1.3.1. Was ist Bewusstsein?

Was passiert eigentlich, wenn wir einen Regenbogen sehen? Wir sind uns des Regenbogens bewusst. Dabei ist es nicht unbedingt erforderlich, dass wir uns gleichzeitig auch dessen bewusst sind, *dass wir uns des Regenbogens bewusst sind*. Es reicht aus, dass wir den Regenbogen wahrnehmen. Die Wahrnehmung selbst ist bereits das Bewusstsein vom Regenbogen. Die Beobachtung geschieht unmittelbar. Wir müssen uns nicht überlegen, wie es zustande kommt, dass wir einen Regenbogen sehen. Wir sehen ihn einfach.

Das Wissen um unser Bewusstsein vom Regenbogen ist eine *höhere* Stufe des Geistes. Jedoch wollen wir uns vorerst darum noch gar nicht kümmern. Was allgemein unter Bewusstsein verstanden wird, ist bereits etwas sehr Kompliziertes, nämlich die Bewusstwerdung unseres Bewusstseins. Wir werden uns bewusst, dass wir ein Bewusstsein haben. Aber wir müssen uns vor Augen halten: ***Wir haben Bewusstsein, lange bevor wir uns dessen bewusst sind.*** Dieses Bewusstsein vom Regenbogen, welches schon durch seine Wahrnehmung selbst vorhanden ist, das sollte uns zuerst interessieren.

Hierzu ein kleines Beispiel: Fahren wir mit dem Auto eine bekannte Strecke, so passiert es uns nicht selten, dass wir am Zielort aussteigen und keinerlei Erinnerung mehr an die Fahrt haben. Wir waren so in Gedanken versunken und mit etwas anderem beschäftigt, dass wir den ganzen Weg gefahren sind, ohne auch nur einmal darüber nach zu denken. Wir waren uns dessen nicht bewusst. Trotzdem waren wir während des Fahrens nicht bewusst*los*. Wie hätten wir sonst auf die Verkehrssituationen reagieren können? Wir nahmen die ganze Zeit über die Fahrbahn, die anderen Verkehrsteilnehmer und die Verkehrszeichen wahr. Wir hatten kein Bewusstsein von unseren Wahrnehmungen, wohl aber von der jeweiligen Verkehrssituation. Uns war die Welt bewusst, in der wir agierten, aber wir waren uns dieses Zustandes nicht bewusst. Die Inhalte unserer Wahrnehmungen lagen außerhalb unserer Aufmerksamkeit. Wir haben uns selbst nicht dabei beobachtet, wie wir die Dinge um uns herum wahrnahmen. Wir waren mit unseren Handlungen mitten im Geschehen, während wir unsere bewusste Aufmerksamkeit auf unsere abschweifenden Gedanken richteten.

Das ist eine erstaunliche Fähigkeit: zu Leben, ohne geistig wirklich dabei zu sein. Nicht dass Sie vielleicht glauben, ich meine das zynisch. Ich meine es tatsächlich so, wie ich es sage: Es ist eine erstaunliche Fähigkeit. Denn wir können das nur, weil wir uns auch unseres Bewusstseins bewusst sein können. Es handelt sich dabei um eine Metaebene des Geistes. Wir Menschen haben im Laufe der Evolution gelernt unsere Aufmerksamkeit aus der direkten Wahrnehmung der Welt zurückzuziehen, um sie auf etwas anderes zu richten. Zum Beispiel auf die Wahrnehmungen in unserem Bewusstsein. Dadurch ist die Welt für uns zweigeteilt. Auf der einen Seite ist die gegebene Welt und auf der anderen Seite unsere Wahrnehmung von ihr. Das befähigt uns dazu, über die Welt nachzudenken. Das befähigt uns auch zur Sprache. Das befähigt uns auch dazu, während der Fahrt mit dem Auto an etwas anderes zu denken. Und es befähigt uns zum Ichbewusstsein.

Leider hat das auch dazu geführt, dass wir dieses Meta-Bewusstsein für das Bewusstsein schlechthin halten. Die meisten von uns meinen diese Metaebene, wenn sie von Bewusstsein sprechen. Aber das ist falsch. Zu meinen, dass vorher kein Bewusstsein existiert hätte, ist so ähnlich wie anzunehmen, dass immer genau dann die Sonne aufgeht, wenn wir die Augen aufmachen. Nein, das Licht war bereits da, bevor wir die Augen geöffnet haben, um es zu sehen. Ebenso ist das Bewusstsein bereits da, bevor wir unsere Aufmerksamkeit darauf richten und feststellen, dass wir Bewusstsein haben. Denn die Aufmerksamkeit, die wir dabei auf unser Bewusstsein richten, setzt Bewusstsein bereits voraus.

Bewusstsein bedeutet Empfindungen wahrnehmen. Genau genommen bedeutet es lediglich, Empfindungen zu haben, weil in dem Begriff *Empfindung* bereits die Wahrnehmung davon enthalten ist. Darüber nachzudenken, dass man Empfindungen hat, ist bereits etwas völlig anderes, als sie einfach nur zu haben. Wenn wir einen Regenbogen wahrnehmen, ist das etwas anderes, als zu denken: »*Ich nehme* einen Regenbogen *wahr.*« Im zweiten Fall schiebt sich die Wahrnehmung der Existenz des ***Ich*** dazwischen. Die Wahrnehmung des Regenbogens wird in den Regenbogen und das Bewusstsein vom Regenbogen gespalten. So wie wir vorher mit der Wahrnehmung des Regenbogens identifiziert waren, so sind wir nun mit der Wahrnehmung des *Ich* identifiziert. (*Wir, die wir hier diese Situation durchdenken, sind natürlich noch eine Stufe erhöht, sodass wir sowohl die Wahrnehmung des Regenbogens, wie auch das Ich des Beobachters als Objekt betrachten können. Wir sind also auf einer noch höheren Metaebene identifiziert.*)

Wenn wir wissen wollen, was Bewusstsein *im Grunde* ist, dürfen wir es nicht mit Ich- oder Selbst-Bewusstsein gleichsetzen. Wir verkomplizieren die Thematik damit nur unnötig, indem wir eine sehr hohe, komplexe Ausprägung des Prinzips betrachten. Um herauszufinden, was Bewusstsein ist, sollten wir zunächst klären, was eine Wahrnehmung, eine Empfindung ist.

Wir können gar nicht anders, als den Akt der Empfindung mit Bewusstsein gleich setzen. Andernfalls müssten wir Säuglingen, Kleinkindern und Tieren Bewusstsein absprechen. Es kann daran aber keinen Zweifel geben, dass sie alle eine Menge verschiedener Bewusstseinszustände durchleben.

Hier ist wohl ein Hinweis auf den Irrtum des französischen Philosophen Rene Descartes angebracht, der das moderne Verständnis von Bewusstsein immer noch prägt:

Rene Descartes beginnt in seiner Schrift »Meditationen« an allen Wahrnehmungen zu zweifeln. Es könnten doch Halluzinationen sein. Wenn er vor sich eine Kerze sähe, dann sei damit nicht gesagt, dass es diese Kerze in Wirklichkeit gäbe. Er könnte zum Beispiel von dieser Kerze träumen. Auch könnte ihm ein Dämon alle Empfindungen nur vorgaukeln. Den Wahrnehmungen sei also nicht zu trauen. So reduziert er in permanentem Zweifel seine gesamte Wirklichkeit auf die Tatsache, dass da jemand sein müsse, der zweifle. Diese Tatsache lässt sich beim besten Willen nicht mehr bezweifeln. Descartes schließt daraus ganz richtig, dass der Zweifler, der Denker, der Wahrnehmende existieren muss, auch wenn noch nichts darüber ausgesagt werden kann, wer oder was dieser Denker letztendlich sei. Bis zu diesem Zeitpunkt ist seine Überlegung vollkommen richtig und nachvollziehbar. Dann aber begeht er einen fatalen Fehler:

Er verwechselt die Wahrnehmung des Denkens mit dem Denken selbst und kommt zu dem Schluss: »Ich denke, also bin ich«. Richtig wäre jedoch gewesen: »Ich nehme (mein Denken) wahr, also bin ich«. Natürlich könnte man jetzt vermuten, dass er genau das gemeint hat, es aber zu wenig klar formuliert hat oder seine Aussage falsch interpretiert wurde. Aber einer Anekdote zufolge bringt ihn dieser Irrtum später dazu, einer trächtigen Hündin mit den Worten in den Bauch zu treten: »Sie ist nicht, denn sie denkt nicht.« Dies beweist uns, dass Descartes tatsächlich das *denkende Ich* mit dem grundlegenden Bewusstsein verwechselt hat. Was Descartes in seinen Überlegungen jedoch wirklich entdeckte, war nichts anderes als die *Evidenz der Wahrnehmung*. Dass er diese Evidenz nur sprachlich denkend als Ich-Bewusstsein formulieren konnte, war sein grundlegender Fehler. Ein Fehler mit weitreichenden Konsequenzen für uns alle. Denn seine Feststellungen waren der Grund für die philosophische Trennung zwischen Geist und Materie und seither wird Geist von der Wissenschaft aus der Beobachtung ausgeschlossen, um die Materie zu erforschen.

Das Ich ist ein sich selbst reflektierendes Bewusstsein. Es ist demnach eine *Beschreibung* des grundlegenden Bewusstseins. Aber die Beschreibung von etwas ist nicht das Beschriebene selbst. Eine Landkarte ist nicht die Landschaft. Das entscheidende Kriterium ist also die Wahrnehmung und nicht die Beschreibung der Wahrnehmung.

Nicht »Ich denke, also bin ich« wäre die konsequente Schlussfolgerung von Descartes Meditationen; richtigerweise müsste es heißen: »***Wahrnehmung, also Sein***«.

1.3.1.1 Bewusstsein und Ich

Stellt sich die Frage, ob es einen grundlegenden, *prinzipiellen* Unterschied zwischen Bewusstsein und Ich-Bewusstsein gibt. Schließlich ist mit obiger Erklärung ganz klar festgestellt, dass auch Tiere ein Bewusstsein haben. Denn, dass Tiere Wahrnehmungen haben, lässt sich eindeutig aus ihrem Verhalten schließen. Wenn Menschen aber *im Gegensatz zum Tier* eine Seele haben sollen, wie es in den drei monotheistischen Religionen heißt, dann könnte diese sich vielleicht durch jene Tatsache zeigen, dass Menschen *Ich*-Bewusstsein besitzen.

Worin besteht also der Unterschied zwischen einfacher Wahrnehmung und Ich-Bewusstsein?

Wenn wir uns am Morgen an einen nächtlichen Traum erinnern, dann erinnern wir uns meist nicht an ein Ich-Bewusstsein während dieses Traumes. Wir hatten Wahrnehmungen und damit durchaus Bewusstsein, aber keine höhere Reflexion dieser Wahrnehmungen, wir hatten dabei kein Bewusstsein unseres Selbst‹. (*Tatsächlich ist Ich-Bewusstsein im Traum ein außergewöhnlicher Bewusstseinszustand, der von den Mönchen in der tibetischen Tradition des Vajrayana [Mahayana-Buddhismus] lange geübt werden muss, um ihn zu erzeugen.*) Trotzdem ist unbestritten, dass die Wahrnehmung selbst – im Augenblick ihrer Präsenz – bewusst war. Wenn wir uns der Wahrnehmungen nicht bewusst gewesen wären, hätten sie auch keine Spuren in der Erinnerung hinterlassen können. Vergessen wir den Traum nach dem Aufwachen, erscheint uns die Nacht bewusstlos. Das bedeutet aber nicht, dass wir uns der Träume *während* des Träumens nicht bewusst gewesen wären. Wir können uns diese Träume mit bestimmten Entspannungstechniken, Körperübungen oder Hypnose wieder in Erinnerung rufen. Und in der Erinnerung ist die Bewusstheit der Wahrnehmung eindeutig wieder enthalten. Auch hier gilt: *Wahrnehmung, also Sein.* Wir nehmen den Traum wahr – wenn auch nur in der Erinnerung – deshalb müssen wir als Träumende *sein. Sein* kann in diesem Zusammenhang aber nur heißen: Beobachter des Geschehens sein, also *bewusst sein.* Wahrscheinlich haben viele Tiere ein Bewusstsein, das unserem während der Traumphasen gleicht.

Worin unterscheidet sich aber nun die einfache Wahrnehmung, wie wir sie im Traum haben, vom Ich-Bewusstsein?

Beim Ich-Bewusstsein nehmen wir wahr, dass wir wahrnehmen. Wie bei der einfachen Wahrnehmung gibt es also auch hier den Wahrnehmenden und das Wahrgenommene. Nur dass das Wahrgenommene nun einen zusätzlichen Gegenstand einschließt: Wir nehmen wahr, dass wir wahrnehmen. Unsere Aufmerksamkeit richtet sich nicht mehr nur auf die Außenwelt. Die eigenen inneren Prozesse werden als zusätzliche Objekte der Wahrnehmung entdeckt.

Es ergibt sich also kein prinzipieller Unterschied, sondern nur ein Unterschied in der Komplexität und dadurch in der Qualität der Wahrnehmung. Wir haben Wahrnehmungen auf einer Metaebene. Aber das Ich-Bewusstsein bleibt im Grunde eine einfache Wahrnehmung. Der Geist des Menschen mag also durchaus vielschichtiger sein als der von Tieren, aber er ist *nicht prinzipiell anders.* Das menschliche Bewusstsein besteht aus den gleichen Komponenten, wie das tierische Bewusstsein, allein die Komplexität ist größer. Zusätzlich zur Außenwelt begreifen wir auch noch, dass *wir die Außenwelt erkennen.* Tiere können den Regenbogen genauso sehen. Wir können uns aber zusätzlich noch der Tatsache bewusst sein, *dass wir es sind, die den Regenbogen sehen.* In unserem Geist ist nun nicht mehr nur die Außenwelt präsent, sondern auch die Tatsache, dass diese Außenwelt in unserem Inneren eine Repräsentation hat. Daraus formt sich ein Bewusstsein vom Ich.

1.3.1.2 Wo kommt Bewusstsein her?

Wie kommt denn nun der Geist in die Materie? Den Neurologen gelingt es immer besser, bestimmte Bewusstseinszustände, ja sogar bestimmte Bewusstseinsinhalte mit neurologischen

Aktivitäten im Gehirn in Verbindung zu bringen. In der modernen Wissenschaft ist daher oft davon die Rede, dass diese Zustände des Gehirns den Geist hervorbringen. Der Geist wird also von einem Klumpen wabbeliger Materie erzeugt.

Aber kann die Erklärung so einfach sein? Oder besser gefragt: Ist diese Erklärung wirklich so einfach, wie sie im ersten Moment dem aufgeklärt denkenden Mensch erscheinen mag?

Natürlich ist das Gehirn nicht einfach nur ein Batzen grauer Masse. Das Gehirn ist ein hochkomplexes, neuronales Netzwerk, in dem Informationen mit hoher Parallelität verarbeitet werden. Aber hilft uns diese Erkenntnis weiter? Gehirn ist komplex organisierte Materie. Aber es ist in erster Linie eben *Materie*.

Halten wir uns vor Augen wie sich das Leben nach heutigem Erkenntnisstand entwickelt haben soll: Nach dem Urknall bildeten sich – den physikalischen Gesetzen folgend – Materieansammlungen, aus denen Sonnen entstanden, die im Vergehen schwerere Atome ausbrüteten, aus denen bei der nächsten Sonnengeneration auch Planeten hervorgingen. Zumindest auf einem davon, nämlich unserer Erde, organisierte sich die Materie in immer komplexere Strukturen, die sich schließlich selbst replizieren konnten. Diese Systeme hielten sich über vielfältige Regelkreise im energetischen Gleichgewicht, wofür sie unterschiedliche Strategien entwickelten. Im globalen ökologischen Zusammenspiel führt dies zum »Survivel of the fitest«, dem evolutionären Prozess der Lebendigkeit, dessen Produkt unter anderem schließlich auch unser Gehirn ist.

Mit anderen Worten gruppierte sich Materie – physikalischen Gesetzen folgend – immer wieder neu und schaffte damit komplexe, materielle Systeme. Unser Körper ist eines davon und unser Gehirn ist Teil dieses Systems. Die physikalischen und chemischen Mechanismen in unseren Neuronen, welche unser Verhalten steuern, sind kausal und lückenlos materiell. Nirgendwo gibt es eine Stelle, bei der bewusstes Wahrnehmen, also eine geistige Intervention nötig wäre, damit der Mechanismus weiterläuft. Theoretisch würden wir uns nicht anders verhalten, wenn wir nichts von all dem wahrnehmen würden, was um uns und in uns geschieht. Wenn unser Gehirn nur Materie ist und rein mechanisch und chemisch funktioniert, wozu brauchen wir dann überhaupt Bewusstsein? Viele materialistische Wissenschaftler sind auch davon überzeugt, dass Bewusstsein ein Epiphänomen ist, eine verzichtbare Begleiterscheinung ohne wirkliche Funktion. Ein verzichtbarer Witz der Evolution. Es ist damit durchaus vorstellbar, dass es Menschen gibt, bei denen dieses Epiphänomen nicht auftritt. Obwohl solche Menschen permanent bewusstlos wären, würden wir davon nichts bemerken. Sie würden sich mit uns unterhalten und wären doch nur bewusstlose Maschinen. Maschinen wie wir auch, nur dass wir die Illusion haben, unser Bewusstsein hätte einen entscheidenden Einfluss auf unser Verhalten, obwohl wir nur Wollen können, was uns das Diktat der Kausalität vorschreibt.

Natürlich würde kein Mensch, der bei Verstand ist, annehmen, dass jemand, der uns aufmerksam zu sein scheint, in Wirklichkeit bewusstlos ist und lediglich die neuronale Maschine in seinem Kopf die Dinge für ihn erledigt, die es für uns so aussehen lassen, als hätte er Bewusstsein.

Aber woher sonst kommt der Geist? *Wieso haben wir Bewusstsein?* Thomas Huxley brachte dieses Problem bereits 1886 auf den Punkt, als er schrieb: *»Wie kommt es, dass etwas so Bemerkenswertes wie Bewusstsein aus gereiztem Nervengewebe hervorgehen kann? Das ist genauso wenig vorstellbar* *wie das Erscheinen des Dschinns, wenn Aladin im Märchen seine Wunderlampe reibt.«*

1.3.1.3 Dualismus

Und weil das alles so unwahrscheinlich ist, hat in der Vergangenheit auch eine ganz andere Sichtweise die philosophische Diskussion dominiert und wurde zur Ursache des immer noch nicht geklärten »Leib-Seele-Problems«. Die Sichtweise des Dualismus.

Grundsätzlich lässt sich der Dualismus als eine Vorstellung beschreiben, bei der Geist und Gehirn keine logische Verbindung miteinander haben. Der Geist kann laut Dualismus nicht auf das Gehirn reduziert werden, weil beide ganz verschiedenen Bereichen der Wirklichkeit angehören. Natürlich gibt es längst Beweise, dass es zu Korrelationen zwischen geistigen Tätigkeiten oder bestimmten Bewusstseinszuständen einerseits und bestimmten Gehirnaktivitäten andererseits kommt. Das bedeutet aber nicht, dass eine zwingende Verbindung besteht.

Bereits bei Platon werden der Leib und die Seele einander entgegengesetzt. Der Leib gilt als vorübergehender Kerker der ewigen Seele, die ihrerseits Zugang zu den Ideen hat. Aristoteles sieht ein Wechselverhältnis zwischen Leib und Seele, wobei die Seele die Form des Leibes und dessen Entwicklungsprinzip darstellt. Später, in der Scholastik, übernimmt auch Thomas von Aquin diese Vorstellung.

In der Neuzeit kam schließlich die Frage auf, wie denn die Seele mit dem Leib korrespondiert, sodass der Leib tut, was die Seele denkt. Rene Descartes meinte, dass die *denkende Substanz* (Seele) über die Zirbeldrüse die *ausgedehnte Substanz* (Leib) steuert. Leibniz dagegen meinte, dass Gott Leib und Seele in einer *prästabilierten Harmonie* geschaffen hat, dass sie also, ohne aufeinander einzuwirken, synchron nebeneinander her laufen. Natürlich impliziert diese Vorstellung, dass der Ablauf der Welt von Anfang bis zum Ende vorherbestimmt ist.

Aber egal wie man sich die Verbindung vorstellt, der Dualismus hat zwei philosophische Hauptprobleme: Das erste ist das Zombieproblem und das zweite das Gespensterproblem. Denn wenn Leib und Seele so verschieden sind, dass sie im Grunde nichts miteinander zu tun haben, dann könnten sie durchaus ohne den jeweils anderen Part auskommen. Beim Zombieproblem bedeutet das, dass dem Leib die Seele entzogen ist, ohne die Funktionen des Körpers dabei zu beeinträchtigen. Der Dualismus impliziert, dass wir uns so einen seelenlosen Menschen vorstellen können. Holm Tetens schreibt in seinem Buch »Geist, Gehirn, Maschine«, dass es keinen Punkt innerhalb der kausalen Kette der neuronalen Funktionen gibt, an dem das Eingreifen eines Bewusstseins nötig wäre. Alles funktioniert lückenlos materiell. Es ist nicht einzusehen, warum wir überhaupt Bewusstsein haben. Man könnte also bei einem beliebigen Menschen diese Seelensubstanz abziehen und hätte als Ergebnis denselben Menschen, der genauso handeln würde, wie vorher auch. Aber er hätte keinerlei inneres Erleben mehr. Dieser Zombie müsste keineswegs so einher taumeln, wie die halbverfaulten Leichen aus den Horrorfilmen. Er könnte am Schalter einer Bank freundlich bedienen und niemand würde etwas bemerken. Schließlich würde er genau so sprechen, handeln und lächeln, *als ob* er eine Seele hätte. Er wäre unbemerkt von der Außenwelt ein rein materieller Roboter, ohne reales, inneres Erleben. Nicht einmal seine ihn liebende Frau würde am Abend, wenn er heimkommt, einen Unterschied bemerken. Schließlich arbeitet das Gehirn weiter wie bisher, nur dass es niemanden mehr gibt, der dem ganzen Treiben von innen her zusieht.

Das klingt unvorstellbar, aber auch in der modernen, *nicht-dualistischen* Philosophie gibt es eine Richtung, die Ähnliches vermutet, den Epiphänomenalismus mancher Neurologen. Diese Vorstellung besagt, dass das Bewusstsein eine Illusion sei. Es spielt keinesfalls die tragende Rolle, die wir ihm zuschreiben. Vielmehr sollte alles deterministisch vorherbestimmt ablaufen, ohne den geringsten Einfluss durch das Bewusstsein. Wenn wir den Eindruck haben, wir würden etwas tun, weil wir uns dafür entschieden haben, dann sei dies bloß eine nachträgliche Rationalisierung. In Wahrheit würden also gar nicht wir entscheiden. Da alles automatisch ablaufen würde, wäre das Bewusstsein eine unnötige und vernachlässigbare Randerscheinung. Fragt sich, wer in diesem Bild sind eigentlich wir? Welche Rolle spielen wir in dieser Vorstellung, wenn wir etwas anderes sein sollen, als unser sich entscheidender Körper? Damit ist es leicht ersichtlich, dass der angeblich rein materialistische Epiphänomenalismus ein versteckter Dualismus ist. Denn sonst gäbe es keine Trennung zwischen dem sich entscheidenden Körper und dem nur dumm zusehenden Bewusstsein.

Das Bewusstsein hat dem Körper also nichts zu sagen. Die Seele hat keinerlei Einfluss auf den Leib. Daher kann man getrost auf sie verzichten. Und niemand weiß, wie viele seiner Mitmenschen eine Seele haben und mit Bewusstsein die Welt betrachten. Vielleicht sind Sie einsamer als Sie glauben? Vielleicht ist Bewusstsein, wenn man es doch überhaupt nicht braucht, gar nicht so häufig anzutreffen, wie es Ihnen erscheint? Vielleicht gibt es außer Ihnen nur Zombies und sie sind der einzige Zuschauer des Schauspiels dieser Welt?

Dem Weltbild des Dualismus sitzt aber auch noch das gegenteilige Problem im Nacken: das Gespensterproblem.

Wenn es einen Körper ohne Seele geben kann, dann könnte es doch genauso gut auch Seelen ohne Körper geben. Für manche religiösen Menschen mag dies keine Überraschung sein und vielleicht sogar einen festen Platz in ihrem Weltbild haben. Aber so einfach, wie vielleicht mancher meint, stellt sich die Sache nicht dar. Wie sollte ein körperloser Geist in einer physikalischen Welt agieren? Welchen Platz nimmt er ein? Wie nimmt er die physische Welt wahr und wie nimmt er Einfluss auf diese Welt? In Filmen werden Gespenster als Wesen dargestellt, die zwar - manchesmal - zu sehen, aber nicht zu greifen sind. Sie können Wände durchdringen, weil sie selbst keine Materie haben, aber gleichzeitig können sie Gegenstände bewegen, als hätte ihr Körper einen undurchdringlichen Widerstand. Es macht uns überhaupt keine Schwierigkeiten uns vorzustellen, dass wir als körperlose Wesen unseren Leib verlassen und als Geister umher schweben. Aber wenn wir darüber nachdenken, wie das konkret möglich sein soll, stoßen wir auf denkwürdige Schwierigkeiten. Warum haben wir überhaupt einen Körper, wenn wir diesen nicht brauchen? Warum gibt es in der Natur ein komplexes Gehirn, wenn der Geist auch ohne es denken und wahrnehmen kann? Warum gibt es die Korrelationen zwischen Bewusstseinszuständen und Gehirnfunktionen, wenn diese nicht wirklich zusammen hängen? Warum wirken sich Verletzungen des Gehirns auf unsere geistigen Fähigkeiten aus?

Alle Hinweis sprechen dafür, dass der Geist oder die Seele nicht einfach das Gehirn, den Leib bewohnt, sondern dass es eine intensive Beziehung zwischen diesen beiden Ebenen geben muss. Die Frage ist, wie könnte diese Beziehung aussehen?

Eine Möglichkeit bietet die Vorstellung, dass das Gehirn den bewussten Geist nicht hervorbringt, sondern lediglich als eine Art Antenne fungiert, welche die Verbindung zwischen der geistigen, bewussten Welt und der Welt der Materie und des Körpers herstellt.

Während die physische Welt dabei den rein kausalen und mechanistischen Gesetzen der Physik folgt, gehört das Bewusstsein einer Welt an, die nur aus *geistiger Substanz* besteht. Verletzungen des Gehirns bewirken damit eine Einschränkung in der Empfangsfähigkeit für die geistigen Signale. Wir müssten also neben dem uns bekannten, materiellen Universum ein zweites annehmen, welches mit Seelen gefüllt ist. Dieses Parallel-Universum benötigt jedoch keinen Raum, sondern nur Bewusstsein. Versuchen wir, uns vorzustellen, wie solch eine *Zwei-Universen-Welt* aufgebaut sein könnte.

Variante eins: Zwei chaotische Universen schweben nebeneinander her, das eine materiell, das andere geistig. Nun beginnt sich die Materie zu organisieren und bringt Aminosäuren und schließlich Zellen hervor. Diese Zellen organisieren sich zu komplexen Organismen und schließlich entstehen Gehirne. Aber diese Gehirne haben eine seltsame Eigenschaft: Sie *tunneln* Informationen zwischen beiden Universen. Plötzlich gibt es eine Verbindung und die Organisation des materiellen Universums beginnt sich im geistigen Parallel-Universum zu spiegeln. Das geistige Universum bildet nun die Struktur des materiellen Kosmos nach. Es entstehen geistige Einheiten, die mit einzelnen Gehirnen in Verbindung stehen. Die Wesen des geistigen Universums beginnen sich zu fühlen, als wären sie Körper des materiellen Universums. Aber nicht nur das, sie beginnen das materielle Universum zu manipulieren. Sie denken, fühlen und wollen. Und die Körper des materiellen Universums handeln danach.

Variante zwei: Wieder gibt es diese zwei genannten Universen. Nur dass nun im geistigen Universum bereits von Anfang an fertige Wesen vorhanden sind. Sobald im materiellen Universum die Gehirne entstanden sind, klinken sich diese geistigen Wesen über eine Art Satellitenempfang im materiellen Kosmos ein.

Das Entscheidende an beiden Varianten ist, dass das materielle Gehirn kein Bewusstsein erzeugt. Die Frage, wie aus materiellen Prozessen ein immaterielles Bewusstsein hervorgehen kann, wird damit vermieden. Das Gehirn baut zwar in der einen Variante aus geistigen Elementen das Bewusstsein zusammen, aber es ist nicht die Materie, die Bewusstsein hervorbringt. In der zweiten Version wird sogar dieser konstruktive Aspekt der Materie vermieden. Bewusstseinszustände korrelieren dort deshalb mit dem Gehirn, weil es eine Antennenfunktion ausübt und bestimmte materielle Gegebenheiten bestimmte geistige Zustände empfangen. Einwirkungen, wie z.B. Gehirnverletzungen, führen damit zu veränderten geistigen Fähigkeiten, weil das Gehirn dadurch seine Antenneneigenschaften einbüßt.

Und doch wirft diese Vorstellung Probleme auf. In beiden Varianten ergeben sich nicht-physische Ursachen für physische Ereignisse. Nach den Erkenntnissen der Physik funktioniert jedoch alles nach dem Prinzip von Ursache und Wirkung und diese kausale Verknüpfung setzt eine Energieübertragung voraus. Welche Art von Energie sollte es also sein, die ein rein geistiges Universum auf ein rein materielles überträgt? Und wie verträgt sich diese Vorstellung mit dem Energieerhaltungsgesetz? Müsste dann nicht die gleiche Menge Energie vom materiellen Universum wieder zurück in das geistige fließen? Zudem muss angenommen werden, dass es in unserem Kosmos materielle Ereignisse gibt, die auf keinerlei physische Ursachen zurückzuführen sind. Schließlich ist jede Entscheidung eines bewussten Wesens mit einer Aktion seines Körpers verbunden. Diese Aktion hätte aber dann innerhalb dieses physischen Universums keine realen Ursachen. Das hätte zur Folge, dass unsere Physik sich nicht dazu eignet, physikalische Ereignisse vollständig zu erklären. Das Problem des Dualismus besteht darin, dass mentale Kausalität nicht nachweisbar ist. Wir müssen übernatürliche Faktoren annehmen, um das natürlichste der Welt, nämlich unsere Handlungen und unser Bewusstsein als deren Grundlage, zu erklären. Das aber bedeutet, dass wir das Bewusstsein *gar nicht* erklären. Der Dualismus ist nur eine andere Form zu sagen: *Wir haben keine Ahnung, wie es funktioniert.* Nur, dass wir uns das nicht eingestehen wollen und daher behaupten, wir könnten es durch das Postulat einer zusätzlichen Komponente *doch* tun. Aber es wird nichts damit erklärt. Die Frage wird nur in einen nicht überprüfbaren Bereich verschoben.

Hinzu kommt, dass dieses geistige Universum nicht viel anders gestaltet sein könnte, als das materielle. Die bewussten Einheiten müssten auf jeden Fall in irgend einer Art substanziell organisiert sein. Sie müssten erkennbare Grenzen besitzen. Sie müssten aus verschiedenen Komponenten bestehen, die wie ein System zusammenwirken. Das heißt, sie müssten untereinander und mit der Umgebung interagieren und sich gegenseitig verändern und umstrukturieren. Anders lassen sich Gedanken und Wahrnehmungen nicht erklären. Und somit wird plötzlich aus einem Universum, das aus reinem Bewusstsein bestehen soll, doch wieder eines, in dem es Relationen und damit Raum geben muss. Es wird zu einem Kosmos, indem es organisierte Substanz, also so etwas wie Materie, Energie und Struktur geben muss und auch Interaktionen zwischen all diesen Komponenten. Der geistige Kosmos beginnt damit unserem materiellen sehr ähnlich zu werden. Wir müssen erkennen, dass wir uns die geistige Substanz als eine Art feinerer Materie vorstellen müssten. Somit ergibt sich die Frage, ob wir nun einen dritten Kosmos annehmen müssten, der noch geistiger wäre. Denn schließlich ergäbe sich auch im geistigen Kosmos wieder das alte Leib-Seele-Problem: *Wie entsteht aus organisierter Substanz Bewusstsein?* Denn wenn wir dieses Problem im geistigen Kosmos mit subtiler Materie lösen könnten, bräuchten wir ihn nicht, weil wir dieselbe Lösung dann auch im materiellen Kosmos anwenden könnten.

Aber ebenso wenig ergibt sich eine Lösung daraus, nur höhere Dimensionen als Wohnort der Seelen anzunehmen. Die Probleme bleiben dieselben. Nicht, dass ich mit absoluter Sicherheit behaupten will, es gäbe keine höheren Dimensionen unserer Wirklichkeit. Manche Stringtheorie arbeitet mit elf, zwölf oder sogar bis zu siebenundzwanzig Dimensionen. Zudem gibt es immer noch die Möglichkeit, dass eine Form von Materie existiert, die wir noch nicht messen können. Astrophysiker sprechen immerhin von »Dunkler Materie«, die 96% der Gravitation im Universum verursacht. Wer weiß schon, welche Art von Materie das sein könnte. Ich bin weit davon entfernt diese Bereiche abschließend beurteilen zu können. Was aber klar auf der Hand liegt, ist Folgendes: *Sie können nicht die Lösung des Problems sein.* Denn vielmehr würden diese Bereiche selber zum Problem werden, wenn man versuchen würde, eine Erklärung für die Existenz des Bewusstseins auf ihnen aufzubauen.

Der Dualismus bringt uns bei der Lösung des Problems keinen Schritt weiter.

Liegt die gesuchte Lösung nun doch in einem materiellen Monismus? Ist der Materialismus die Antwort auf die Frage nach dem Bewusstsein?

1.3.1.4 Materialismus

Der Materialismus meint, dass Bewusstsein lediglich durch die Funktionen der komplex organisierten Materie entsteht. Eine bewusste Wahrnehmung ist nichts anderes, als ein Haufen elektrisch und chemisch aktiver Gehirnzellen. Natürlich sind die Vorgänge dabei äußerst kompliziert und unüberschaubar vielfältig. Aber im Endeffekt ist Geist und Bewusstsein dann doch nichts anderes als Materie in Bewegung. Wenn wir z.B. beim Metzger Kalbshirn kaufen, dann ist an diesem Stück Fleisch alles dran, was einmal das Bewusstsein und die Wahrnehmung dieses Tieres ausgemacht hat. Alles, was wir mehr am Bewusstsein vermuten, ist reine Illusion. Wenn wir in uns hinein horchen und Gefühle, Gedanken und Empfindungen aufsteigen, dann ist die Vorstellung, es wäre mehr als nur materielle Funktion unseres Gehirns, eine reine Fata Morgana. Nichts als eine Luftspiegelung unserer besonderen Perspektive.

Dabei *verursachen* neuronale Aktivitäten kein Bewusstsein, sie *sind* Bewusstsein. Natürlich ist den Aktivitäten in unserem Gehirn nicht anzusehen, dass wir uns gerade eine Blumenwiese vorstellen. Die Vorstellung der Blumenwiese erscheint uns etwas ganz anderes zu sein, als die Funktion unserer Nervenzellen. Aber das ist einfach nur eine Täuschung. In Wahrheit ist die Vorstellung der Blumenwiese nichts anderes, als elektrische Aktivität in einem Klumpen grauem Fleisch.

Aber angenommen ein Forscher wüsste alles über Ihr Gehirn. Er würde jede einzelne Zelle und deren Aktivität kennen, ihre chemische Zusammensetzung und ihr elektrisches Potenzial. Er kennt die Verschaltung des Netzwerkes und kann jede Reaktion auf einem Computer simulieren. Angenommen, er kennt alles, was sich ein Materialist unter Ihrem Gehirn vorstellt. Kennt er damit auch Ihren Geist? Weiß er, was sich in Ihrem Bewusstsein abspielt? Nein, denn er weiß nichts darüber, wie sich dieses Gehirn *von Innen* anfühlt, wie es ist, dieses Gehirn zu *sein, anstatt es nur* zu *betrachten*.

Die Frage ist, wie können dann das Gehirn und das Bewusstsein dieses Gehirns für identisch erklärt werden? Das Problem ist nämlich, dass im Materialismus keinerlei Möglichkeiten vorgesehen sind, um zwischen den Fakten und den Beschreibungen dieser Fakten zu unterscheiden. Wenn ich also unterschiedliche Beschreibungen habe, dann heißt das, dass ich auch unterschiedliche Fakten haben muss. Damit müssten den Beschreibungen »Gehirnaktivität XY« und »Vorstellung einer Blumenwiese« zwei völlig unterschiedliche Fakten zugrunde liegen. Das kann aber laut Materialismus genau *nicht* der Fall sein.

Man müsste also zu der Annahme übergehen, dass es für ein und dieselbe Sache zwei unterschiedliche Beschreibungsmodelle gibt. Damit lässt sich »Geist« aber nicht mehr auf »Gehirn« reduzieren. Vielmehr müsste dann jeder der beiden Begriffe jeweils eine Seite einer Sache beschreiben, die in Summe mehr ist, als in einem einzelnen dieser beiden Begriffe enthalten sein kann.

Was aber könnte dieses Geist-Gehirn dann sein? Es ist auf jeden Fall nicht mehr so vorstellbar, wie wir uns zum Beispiel einen Dieselmotor vorstellen, dessen Funktionen in einem einzigen Modell umfassend beschrieben werden können. Was aber bleibt dann vom Materialismus noch übrig?

Wenn wir die Erfahrungen bei der Selbstbetrachtung nicht auf die Funktionen des Gehirns übertragen können, obwohl es nichts Zusätzliches zum Gehirn gibt, dann ist *Bewusstsein* eben nicht auf *Gehirn* reduzierbar, wie es der Materialismus fordert. Die logische Spalte zwischen Leib und Seele wird durch den Materialismus nicht geschlossen. Das Problem des Materialismus besteht darin, dass der bewusste Geist aus Elementen zusammengesetzt vorgestellt wird, denen selbst jede Geistigkeit abgeht. Diese Elemente sind absolut ungeeignet, sich irgendwie zu etwas Bewusstem kombinieren zu lassen. Das Erscheinen des Dschinns durch das Reiben an der Wunderlampe lässt sich nicht durch eine exaktere Beschreibung der Reibung an der Lampe erklären. Wir können nicht so lange Wasser in einen Topf schütten, bis darin Feuer entsteht. *Die Kluft zwischen Leib und Seele bleibt bestehen, weil es* ***keinen lückenlosen Weg*** *gibt, der von einer Beschreibung eines objektiven, materiellen Vorgangs zum subjektiven Erleben eines Phänomens führt.*

Geist und Materie bleiben trotz gegenteiliger Beteuerungen im Materialismus unverbunden. Diese Grenze ist unüberwindbar.

1.3.1.5 Idealismus

Der Materialismus besticht natürlich dadurch, dass er nur mit den Elementen rechnet, die klar fassbar sind. Der Welt wird nichts hinzugefügt, was nicht sinnlich erfahrbar wäre. Was man sehen und anfassen kann, wird als existent angenommen und sonst nichts. Aber ist dieser Standpunkt wirklich so konsequent logisch und bar jeglicher theoretischer Voraussetzungen, wie er im ersten Moment erscheint?

Der Materialist sagt: »Ich weiß, dass dieser Stein existiert, weil ich ihn sehen und berühren kann. Den Geist kann ich weder sehen noch berühren. Geist ist eine Konstruktion des Verstandes, ohne eine Entsprechung in der Realität.«

Dem aber könnte man entgegnen: »Du meinst lediglich, dass dieser Stein existiert, weil du eine Vorstellung von ihm in deinem Bewusstsein trägst. Was dir zuerst gegeben ist, ist ein geistiges Bild von diesem Stein. Seine materielle Existenz ist eine Konstruktion des Verstandes, die du diesem Bild hinzufügst.«

Diese genauso logisch begründbare Gegenposition zum Materialismus nennt man den Idealismus.

Der Materialismus reduziert den Dualismus auf eine seiner beiden Komponenten. Die Materie wird als gegeben angenommen und der Geist als Illusion eingestuft. Der Idealismus reduziert den Dualismus ebenfalls auf eine der beiden Komponenten; nur eben auf die andere. Die Vorstellungen der Welt sind uns gegeben, deren materielle Existenz ist dagegen nur eine Illusion.

Unsere Vorstellung von Materie ist laut Idealismus nur eine Hilfskonstruktion, mit der wir uns das Zustandekommen der Bilder in unserem Bewusstsein erklären.

Wenn wir träumen, dann ist im Traum alles vorhanden, was auch die Realität ausmacht. Der Unterschied zwischen Traum und Wachrealität ist lediglich der, dass wir vom Wachzustand aus betrachtet den Traum für ein Hirngespinst halten. Das mag auch daran liegen, dass wir meinen, ein materielles Hirn zu haben, das »spinnen« kann. Aber auch das Gehirn besteht aus Materie und gehört somit in den Bereich der Illusion. Alles, was uns materiell so fest gefügt erscheint, ist nichts als eine Konstruktion des Verstandes. Wenn wir unsere Sinne schärfen und sehen, hören, riechen, schmecken und tasten, dann ist uns trotzdem nichts anderes zugänglich, als diese Visionen, die dadurch in unserem Bewusstsein aufsteigen. Es gibt kein Detail, in dem sich die Realität prinzipiell von einem Traum unterscheiden würde. In jedem Fall steigen Bilder in unserem Bewusstsein auf und wir verlegen ihre Ursachen in eine hypothetische, von uns unabhängige Außenwelt. Materie verursacht keine Vorstellungen in unserem Bewusstsein, die Vorstellung ist alles, was vorhanden ist. Die wache Realität des Tagesbewusstseins unterscheidet sich in nichts von einem Traum.

Natürlich haben wir den Eindruck, dass es einen entscheidenden Unterschied zwischen Traum und Wachrealität gibt. Im Traum sind wir mit uns alleine, alles am Traum ist *unser* Traum. In der Wachrealität leben wir in Gemeinschaft mit anderen Menschen. Aber stimmt das auch? Im Traum kommen schließlich auch andere Menschen vor und während wir träumen, kommen wir nicht auf die Idee, diese Menschen für Erfindungen, für Konstruktionen unseres Unbewussten zu halten. Vielleicht verhält es sich mit der Wirklichkeit des Tagesbewusstseins ähnlich?

Der Idealismus meint: Wenn wir eine Blumenwiese sehen, dann ist außerhalb unseres Bewusstseins nicht mehr davon vorhanden, als wenn wir von einer Blumenwiese träumen. Egal wie intensiv die sinnlichen Eindrücke sind, es bleiben Phänomene innerhalb unseres Bewusstseins. Und wenn auf dieser Blumenwiese ein Mädchen Blumen pflückt, dann ist selbst dieses Mädchen nur ein Phänomen unter anderen.

Angenommen diese These stimmt und es gibt keine materielle Welt außerhalb unseres Bewusstseins: Wo kommen unsere Bewusstseinsinhalte her? Wenn ihr Ursprung nicht in einer von uns unabhängigen Außenwelt liegt, sind wir dann selbst Verursacher unserer Sinneseindrücke, genau wie im Traum? Ist die Welt nur ein Traum? Ist die Welt nur *mein* Traum? Wenn ja, wäre ich vollkommen allein mit mir und meinem Traum.

Diese »Solipsismus« genannte Philosophie hat aber einen entscheidenden Fehler: Sie kann nicht erklären, wieso überhaupt etwas stattfindet. Wenn es außer mir nichts gibt und jeder Sinneseindruck von mir selbst generiert werden muss, woher kommt meine Motivation, überhaupt etwas zu generieren? Langeweile kann es nicht sein, denn dazu sind bereits sehr viele Grundbedingungen notwendig wie Zeit, Raum, Individualität, Bedürfnis nach Abwechslung, usw. Wo könnten diese Grundbedingungen herkommen, wenn nicht aus einer Welt, in die ich als relativ unabhängiges Individuum hineingestellt bin?

Wir müssen uns einer weniger fundamentalistischen Spielart des Idealismus zuwenden. Es muss etwas Zusätzliches zu unserem Bewusstsein geben, das als Ursache unserer Sinneseindrücke gelten kann. Es muss also eine Ideenwelt geben, von der wir relativ unabhängig sind, sodass daraus etwas auf unser Bewusstsein einwirken kann, um die Sinneseindrücke zu erzeugen. In dieser Ideenwelt könnten auch andere Wesen beheimatet sein, die dann in unserer phänomenalen Welt als unsere Mitmenschen in Erscheinung treten.

Aber wenn es eine Außenwelt gibt, dann liegen die Ursachen unserer Sinneseindrücke nicht mehr innerhalb unseres individuellen Bewusstseins. Damit sind sie aber mehr als reine Phänomene. Wieder zeigt sich der Spalt zwischen Materie und Geist als unüberwindbar. Denn wenn es in der phänomenalen Welt des Idealismus plötzlich Bereiche gibt, die mir nicht mehr als Phänomene von Innen zugänglich sind, sondern ich darauf angewiesen bin, sie von Außen als Sinneseindrücke aufzunehmen, dann unterscheidet sich der Idealismus nicht mehr vom Dualismus und führt in die gleiche Sackgasse wie der Materialismus. Dass die Sinne, mit denen ich die Eindrücke aufnehme, nicht aus Materie bestehen sollen, ist eine vernachlässigbare Nebenerscheinung, die am prinzipiellen Problem nichts ändert. Der Idealismus steht vor dem gleichen Problem, das wir bereits von der seelischen Seite des Dualismus her kennen: Wenn wir wissen, wie strukturierte Substanz Bewusstsein hervorbringen kann, dann können wir diese Lösung auch gleich auf die Materie anwenden und ersparen uns den Umweg über eine geistige Substanz. Die scheinbare Lösung entpuppt sich als Irrweg.

Die Kluft zwischen Leib und Seele bleibt auch hier bestehen, weil es keinen lückenlosen Weg gibt, der von einer rein phänomenalen Wirklichkeit zu einem vom subjektiven Erleben unabhängigen Geschehen führt, das als Ursache des Denkens und des sinnlichen Erlebens gelten könnte.

Geist und Materie bleiben trotz gegenteiliger Beteuerungen auch im Idealismus unverbunden. Idealismus und Materialismus sind beides dualistische Philosophien, die auf einem Auge blind geworden sind.

1.3.1.6 Panpsychismus

Als möglicher Ausweg aus diesem Dilemma bietet sich eine andere philosophische Position an, der *Panpsychismus*. Diese Theorie besagt, dass jede Materie bereits Bewusstsein in sich trägt. Deshalb sei es auch kein Wunder, dass unser Gehirn Bewusstsein hervorbringt. Schließlich entsteht die Frage, wie das Gehirn Bewusstsein erzeugen kann, erst aufgrund unserer falschen Vorstellung, dass Materie unbewusst sei. In Wahrheit ist der Kosmos durchdrungen von Bewusstsein.

Dies kann aber sicher nicht bedeuten, dass jeder Stein denkt, jedes Atom Gefühle hat und jeder Wassertropfen ein Ichbewusstsein. Niemand wird auf die Idee kommen, dass ein Felsen Schmerz empfindet, wenn man beim Klettern einen Haken einschlägt. Das liegt darin begründet, dass sich diese Dinge auch nicht so verhalten, als hätten sie Bewusstsein. Das ist das entscheidende Kriterium, warum wir anderen Menschen auch Bewusstsein zusprechen. Unmittelbar erfahren können wir nur unser eigenes. Trotzdem nehmen wir an, dass die Verkäuferin im Lebensmittelladen Bewusstsein hat, wenn sie uns lächelnd die Tomaten reicht.

Steine zeigen keinerlei Gefühlsregungen und enthalten sich jeglicher kognitiven Äußerungen. Sie müssten ihr Innenleben schon gut verbergen können, wenn sie eines hätten. Aber selbst wenn man Materie genauer untersucht, kommt man nicht auf die Idee, ihr Gedanken oder Empfindungen zu unterstellen.

Sollten Steine dennoch Gedanken haben, dann zeigen diese auf jeden Fall keinerlei Einfluss auf deren Verhalten. Sie reagieren genau nach den physikalischen Gesetzen. Sie sind nicht frei, dies oder jenes zu wollen und danach zu handeln. Wenn man aber argumentiert, dass der Wille eines Steins keinen Einfluss auf seine physikalische Existenz ausüben kann, dann sind wir wieder in dem Dilemma, das mit dieser Form des Panpsychismus die Tatsache unseres Bewusstseins nicht geklärt werden kann. Denn *wir haben zumindest den Eindruck*, dass wir mit unserem Willen Einfluss auf unsere Handlungen nehmen. Und unsere Handlungen sind eindeutig Bestandteil der physikalischen Welt.

Aber es gibt noch einen wichtigeren Einwand gegen diese Vorstellung: Wenn schon Atome, Moleküle und Steine Gedanken und Gefühle haben, wozu war es dann überhaupt nötig, dass die Evolution komplexe Gehirne hervorbrachte? Wenn Bewusstsein schon im kleinsten Molekül in der Form vorhanden ist, wie es auch in unserem Geist erscheint, wieso brauchen wir dazu dieses hochkomplexe System von Nervennetzen, um ebenfalls zu denken? Und wieder ergibt sich die Frage, warum wir zum Denken ein komplexes Gehirn benötigen und Verletzungen dieses Gehirns unser Bewusstsein trüben, während ein Stein ohne komplexes Gehirn ein vergleichbares Bewusstsein haben soll?

Nein, unter Panpsychismus muss wohl etwas anderes verstanden werden. Zwar haben Atome, Moleküle, Steine und Wassertropfen keine Gedanken und keine Bewusstseinszustände, aber sie könnten eine Eigenschaft haben, welche schließlich in komplex organisierter Form zu Bewusstsein aufgebaut werden kann. Materie müsste eine Art rudimentäres Basisbewusstsein haben, eine elementare Intentionalität, das durch Steigerung der Komplexität zu einem Ichbewusstsein anwachsen kann. Somit haben Atome und Moleküle, welche das Gehirngewebe aufbauen, keine anderen Eigenschaften, als Atome und Moleküle anderer Stoffe. Trotzdem führt diese geheimnisvolle Eigenschaft dazu, dass Gehirne Bewusstsein produzieren. Geist erscheint dann als Emergenz von komplex organisierter Materie. Aber ist mit dieser

Theorie dann wirklich etwas gewonnen? Diese Theorie besagt doch nichts anderes, als dass Bewusstsein aus materiellen Gehirnen entsteht. Wenn wir dualistische Erklärungen für falsch halten – und die vorher genannten Probleme zwingen uns wohl dazu, wollten wir nicht unseren Verstand ausschalten –, dann bleibt uns doch sowieso nur die Annahme, dass Bewusstsein mit dem materiellen Gehirn zu tun hat. Wir haben einen materiellen Leib und erleben diesen durch unser Bewusstsein.

Erinnern wir uns kurz an die Probleme, welche die anderen drei Erklärungsversuche aufgeworfen hatten: Der *Dualismus* bringt uns nicht weiter, weil die geistig/seelische Seite einer organisierten Struktur bedarf, um die Anforderungen des Dualismus zu erfüllen. Geistige Wesen müssten sich in ähnlicher Weise organisieren, wie es materielle Wesen tun, nur mit einer *geistigen* Substanz. Beim *Materialismus* wird diese Eigenschaft auf materielle Strukturen übertragen. Und beim *Idealismus* liegt die Sache nicht anders, nur wieder auf der Seite des Geistes. Es blieb also in allen drei Fällen dieselbe Kernfrage: *Wie bringt strukturierte Substanz Bewusstsein hervor?*

Die Aussage des Panpsychismus ist aber einfach nur: *Bewusstsein entsteht aus strukturierter Substanz.* Damit wird die Frage lediglich zur Behauptung umformuliert.

Somit erklärt der Panpsychismus gar nichts. Er besagt lediglich, dass die Materie anders beschaffen sein muss, als man es sich gemeinhin vorstellt. Materie muss eine geheime Eigenschaft haben, die in physikalischen Versuchen verborgen bleibt und erst zu Tage tritt, wenn die Komplexität eines Gehirns groß genug geworden ist.

Klar ist: Die Materie, die wir in Gehirnen vorfinden, unterscheidet sich nicht von jeder anderen Materie.

Das ist aber lediglich eine Beschreibung der Situation, wie wir sie zu Beginn vorgefunden haben und die uns zu der Frage veranlasste, wie der Geist überhaupt in die Materie kommt. Keineswegs ist damit irgendetwas beantwortet.

Panpsychismus bleibt somit eine leere Theorie, solange nicht jene verborgene Eigenschaft benannt und beschrieben werden kann, welche Bewusstsein entstehen lässt. Allein die Behauptung, dass die Psyche als rudimentäres Bewusstsein in jeder Materie vorzufinden ist, ist lediglich eine neue Umschreibung des ursprünglichen Problems.

1.3.2. Das Rätsel Nr. 1 und seine Lösung

Wie kommt der Geist in die Materie? Wenn also keiner der vier Ansätze richtig ist, welche andere Lösung gibt es dann noch, die bisher nicht bedacht wurde? Und waren wirklich alle Denker der Vergangenheit so dumm, dass sie auf diese eine, zusätzliche Theorie nie gekommen sind? Nein, so kann es natürlich nicht sein. Kein großer Philosoph der Vergangenheit lag zu 100% falsch. Die Lösung liegt vielmehr in einer anderen Richtung: *Sie alle hatten recht!*

Vielleicht denken Sie jetzt: »Wie kann das sein, wo sich diese Theorien doch eindeutig gegenseitig widersprechen?« Ich meine es aber genau so:

Alle Theorien sind richtig - aber unvollständig.

Aber wie soll man sich das vorstellen? Fangen wir beim Idealismus an:

In wenigen Jahren, wenn der Quantencomputer weit genug entwickelt ist, wird es uns möglich sein, Wirklichkeiten viel realitätsnäher zu simulieren, als heute. Das wird eine völlig neue Ära für SecondLife-Liebhaber. Die simulierten Welten werden eher wie in »Matrix« erscheinen. Das heißt, sie werden so realistisch sein, dass sie von der Wirklichkeit nicht mehr zu unterscheiden sind. Auch Physiker können dann hoch komplexe Vorgänge in Echtzeit am Rechner verfolgen.

Seit etwa 300 Jahren betreiben wir exakte Wissenschaft und so viel ist bereits erreicht. Was könnten wir in Tausend Jahren erreichen? Vielleicht gibt es in diesem riesigen Kosmos in einer der 100 Milliarden Galaxien mit ihren jeweils 100 Milliarden Sonnen eine Zivilisation von intelligenten Lebewesen, die technologisch schon viel weiter sind, als wir und in der Lage sind, ein ganzes Universum zu simulieren (ein Simulversum). Und vielleicht gibt es davon sogar mehrere. Wenn man nun bedenkt, dass es das Universum noch mehrere Milliarden Jahre geben wird, dann wird es wohl auch noch viele Simulversen geben. Das heißt im Klartext: Es gibt mit hoher Wahrscheinlichkeit in *einem* realen Universum *mehrere* Simulversen. Das bringt manche Forscher und Philosophen auf die Idee, dass es wesentlich wahrscheinlicher ist, dass wir in einem Simulversum leben, als dass wir in einem Universum leben. Ist unser Universum also eine Computer-Simulation?

Ich erwarte jetzt nicht von Ihnen, dass Sie diese Meinung teilen. Ich selbst habe begründete Zweifel an der Möglichkeit, ein Universum zu simulieren. Aber was uns diese Geschichte zeigt ist folgendes: Das gesamte Universum ist als mathematisch manipulierter Informationsraum vorstellbar. Was, wenn diese Informationen nicht in einem Computer, sondern einem Bewusstsein gespeichert sind?

> Dann haben wir die Philosophie des **Idealismus**: *Welt als Vorstellung*. Nur, dass diese Vorstellung nicht in einem individuellen Bewusstsein existiert, sondern in einem Bewusstsein, das die ganze Welt umfasst. Innerhalb dieser lebendigen Simulation würde sich Materie genauso verhalten, wie es der **Materialismus** vorschreibt und sie würde über Selbstorganisation komplexe, rekursive Systeme hervorbringen. Systeme, die wir lebendige Organismen nennen würden. Aber jedes materielle Teilchen wäre nur Information im großen Bewusstsein und würde von diesem Bewusstsein durchdrungen und getragen werden, wie es der **Panpsychismus** vorsieht. Trotzdem ließe sich Bewusstsein nicht auf die Funktionen der Materie zurückführen. Das Erleben der Welt von Innen heraus wäre für jedes System eine von der materialistischen Sichtweise getrennter Vorgang. Innen- und Außenansicht ließen sich nicht aufeinander reduzieren, genau wie es der **Dualismus** beschreibt.

Schon sind alle vier Philosophien in einer einzigen vereint (q.e.d.).

Aber ist das auch so? Behaupten kann man schließlich viel. Natürlich ließe sich mit dieser integralen Sicht das Leib-Seele-Problem lösen. Aber ist es auch die richtige Lösung? Die Frage ist doch, gibt es dafür auch Indizien? Lassen sich in der Welt Anhaltspunkte finden, welche diese Lösung nahe legen?

Ich denke ja, und das wird Thema der nächsten Kapitel sein. Aber zunächst bleiben lediglich viele Fragen: Wenn die Welt innerhalb eines Bewusstseins als Vorstellung existiert, wodurch wird diese Vorstellung ausgelöst? Schließlich kennen wir nur Vorstellungen, die sich an vergangenen Erfahrungen anlehnen und sich zu Zukunftsvisionen neu kombinieren. Und wo ist die Information gespeichert? Bisher sehen wir Informationen immer nur auf materiellen Trägern. Aber Materie soll ja nach diesem Weltbild selbst nur Information sein. Die Lösung erscheint also höchst spekulativ. Was uns zunächst gegeben ist, ist ein materieller Kosmos, indem wir als bewusste Wesen existieren. Dass dieser Kosmos in ein höheres Bewusstsein eingebettet ist, wäre ein unbewiesenes Postulat und das macht diese integrale Theorie zunächst zu einem Zirkelschluss.

Um Indizien für diese Theorie zu finden, müssen wir zuallererst *innerhalb der Materie eine Eigenschaft* suchen, die der Naturwissenschaft bisher verborgen geblieben ist und die dafür verantwortlich ist, dass wir Bewusstsein haben, so dass der Geist in der Materie erscheinen kann. Machen wir uns also auf die Suche.

1.4 Der Regenbogen

»Offensichtlich ist die Meinung derer falsch, die sagten,
auf die Ansichten über die Geschöpfe käme es bei der
Glaubenswahrheit nicht an, soweit man nur über Gott richtig denke.
Ein Irrtum über die Geschöpfe führt nämlich
zu einer falschen Meinung über Gott.«

Thomas von Aquin

1.4.1. Was ist der materielle Kosmos?

Um uns dieser Problematik anzunähern wird es notwendig sein, den Standpunkt der modernen Wissenschaft näher zu durchleuchten. Natürlich – wie könnte es anders sein – wird uns dabei die Quantenmechanik als erster Punkt genauer interessieren. Aber es kann hier nicht darum gehen, diese Theorie in allen mathematischen und physikalischen Ausprägungen darzustellen. Vielmehr ist es wichtig zu verstehen, welche Problematik sie dem gängigen Weltbild bereitet. Um jedoch die Besonderheiten dieser Theorie verständlich zu machen, müssen wir zuerst in Einsteins Welt eintauchen.

Einstein lehnte die Quantentheorie Zeit seines Lebens ab. Obwohl er selbst die Physik revolutioniert hatte, konnte er die Konsequenzen der Quantentheorie nicht akzeptieren.

Warum nur?

Sehen wir uns seine Kritik genauer an, denn sie bringt uns auch einem Verständnis der Quantentheorie näher:

1.4.1.1 *Einsteins Welt*

Einstein glaubte, dass die Quantenmechanik keine grundlegende Theorie der Natur sein könne. Er vertrat die Ansicht, man müsse sie zwar aufgrund ihrer Erfolge akzeptieren, aber gleichzeitig nach einer noch grundlegenderen Theorie Ausschau halten, von welcher die Quantenphysik nur ein Grenzfall ist. Seine Einstellung hatte prinzipiell drei Gründe:

Für Einstein war es offensichtlich, dass es eine objektive Welt gibt, die unabhängig von unserem individuellen Bewusstsein existiert. Damit folgte er der Philosophie des *Realismus.*

Es stellte sich aufgrund einer Reihe von Versuchen heraus, dass sich nichts schneller als mit Lichtgeschwindigkeit bewegen kann und auch Informationen dieser Grenze unterworfen sind. Man nennt dies das Prinzip der *Lokalität.*

Einstein war überzeugter Anhänger der strengen *Kausalität*: Gegenwart und Zukunft ergeben sich bis ins kleinste Detail aus den Gegebenheiten der Vergangenheit. Alle Ereignisse sind zeitlich über Ursache und Wirkung miteinander verknüpft. Jede Wirkung hat eine zeitlich davor liegende Ursache.

Einsteins Weltbild war somit eine Verbindung von *Realismus*, *Lokalität* und *Kausalität.* Und jeder einzelne dieser Punkte widerspricht der Quantenmechanik. So scheinen Naturgesetze eher statistischer Art zu sein, die Ereignisse der Gegenwart und der Zukunft sind durch die Vergangenheit nicht absolut vorherbestimmt und anscheinend übertragen sich Informationen auf der Quantenebene durchaus mit Überlichtgeschwindigkeit.

Aber Einsteins Position war nicht einfach nur eine bloße Meinung. Sie war durch seine Relativitätstheorie gut begründet. Sehen wir uns einmal kurz an, wie es dazu kam:

Jede Kultur hat ihre eigene Vorstellung von Wirklichkeit. Bei Platon war das Gute die höchste Wirklichkeit. Alles andere war nur eine Emanation, ein Ausfluss aus dem Guten und damit weniger wirklich. Die materielle Welt war die unterste Stufe dieser Wirklichkeitshierarchie. Die Neuplatoniker und die monotheistischen Religionen bauten diese Vorstellung weiter aus. Im Christentum steht Gott an oberster Stelle. Ihm nach folgen die himmlischen Heerscharen wie Erzengel und Engel. Auch hier bildet die materielle Welt die unterste und damit die unwirklichste Stufe.

Mit der Erfolgsgeschichte der Naturwissenschaften änderte sich diese Vorstellung radikal. Die Materie und der leere Raum wurden zur einzig anerkannten Wirklichkeit. Das Unterste wurde nach oben gekehrt.

Bereits Isaak Newton stellte sich die kleinsten Teilchen der Materie als unendlich harte Kügelchen vor, die von Gott unteilbar und unveränderlich erschaffen worden waren. In dieser Vorstellung ist aber noch der monotheistische Dualismus zu erkennen: einerseits der transzendente Gott – andererseits der von ihm erschaffene materielle Kosmos. Als gläubiger Christ widmete Newton seinem Theologiestudium mehr Zeit als dem Studium der Physik. Jedoch das Weltbild, das er entwarf, brauchte keinen Gott mehr. Er war einfach nicht notwendig. Und so verzichteten seine Nachfolger auf die »Hypothese Gott«. Was übrig blieb, war der materielle Kosmos. Ein Uhrwerk, das nach genauen, mechanistischen Gesetzen ab lief.

Doch ein Ablauf benötigt Zeit. Und was ist Zeit?

Unsere Vorstellung von Wirklichkeit hängt eng mit der Antwort auf diese Frage ab.

Schon Augustinus hatte sich dazu Folgendes überlegt: *Die Vergangenheit existiert nicht, da sie nicht mehr ist; die Zukunft existiert nicht, weil sie noch nicht ist. Nur die Gegenwart ist wirklich. Die Gegenwart hat jedoch keine Ausdehnung, da sie nur die Grenzlinie zwischen Vergangenheit und Zukunft ist. Aber wir haben unterschiedliche Zeiträume im Bewusstsein. Wie kommt es dazu? Warum haben wir die Wahrnehmung von zeitlichen Räumen, wenn doch die einzige Wirklichkeit, die Gegenwart, keinen Raum und keine Dauer besitzt? Wie können wir dann von einer Zeitdauer sprechen?*

Augustinus löste dieses Rätsel, indem er feststellte, dass Zeit im Geist stattfindet und nicht in der Wirklichkeit. *Denn Vergangenheit ist Erinnerung und Zukunft ist Erwartung.* Kant stimmte dem später zu, indem er Zeit als eine Kategorie des Geistes identifizierte.

Nehmen wir diese Sichtweise ernst, dann ist lediglich die Gegenwart real und diese Realität hat keine Dauer. Wenn wir nun zur Frage zurückkehren, was Wirklichkeit ist, dann müssen wir darauf antworten: *»Wirklichkeit ist die Summe der gleichzeitig in der Gegenwart stattfindenden Ereignisse.«* Natürlich können wir uns dieser Wirklichkeit niemals bewusst werden. Denn je-der Eindruck benötigt Zeit um durch den Informationsträger (Licht, Schall, usw.) zu unseren Sinnesorganen zu gelangen. Selbst direkte Sinneseindrücke wie Berührung und Geschmack benötigen Zeit, um bewusst wahrgenommen zu werden. Unsere Wahrnehmung der Welt hinkt also immer hinter der Wirklichkeit her. Was wir wahrnehmen, ist immer schon Vergangenheit.

Trotzdem glauben wir daran, dass es eine Wirklichkeit gibt, die genau *jetzt* stattfindet, auch wenn wir sie erst im Nachhinein realisieren.

Die Erfahrung sagt uns: Es gibt einen Raum, der als Bühne der Wirklichkeit alle Gegenstände enthält, und eine Zeitlinie entlang der sich die Positionen und Eigenschaften der Gegenstände verändern können. Der »Jetzt-Punkt« auf dieser Zeitlinie ist die Realität der Gegenwart.

Dies war auch die Position der klassischen Physik, bis zum Auftauchen der Relativitätstheorie.

1.4.1.1.1 Relativitätstheorie

Die Relativitätstheorie geht von zwei Grundlagen aus. Die erste ist die *Relativität von Bewegung,* die zweite ist die *Konstanz der Lichtgeschwindigkeit*.

Die *Relativität der Bewegung* ist leicht zu verstehen. Wenn man sich gleichmäßig bewegt – also nicht beschleunigt, nicht abbremst und die Bewegungsrichtung nicht ändert – könnte man auch sagen, dass man sich selbst in Ruhe befindet, während die Umgebung sich bewegt. Wir alle kennen dieses Phänomen: Sitzt man in einem Zug, der am Bahnhof neben einem anderen steht und einer der beiden setzt sich in Bewegung, ist nicht sofort feststellbar, ob der eigene oder der andere Zug losfährt. Natürlich sieht man mit einem Blick auf den Bahnsteig, welcher Zug fährt. Aber auch das ist nur eine Relativität. Wenn der eigene Zug mit gleich bleibender Geschwindigkeit über eine gerade Strecke fährt, könnten wir uns in Ruhe wähnen, während die Landschaft vor den Fenstern hinweg gleitet.

Leichter vorstellbar ist ein Modell von zwei aneinander vorbei fliegenden Raumschiffen, weil es in diesem Fall keine Umgebung gibt, die unbewusst als »in Ruhe befindlich« vordefiniert ist. Es ist nicht zu entscheiden, welches der beiden Raumschiffe fliegt und welches sich in Ruhe befindet. Bewegung braucht immer den Zusatz »in Relation zu ...« Von *absoluter Ruhe* oder *wirklicher Bewegung* zu sprechen, macht keinen Sinn ohne Bezug zu einem Referenzobjekt, dessen Bewegung vordefiniert ist. Ruhe und Bewegung sind keine objektiven Begriffe, sondern Definitionen von Relationen. Man kann scheinbar in völliger Ruhe am Äquator sitzen und meditieren und saust doch mit der Erdoberfläche in einer Geschwindigkeit von ca. 1.800km/h um den Mittelpunkt unseres Planeten.
Bewegung definiert sich immer »in Relation zu ...« und ist somit *relativ*.

Die *Konstanz der Lichtgeschwindigkeit* ist nicht so leicht einzusehen. Wenn Sie und ich mit zwei Raumschiffen unterwegs wären und Sie mich mit einer Geschwindigkeitsdifferenz von 1.000km/h überholen, dann bewegt sich für uns beide das Licht sowohl meiner als auch Ihrer Scheinwerfer (soweit Raumschiffe Scheinwerfer haben) mit gleicher Geschwindigkeit von uns weg; nämlich mit ca. 300.000 km/sek. Das widerspricht dem gesunden Menschenverstand. Das Licht Ihrer Scheinwerfer müsste doch um 1.000km/h schneller vorauseilen, da es ja von einem 1.000km/h schnelleren Lichtquelle abgestrahlt wird. Das Michelson-Morley-Experiment von 1866 bewies jedoch, dass sich Licht unabhängig von der Geschwindigkeit der Lichtquelle und unabhängig von der Geschwindigkeit des Beobachters immer gleich schnell bewegt. Dieses Ergebnis war ein Schock für die Physik und lange Zeit versuchte man einen Fehler in den Versuchsanordnungen zu finden. Stattdessen wurde dieses Ergebnis in jedem Experiment immer wieder aufs Neue bestätigt.

Einstein akzeptierte diese Konstanz der Lichtgeschwindigkeit als Arbeitshypothese und analysierte, zu welchen Konsequenzen diese Prämisse führt. Er fand heraus, dass es durchaus möglich war eine Wirklichkeit anzunehmen, in der sowohl die Konstanz der Lichtgeschwindigkeit als auch die Relativität von Bewegung ihre Richtigkeit hätten. Wir müssten dazu nur unsere Vorstellung von Raum und Zeit ändern. Somit war die Relativitätstheorie geboren. Nicht mehr Raum und Zeit waren die unveränderlichen Größen der Physik, sondern die Lichtgeschwindigkeit. Seither gilt die Erkenntnis, dass die Größen von Zeit und Raum nicht konstant sind, sondern sich nach einem ganz bestimmten Gesetz zueinander verschieben können.

Eine der daraus abgeleiteten nötigen Änderungen ist aber die Tatsache, dass Gleichzeitigkeit nicht mehr existiert. Wenn wir mit unseren Raumschiffen aneinander vorbei fliegen, dann beobachten Sie vielleicht zwei Ereignisse, die für Sie gleichzeitig stattfinden, aber aus meiner Perspektive finden sie nacheinander statt. Wir erinnern uns an die Schlussfolgerungen aus Augustinus Überlegungen: *»Wirklichkeit ist die Summe der gleichzeitig in der Gegenwart stattfindenden Ereignisse.«* Nun sind wir aber in der Situation, dass Ereignisse, die sich für Sie in dieser Gegenwart befinden, für mich bereits vergangen und/oder erst zukünftig sind.

Die Relativitätstheorie führt zwingend zum Schluss, dass auch *Gleichzeitigkeit* ein relativer Begriff ist. Der Inhalt der Gegenwart ist abhängig vom Beobachter und der Bewegung.

Haben wir jetzt also unterschiedliche Wirklichkeiten? Und wird Wirklichkeit damit nicht zu einem subjektiven Begriff?

Einsteins Überzeugung war, dass es eine objektive Welt gibt, die unabhängig von unserem Bewusstsein existiert. Wie konnte er diese Form der Realität vor den Konsequenzen der Relativität retten?

Sehen wir uns an, wie Einstein seine weiteren Prämissen, *Lokalität* und *Kausalität,* ableitet, die ihn in der Folge dazu brachten, die Quantenmechanik abzulehnen.

Nichts kann sich schneller als mit Lichtgeschwindigkeit bewegen. Jede Strahlung hat exakt Lichtgeschwindigkeit und Materie kann sich ihr nur annähern, sie aber nie erreichen. Nun ist aber alles im Kosmos entweder Strahlung oder Materie. Somit kann sich auch keine Information schneller ausbreiten. Damit ist auch die Verkettung von Ursache und Wirkung an diese Geschwindigkeit gebunden.

Jedes Ereignis hat daher seine Ursache in jenem Bereich der Raumzeit, der mit Lichtgeschwindigkeit erreichbar ist. Oder anders formuliert: *Ereignisse, die räumlich getrennt stattfinden, müssen auch eine dementsprechend große zeitliche Entfernung haben, wenn sie kausal miteinander verknüpft sind.*

Würde zum Beispiel ein Bewohner des vier Lichtjahre entfernten Alpha Centauri eine Botschaft an uns senden, dann könnte dies lediglich die Ursache für eine Schlagzeile in der Zeitung sein, die frühestens vier Jahre später erscheint, weil das Licht und damit die Botschaft, solange zu uns unterwegs ist. Dies nennt man die *Lokalität*. Nur räumlich nahe beieinander liegende Ereignisse können auch zeitlich nah miteinander verknüpft sein.

Wie steht es nun um die *Kausalität*?

Wir erinnern uns, dass wir Augustinus Überlegungen gefolgt sind, als wir die Realität auf die Gegenwart beschränkten. Aber Augustinus selbst hatte dazu einen etwas anderen Blickwinkel. Für ihn war diese Einteilung in Vergangenheit, Gegenwart und Zukunft eine Beschränkung, eine Illusion der menschlichen Perspektive. Er schrieb über Gott:

»Es gab keine Zeit, in der du nichts gemacht hättest, denn du hast die Zeit selbst gemacht. ... Aber du gehst allem Vergangenen voran durch die Erhabenheit deiner immer gegenwärtigen Ewigkeit; du überragst alles Zukünftige ... Deine Jahre gehen nicht und kommen nicht, während diese unsere Jahre gehen und kommen, damit so alle kommen. Deine Jahre stehen alle und sind zugleich.«

Mit anderen Worten, Augustinus unterschied zwischen einer Innenperspektive (Endoskopie) der Schöpfung, die dem Menschen zukommt, der die Welt von innen betrachtet und für den Zeit relevant ist, und einer Außenperspektive (Exoskopie) der Schöpfung, die nur Gott zukommt, der die Schöpfung von außen betrachtet und für den Zeit keine Rolle spielt, weil jede Zeit *gleichzeitig* existiert. Vergangenheit, Gegenwart und Zukunft sind für Gott (und so auch für den denkenden Augustinus) gleichermaßen real. Die Gegenwart ist nicht realer als die Vergangenheit und die Zukunft nicht weniger real als die Gegenwart. Der gesamte Zeitverlauf liegt in einem Stück vor Gottes Augen.

Für ihn ist kein Zeitpunkt besonders hervorgehoben. Aus seiner Sicht gibt es keine Gegenwart, welche eine Vergangenheit, die feststeht, von einer Zukunft trennt, die noch offen ist. Für Gott ist die gesamte Zeit allgegenwärtig.

Die gleiche Schlussfolgerung über die Realität der Zeit ergab sich für Einstein aus der *Relativität der Gegenwart* in Verbindung mit der *Lokalität*. Zeit wäre demnach ebenso eine Dimension wie Raum. Von einer höheren Warte aus betrachtet lägen Vergangenheit, Gegenwart und Zukunft *gleichzeitig* vor, wie ein starrer, fester, gefrorener Block. Zeit ist dabei nichts als ein Trugbild für uns Beobachter. Damit wäre aber jedes Ereignis der Zukunft bereits festgelegt, lange bevor wir es erleben. Die Freiheit zukünftiger Entwicklungen wäre eine Illusion. Einstein meinte, aus der Relativitätstheorie eine strenge *Kausalität* ableiten zu können, die einem Determinismus gleichkommt.

Somit haben wir alle drei Gründe für Einsteins Zweifel an der Richtigkeit der Quantentheorie vorliegen: *Realität*, *Lokalität* und *Kausalität*.

Die Quantentheorie widerspricht jedem einzelnen dieser Punkte. Jedoch ist keine physikalische Theorie so gut nachgewiesen und so oft bestätigt, wie sie. Praktisch alle moderne Technik fußt auf ihren Erkenntnissen. Wenn die Quantentheorie falsch wäre, dann gäbe es keine Halbleiter und somit keine Transistoren und keine Computer; ebenso wären Laser unmöglich. Diese Liste ließe sich beliebig fortsetzen. Über fünfzig Prozent des Bruttoinlandsprodukts der westlichen Industrieländer wird mit einer Technik erwirtschaftet, die auf der Quantenmechanik beruht. Irgendwo muss sich in Einsteins Überlegungen also ein Fehler eingeschlichen haben. Aber wo?

Einstein ging getreu der klassischen Mechanik davon aus, dass zur Beschreibung eines Systems nur ein hinreichend genaues Modell nötig sei. Niels Bohr erkannt jedoch, dass Quantensysteme hier eine Ausnahme bilden. Sie folgen nicht dieser klassischen Vorstellung. Zu ihrer Beschreibung benötigt man zwei sich widersprechende Modelle (Teilchen/Welle). Daraufhin entwickelte er das Begriffssystem der *Komplementarität.* Das aber widerspricht der allgemeinen Vorstellung von *Realität.* Und damit kommen wir dem Problem Einsteins auf die Spur:

Einstein musste *Lokalität* und *Kausalität* aus der Relativitätstheorie ableiten, um die *Realität* zu retten.

Die *Realität* war die grundlegende Prämisse, die Einstein schließlich zur *Kausalität* und zum absoluten Determinismus führte. Wenn aber unsere Vorstellung von *Realität* falsch sein sollte, bedarf es auch keiner absoluten *Kausalität* der Zeit mehr. Und in der Quantenmechanik spricht tatsächlich alles dafür, dass unsere Realität ganz anders aussieht, als sie zunächst erscheint.

1.4.1.2 Die Quantenrevolution

Jede wissenschaftliche Erkenntnis beginnt damit, dass wir das Subjekt der Erkenntnis aus der Untersuchung ausschließen und uns lediglich auf die objektiven Fakten konzentrieren. Daraus lässt sich leicht ableiten, dass ein Weltbild, das auf Naturwissenschaft beruht, kein Subjekt beinhalten kann. Wenn ich, im übertragenen Sinn, beim Erbsen zählen, die ebenfalls vorhandenen Bohnen zur Seite lege, dann liegen am Schluss in dem gezählten Haufen eben nur Erbsen und keine einzige Bohne.

Aber jeder von uns weiß mit Sicherheit, dass die Welt zumindest ein Subjekt enthält, nämlich das eigene. Die Realität der Wissenschaft kann daher zwangsläufig nur unvollständig sein.

Welches vollständigere Weltbild sollen wir jedoch an seine Stelle setzen, wenn Einsteins lokaler Realismus nicht stimmt? Die Quantenmechanik selbst kann es nämlich auch nicht sein, weil sie ebenfalls eine wissenschaftliche Theorie ist, zu deren Erlangung das Subjekt vorher ausgeschlossen wurde. Aber eines zumindest zeigt uns die Quantenmechanik: *den Fehler im System.*

Es gibt diesen objektiven Standpunkt nicht, welcher das Ideal der wissenschaftlichen Weltsicht darstellt. Der lokale Realismus ist eine intellektuelle Abstraktion. Wenn wir den Aufbau eines wissenschaftlichen Experiments bis an seine Basis analysieren, kommen wir zum Experimentator. Das Subjekt des Forschers ist es, welches die Ergebnisse des Experiments erfährt und geistig interpretiert. Ohne dieses Subjekt gäbe es nichts. Und dabei meine ich jetzt keinesfalls nur ein Experiment der Quantenmechanik. Jedes Experiment hat erst dann einen Sinn, wenn der Forscher von den Ergebnissen erfährt. Somit ist sein Subjekt ein wichtiger Bestandteil des Ganzen.

Man kann jetzt einwenden, das sei eine Tautologie. Natürlich muss der Forscher *bewusst* sein, um seine Ergebnisse zu realisieren. Dies ist mit dem *anthropischen Prinzip* verwandt: *Die Welt, die wir beobachten, muss so beschaffen sein, dass wir als Beobachter darin vorkommen können.* Aber wir müssen uns durchaus auch vor Augen halten: Unsere Realität besteht in erster Linie aus Erfahrungen und nicht aus objektiven Fakten. Diese Erfahrungen werden im Anschluss zu einer konsistenten Außenwelt abstrahiert.

Das klingt in der Theorie ganz nett, aber zunächst ist es die klassische Physik und ihre Vorstellung einer vom Subjekt unabhängigen Realität, die sich in der angewandten Technik immer wieder unter Beweis stellt. Der tägliche Umgang mit der Außenwelt scheint uns den Realismus ständig zu bestätigen.

Andererseits stimmt natürlich auch die Quantentheorie, wie die offensichtliche Funktionalität der Elektronik beweist. Aber in den Köpfen der Physiker lebt die Quantenphysik als rein mathematisches System innerhalb des alten physikalischen Paradigmas und dient lediglich der Berechnung von technischen Einzelheiten. Wir leben im 21. Jahrhundert mit dem Denken des 19. Jahrhunderts und das in einer Welt, die mit der Technik des 20. Jahrhunderts arbeitet.

Für den praktischen Bereich mag dies ausreichend sein, aber wenn man ein philosophisch konsistentes Weltbild sucht, geht es darum, ein neues Paradigma zu finden, in das sich auch die Quantenmechanik widerspruchsfrei einordnen lässt. Wir können nicht so tun, als wäre die Welt genau das, was wir uns traditionell unter ihr vorstellen, wenn gleichzeitig weite Teile der Wirklichkeit dieser Vorstellung nach heutigen Erkenntnissen so offensichtlich widersprechen. Im Nebenzimmer des Physikers scheint es täglich zu geschehen, dass Informationen mit Überlichtgeschwindigkeit übertragen werden. Das alte Weltbild ist tot. Wir müssen es endlich begraben. Momentan verhalten wir uns so, als hätte Magellan die Welt umsegelt, ohne unseren Glauben daran, dass unser Planet eine Scheibe ist, auch nur im Geringsten zu beeinflussen. Der Grund dafür liegt darin, dass es keine brauchbaren Alternativen gibt. Wie sollen wir uns die Welt vorstellen, wenn nicht als klassische Realität?

Wir klammern uns am Realismus fest, weil es derzeit keine Antwort auf die entscheidende Frage gibt: *Was sonst?*

Halten wir uns nochmals vor Augen, was mit *klassischer Realität* oder *lokalem Realismus* gemeint ist:

- *Lokalität*: Für alle Teile dieser Welt, einschließlich Information, gilt die Lichtgeschwindigkeit als absolute Höchstgrenze der Bewegung.
- *Realität*: Alle materiellen Dinge haben Eigenschaften wie Konsistenz, Bewegung und Ort, unabhängig davon, ob sie von Subjekten beobachtet werden oder nicht.

Dies ist der Standpunkt der klassischen Physik. Aber Realismus ist eine Verwechslung zwischen Faktum und Abstraktion:

Wir nehmen Gegenstände in der Außenwelt wahr und schließen aufgrund der *Tatsache der Wahrnehmung* auf die *Tatsache des Wahrgenommenen*. Bereits Rene Descartes stellte fest, dass die Natur des Wahrgenommenen nicht zweifelsfrei angenommen werden darf. Er meinte: »Allein die Tatsache, *dass wahrgenommen wird*, ist unbestreitbar.« Daraus leitete er die Dualität von Geist und Materie ab und in der Folge warf er die Frage auf, was von beiden wirklicher ist. Aber diese Fragestellung selbst könnte auf einem Irrtum beruhen:
Wir trennen das Ereignis der Wahrnehmung in das Wahrgenommene und den Wahrnehmenden auf. Das einzig wirklich Konkrete ist jedoch die Erfahrung selbst. Wenn wir einen Gegenstand sehen, dann existiert das Faktum der Wahrnehmung im Bewusstsein. Anschließend beginnt die Abstraktion: Wir verlegen

den Ort des wahrgenommenen Gegenstandes nach Außen und das Subjekt der Wahrnehmung nach innen. Wir gehen in aller Regel davon aus, dass diese Abstraktion der Wirklichkeit entspricht. Was aber, wenn wir träumen oder halluzinieren? Dann ist die Erfahrung des Gegenstandes immer noch Fakt, aber der Gegenstand selbst ist es nicht.

Vielleicht fragen Sie sich jetzt, ob ich behaupten will, dass es die Welt, die wir wahrnehmen, gar nicht gibt. Aber keine Angst, darauf will ich nicht hinaus. Der Idealismus hat sich ja bereits im ersten Abschnitt des Buches nicht als geeigneter für eine Welterklärung erwiesen, als der Materialismus. *Wir dürfen nur nicht den Fehler machen, die Welt für wirklicher zu halten, als unsere Wahrnehmung von ihr.* Normalerweise denken wir – und das ist eben der Standpunkt des klassischen Realismus –, dass die Welt auch bestehen würde, wenn wir sie nicht wahrnehmen. Schließlich bestand sie schon 13 Milliarden Jahre, bevor der erste Mensch auf der Bildfläche erschien. Aber da wartet die Quantenkosmologie mit einem überraschenden Geheimnis auf:

1.4.2. Das Rätsel Nr. 2 von der Möglichkeit zur Realität

Die Besonderheit eines Quantensystems im Vergleich zu einem klassischen, physikalischen System, ist seine Wahrscheinlichkeit. Während ein klassisches System immer einen ganz bestimmten Zustand einnimmt, kann ein Quantensystem mehrere Zustände gleichzeitig annehmen. Allerdings sind diese Zustände lediglich Wahrscheinlichkeiten. Diese klappen dann bei Bedarf zu einer einzigen, konkreten Realität zusammen. Aus einem Quantensystem ist kurzfristig ein klassisches, physikalisches System geworden. Kurzfristig deshalb, weil es sich gleich darauf wieder in eine Wolke aus Möglichkeiten auflöst.

Ein isoliertes Quantensystem bleibt eine reine Wahrscheinlichkeit. Tritt es jedoch mit einem größeren System in Interaktion, bricht die Vielfalt der Wahrscheinlichkeiten zu einer einzigen, konkreten Realität zusammen. Dies ist der so genannte Quantenkollaps.

Ein Beispiel: Ein isoliertes Elektron hat keinen festgelegten Ort, an dem es sich aufhält, sondern es ist, mit unterschiedlicher Wahrscheinlichkeit, gleichzeitig an mehreren Orten. Misst ein Forscher die Position des Elektrons, so erkennt er im Ergebnis nichts weiter als einen klassischen Zustand. Das Elektron ist zu 100% an einem bestimmten Ort. Das heißt, seine Messung hat das Quantensystem zum Zusammenbruch gebracht.

Allerdings könnte man das größere System des Messgerätes als übergeordnetes, isoliertes Quantensystem betrachten. Dann wäre dieses Meta-System wieder nur eine Wahrscheinlichkeitswolke. Erst wenn man ein noch größeres System finden würde, das den Zustand des Messgerätes abliest, würde man damit den endgültigen Kollaps verursachen. In gleicher Weise könnte man aber eine endlose Kette von Messsystemen aneinanderreihen und nirgendwo wäre eine Grenze, die definitiv zum Kollaps führt. Nach dem österreichischen Mathematiker *Johann (John) von Neumann,* wurde dieses Modell *von-Neumann-Kette* benannt.

Was passiert aber, wenn nun der Forscher selbst Bestandteil einer solchen *von-Neumann-Kette* ist? Das heißt, solange der Forscher die Tür zu seinem Labor nicht geöffnet und seine Ergebnisse niemandem mitgeteilt hat, bleiben sein Labor, seine Messung und er selbst eine Wahrscheinlichkeitswolke.

Betrachtet man jedoch den gesamten Kosmos als Quantensystem – und genau das ist Thema der Quantenkosmologie – gibt es kein größeres System mehr, welches einen Kollaps verursachen könnte. Wie also kommt es zur Realität?

Wie wird aus der *multiplen Möglichkeit des Kosmos* eine *Wirklichkeit des Kosmos?*

Dieses Rätsel wird nicht zu lösen sein, solange das Subjekt aus den Untersuchungen ausgeklammert wird, denn wir selbst sind es, die jene Realität erfahren! Wir sehen das Quantensystem des Kosmos ständig zur Realität zusammenbrechen, *weil wir Bestandteil des Systems sind* und es deshalb nicht von außen betrachten können.

Der Forscher sieht das Elektron durch den Quantenkollaps an einer konkreten Position, weil er mit dem Gemessenen interagiert. *In unserem Bewusstsein* taucht die konkrete Wirklichkeit auf, die sich von der bloßen Möglichkeit unterscheidet. Natürlich können wir zu diesem Zeitpunkt noch nicht sagen, ob die Tatsache, dass wir die Realität beobachten, tatsächlich etwas damit zu tun hat, dass es sie gibt. Es wäre ein Fehler, vom Standpunkt des Realismus aus *(es gibt unsere Wahrnehmung, weil es die Welt gibt),* ins gegenteilige Extrem zum Idealismus zu verfallen *(es gibt die Welt, weil wir sie wahrnehmen).* Die eine Seite erscheint nicht wirklich realistischer als die andere.

Daher ist es für eine genaue Betrachtung dessen, was wir als Wirklichkeit annehmen, wichtig, zwischen Faktum und Abstraktion zu unterscheiden. Fakt ist die Wahrnehmung der Welt. Abstraktion ist, dass es eine Welt unabhängig von unserer Wahrnehmung gibt. Abstraktion ist aber auch, dass es unsere Wahrnehmung unabhängig von einer Welt gibt. Egal ob wir zum Realismus oder zum Idealismus neigen, beides entpuppt sich als Abstraktion.

Und was hat das alles jetzt mit Quantenmechanik zu tun?

Ermöglicht uns diese Erkenntnis das Rätsel der Quantenmechanik besser zu verstehen oder gar zu lösen?

Lassen wir uns Zeit. Esoterische Schnellschüsse zur Quantenmechanik gibt es schon genug und nur allzu oft sind sie unhaltbar. Kehren wir deshalb noch mal zurück zur klassischen Physik und sehen uns an, wie es zur Vorstellung des lokalen Realismus kommt.

1.4.2.1 Objektivierung

Der erste Schritt in einer wissenschaftlichen Untersuchung ist der Ausschluss des Subjekts. Wir versuchen so objektiv, wie möglich zu sein. Das an sich ist nichts Verwerfliches. Immerhin verschaffte uns diese Methode alle Annehmlichkeiten der modernen Technik. Möglich ist aber auch, dass in ihr einige der derzeitigen Probleme unserer Gesellschaft wurzeln. Die Schwierigkeit ist, dass wir diese Methode mittlerweile so sehr verinnerlicht haben, dass der Ausschluss des Subjekts bereits unbewusst geschieht und auch dann herangezogen wird, wenn es darum geht, die Welt als Ganzes zu verstehen. Das wissenschaftliche Weltbild ist vollkommen leblos. Nirgendwo lässt sich auch nur der Hauch eines Subjekts finden. Anscheinend leben wir in einer Welt der Objekte. Auch jeder von uns ist nur ein Objekt unter vielen. Dabei wird völlig vergessen, dass diese Objekte ihr Bestehen dem Prozess der Objektivierung verdanken, bei dem das Subjekt die entscheidende Rolle spielt.

Zunächst einmal existiert nichts ohne das Subjekt. Wie wir bereits gesehen haben, ist die Wahrnehmung das Primäre dieser Welt. Ganz selbstverständlich lernen wir bereits als Kind, darauf zu vertrauen, dass diese Wahrnehmung richtig ist. Wir begreifen die wahrgenommenen Gegenstände als reale Gegenstände einer Außenwelt, die auch ohne unser Beisein und ohne von uns beobachtet zu werden, weiter existieren. Damit erschaffen wir uns ein geistiges Bild von einer von uns unabhängigen Realität und halten dieses in der Folge für die Realität selbst. Natürlich ist dies ein unbewusster Akt, denn wir benötigen ein gewisses Maß an philosophischer Erfahrung, um uns vor Augen führen zu können, dass diese Welt eine Abstraktion ist.

Wieder geht es mir *nicht* darum, festzustellen, dass es die Welt in Wahrheit gar nicht gibt. Wichtig ist nur zu erfassen, dass das, was wir für Realität halten, nur ein Bild von ihr ist. Wir müssen uns für andere Vorstellungen öffnen. Solange wir uns nicht bewusst machen, dass die von uns wahrgenommene Realität das Ergebnis eines Objektivierungsprozesses ist, den wir als Subjekt selbst aktiv gestalten, solange halten wir am Realismus fest.

Ich kann es nur wiederholen: Das Primäre ist immer die Wahrnehmung und in dieser Realität sind Subjekt und Objekt untrennbar miteinander verbunden, wie zwei Seiten einer Münze. Eine Trennung dieser beiden Seiten – eine Voraussetzung des Realismus – ist ein willkürlicher Akt.

Natürlich ist diese Trennung in Subjekt und Objekt notwendig, um sich in der Welt zurechtzufinden. Aber wir müssen uns die Willkürlichkeit bewusst machen, wenn wir unseren Kosmos als Ganzheit verstehen wollen. Das Subjekt als Hauptakteur der Objektivierung darf aus einem umfassenden Weltbild nicht herausfallen. Solange wir *selbstvergessen* unsere eigenen geistigen Konstrukte für Realität halten, halten wir immer nur Fragmente in Händen. Somit kann eine objektive Wissenschaft nie die wahre Natur des Kosmos ergründen.

Wenn Realität nur aus Raumzeit, Materie und Energie besteht, dann sind Werte und Bedeutungen nur irreale menschliche Konstrukte, ohne Anspruch auf weitere Beachtung. Damit wären wir bei der postmodernen Egalität: Ein Wert ist so gut wie ein anderer; eine Bedeutung so bedeutungslos wie jede andere.

Aber selbst so fest in der Realität verankerte Eigenschaften von Objekten wie Farbe, Temperatur, Ausdehnung und Härte verschwinden in einem irrealen Dunst der subjektivistischen Interpretation von Sinneseindrücken. Wir untersuchen unsere Augen und unser Gehirn und müssen feststellen, dass wir gar keine Ahnung davon haben können, wie Licht *wirklich* aussieht. Was unserem Gehirn vermittelt wird, sind nichts weiter als elektrische Impulse unserer Sehnerven.

In der materialistischen Zerlegung unseres Wahrnehmungsapparates verlieren alle subjektlos gewordenen Erscheinungen ihre reale Substanz. Je mehr sich der materialistische Realismus dem Subjekt von Außen wieder annähern will, umso mehr zerfällt die Welt in konstruktivistische Illusionen.

Gerade durch die Überhöhung der Objekte verliert die objektive Realität ihre Nachweisbarkeit. Je weniger Platz ein subjektiver Geist in diesem abstrahierten Weltbild findet, umso irrealer wird auch die objektive Wirklichkeit.

Wenn wir den Realismus als Weltbild in Frage stellen (ohne jetzt schon vorschnell eine Alternative dafür anzubieten), können wir zumindest schon einmal feststellen, dass die Welt, von der wir ein Teil sind, keine Ansammlung voneinander unabhängiger Objekte ist. Die Wirklichkeit, in der wir uns als erlebendes Individuum bewegen, wird zu einem ununterbrochenen Kontinuum aus Erfahrungen. Die eigentliche Realität ist ein im wahrsten Sinn des Wortes *ununterbrochener* Strom von Wahrnehmungen. Aber für das Begreifen einer solchen Wirklichkeit fehlt uns noch die nötige Sprache.

Wir sind es gewohnt, Dingen exakte Eigenschaften zuzuordnen. Jedes Ding hat einen Raum, eine Zeit, eine Bewegung, eine Oberfläche, eine Farbe usw. Wenn wir bei einem Ding diese Eigenschaften nicht erkennen, dann liegt das an unserem Unvermögen und nicht an dem Ding selbst. Diese Sicht der Welt ist an unserer Alltagserfahrung gewachsen und wir versuchen, sie zu generalisieren. Aber in der Quantenwelt ist eine derartige Sicht definitiv falsch.

Wir kämen natürlich nie auf die Idee zu sagen, eine Tomate würde sich dazu entscheiden, »rot« zu sein, wenn wir sie ansehen. In unserer alltäglichen Umgebung ist diese Einstellung durchaus richtig. Die Tomate entscheidet sich tatsächlich nicht dazu, »rot« zu sein, nur weil wir sie ansehen. Nach allem, was wir über Tomaten wissen, bemerken sie es nicht einmal, dass sie angesehen werden. Es ist daher durchaus eine vernünftige Vorstellung anzunehmen, dass Tomaten die Eigenschaft, rotes Licht zu reflektieren, nicht verlieren, wenn wir wegsehen. Was am Beispiel einer Tomate vernünftig erscheint, ist am Beispiel eines Elektrons jedoch ganz anders.

Dazu müssen wir einen anderen Vergleich heranziehen: Stellen Sie sich einen blinden Menschen vor, der versucht, einen ebenfalls blinden Igel wahrzunehmen. Die beiden können einander nur durch den Tastsinn erfahren. Wenn einer den anderen berührt, bleibt dies dem anderen natürlich nicht verborgen. Es kommt zu einer Wechselwirkung. Keiner kann den anderen beobachten, ohne selbst vom anderen bemerkt zu werden. Sobald der Blinde den Igel aber berührt, rollt dieser sich blitzschnell zusammen. Sobald der Igel die Berührung nicht mehr spürt, rollt er sich auf und läuft ein Stück. Tastet der Mensch wieder nach ihm, rollt er sich wieder zusammen. Der Mensch könnte also annehmen, Igel kämen in der Welt nur im zusammengerollten Zustand vor und wenn sie sich von einem Ort zum anderen bewegen, würden sie dort hin rollen. Seine Erkenntnis über den Igel wäre rekursiv:

- Weil eine Erkenntnis gewonnen werden soll, wird der Igel berührt;
- weil der Igel berührt wird, rollt dieser sich zusammen;
- weil er sich zusammenrollt, ist die Erkenntnis über den Igel die Erfahrung des Zusammengerolltseins.

Ähnlich ergeht es uns mit den subatomaren Teilchen. Wir müssen sie verändern, um sie zu messen. Bis zu diesem Zeitpunkt schweben sie als Wahrscheinlichkeitswolken durch den Raum. Sobald wir sie jedoch messen, rollen sie sich – wie der Igel – an einem bestimmten Ort *(oder mit einem bestimmten Impuls oder einem bestimmten Spin, je nach dem, was wir messen)* zusammen. Da aber unsere Erfahrung bezüglich der Materie sich auf deren zusammengerollten Zustand beschränkt, glauben wir, dass dies ihre wahre Natur sei. In unserer Vorstellung ist und bleibt das Elektron ein Teilchen, dass sich z.B. innerhalb der

Bildröhre dem Leuchtschirm nähert und dort auftrifft, wie ein geworfener Kieselstein auf die Wasseroberfläche. Jedoch sehen wir das Elektron erst beim Auftreffen, weil es dann einen Lichtblitz verursacht. Der Realismus macht uns glauben, dass das Elektron vorher einen konkreten Weg zu diesem Punkt zurückgelegt hat. Tatsache ist aber, dass das Elektron vorher nur als Möglichkeit an vielen Orten gleichzeitig vorhanden war. Ebenso wie der Igel im zusammengerollten Zustand nicht laufen kann, kann sich auch das Teilchen nicht als Teilchen bewegen. Die Bewegung erfolgt lediglich als Wahrscheinlichkeitswelle. Auch der Blinde könnte annehmen, dass Igel sich nur rollend vorwärts bewegen. Wir Sehenden wissen aber, dass das nicht der Fall ist. Der Igel rollt sich auf und läuft auf vier Pfoten von einer Stelle zur anderen. Aber bezüglich des Elektrons sind wir alle blind.

Was hier exemplarisch an einem Elektron gezeigt wurde, gilt für jede Materie: Sie existiert nur als Möglichkeit, bis sie durch eine Interaktion mit konkreten Fakten als Realität gebraucht wird. Dann erst wird die Möglichkeit zur Wirklichkeit. Allerdings geschieht dies in aller Regel so schnell aufeinanderfolgend, dass die Möglichkeitswolke jeweils nur sehr gering von der gerade noch gewesenen Realität abweicht. Wir könnten uns das so vorstellen:

> Die materielle Wirklichkeit hat die Tendenz, sich in Quantenrauch aufzulösen. Durch *die Interaktion mit dem Rest des Kosmos* wird sie jedoch sofort wieder in feste Formen zurück gezwungen. Denn jede Interaktionen verfestigt die *reine Möglichkeit* zur *faktischen Wirklichkeit.*

Wenden wir uns jetzt einmal der Quantenmechanik zu und sehen uns an, wie sich der Kollaps der Wahrscheinlichkeit, der Zusammenbruch der Wellenfunktion abspielt und welche Erklärungen uns hierfür von den Physikern bisher angeboten wurden.

1.4.2.2 Quantenwirklichkeit

Die Quantenwirklichkeit widerspricht – wie wir bereits gesehen haben – den Grundsätzen eines lokalen Realismus. Das bekannteste Beispiel für diese Paradoxien ist das Doppelspalt-Experiment, mit dem die Doppelnatur von Photonen oder Elektronen als Teilchen/Welle deutlich wird:

Ein Elektronenstrahl trifft auf eine Fläche mit zwei senkrechten, schmalen Durchlässen nebeneinander. Sendet man einen kontinuierlichen Strom von Elektronen durch den Doppelspalt, dann bilden sie auf einem dahinter liegenden Schirm ein Interferenzmuster. So beweist sich sowohl der Wellencharakter als auch der Teilchencharakter von Elektronen: Die beiden Wege von den Schlitzen bis zum Schirm sind unterschiedlich lang und so verstärken sich die Elektronenwellen an manchen Stellen und an anderen löschen sie sich gegenseitig aus. An der Art des Interferenzmusters lässt sich die Wellenlänge bestimmen. Dass überhaupt ein Muster erscheint, zeigt, dass Elektronen auch Teilchen sind.

Das wirklich Interessante daran ist, dass man tatsächlich jedes Elektron *einzeln* aussenden kann und das Interferenzmuster wieder sichtbar wird, wenn sich der Schirm dahinter langsam mit den Punkten der Elektronen füllt. Mit anderen Worten, *jedes Elektron interferiert mit sich selbst.* Es muss also demnach durch *beide Spalten gleichzeitig* gehen. Das Interferenzmuster ist daher eine Abbildung der Wahrscheinlichkeitsverteilung der Quantenfunktion des Elektrons.

Die Frage ist: Wie kann das einzelne Teilchen, das dahinter auf dem Schirm erscheint, gleichzeitig durch zwei Spalten fliegen?

Wir könnten nun überprüfen, durch welchen Spalt das Elektron wirklich geht, indem wir es an einem der beiden Spalten messen. Sehen wir das Elektron, ist es durch diesen Spalt gegangen. Messen wir es nicht, ging es durch den anderen. Aber wenn wir das tun, ist das Interferenzmuster auf dem Schirm dahinter weg. Plötzlich bilden sich hinter den beiden Spalten zwei helle Flecken, genauso, als wären Elektronen keine Wellen, sondern lediglich Teilchen. Was ist passiert?

Die Unschärferelation besagt, dass wir nicht gleichzeitig den Ort *und* den Impuls eines Teilchens messen können. Den Impuls des Teilchens, während es durch die Spalten fliegt, können wir uns anhand des Interferenzmusters ausrechnen, weil er dort mit der Wellenlänge des Elektrons sichtbar wird. Könnten wir nun gleichzeitig messen, durch welchen der beiden Spalten das Elektron fliegt, während das Interferenzmuster sichtbar bleibt, hätten wir Ort und Impuls gleichermaßen festgestellt. Dies aber widerspricht der Unschärferelation. Die Messungen von Ort und Impuls eines Elektrons sind komplementär. Wir können nur eines davon exakt bestimmen, wenn wir über das andere gar nichts wissen. Ein Elektron ist sowohl Welle, als auch Teilchen, aber wir können immer nur einen Aspekt davon messen, nie beide gleichzeitig. Welche Messungen wir vornehmen, ist aber unsere Entscheidung.

Wir können nun das Experiment ein bisschen variieren: Nehmen wir an, das Messinstrument, das beim Spalt den Ort des

Elektrons messen sollte, wäre ein wenig ungenau und würde nicht jedes Elektron sehen. Wenn also kein Elektron gemessen wird, könnte es trotzdem unbemerkt durch den Spalt geschlüpft sein. Und tatsächlich: Das Interferenzmuster wird wieder schwach sichtbar. Je ungenauer das Messgerät arbeitet, desto deutlicher sehen wir wieder das Muster. Elektronen, die am Spalt nicht registriert werden, interferieren wieder mit sich selbst als wären sie Wellen. Wenn wir also eine Ortsmessung am Spalt durchführen, dann erscheint das Elektron als Teilchen. Interessiert uns der Ort nicht, dann erscheint das Elektron über das Interferenzmuster als Welle und geht durch beide Spalten gleichzeitig. Das heißt, mit anderen Worten, ein Elektron ist sowohl Teilchen als auch Welle, solange es von uns nicht beobachtet wird. Wenn wir das Elektron aber beobachten, dann hängt es allein von unserer Entscheidung ab, welche Eigenschaft es uns präsentiert.

Eine andere Versuchsanordnung – dasselbe Ergebnis:

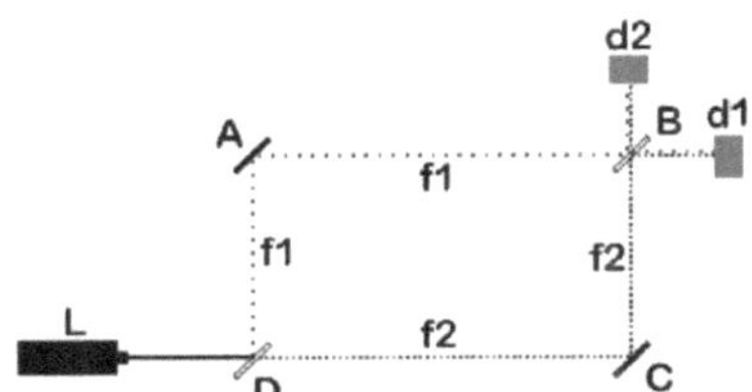

Ein Lichtstrahl (L) trifft auf einen halb durchlässigen Spiegel (D) und wird in zwei Strahlen gespalten (f1 und f2) Diese Strahlen werden dann durch zwei normale Spiegel (A und C) so umgeleitet, dass sie sich wieder an einem Punkt (B) kreuzen. Dahinter stellen wir zwei Detektoren auf (d1 und d2), welche einzelne Photonen messen können. Wie erwartet, wird etwa die Hälfte der Photonen in d1 gemessen, die andere Hälfte in d2. Es scheint so, als hätten alle Photonen, die bei d2 eintreffen, den Weg f2 genommen und alle, die bei d1 eintreffen, den Weg f1. Nun stellen wir an den Kreuzungspunkt der beiden Strahlen neuerlich einen halb durchlässigen Spiegel auf (B). Sogleich überlagern sich die beiden Lichtstrahlen wieder und es kommt zur Interferenz. Diese stellen wir nun so ein, dass sich die Lichtstrahlen für den Detektor d1 gegenseitig verstärken und für d2 gegenseitig auslöschen. Nun werden alle Photonen in d1 gemessen und kein einziges mehr in d2. Das bleibt so, auch wenn wir jedes Photon einzeln auf die Reise schicken. Solange der Spiegel am Kreuzungspunkt steht, nimmt jedes Photon beide Wege, sonst könnte es nicht mit sich selbst interferieren.

Es ist dieselbe Situation wie beim Doppelspaltversuch, bei dem das Elektron durch beide Spalten gleichzeitig geht, wenn wir seinen Ort nicht messen. Messen wir aber, durch welchen Spalt das Elektron geht, dann verschwindet sein Wellencharakter und es geht nur mehr durch einen der beiden Spalten.

Ebenso verhalten sich die Photonen in dieser zweiten Versuchsanordnung: Wenn wir den Spiegel bei B nicht aufstellen, messen wir, welchen Weg das Photon genommen hat. Entweder f1, wenn es in d1 auftaucht, oder f2, wenn es in d2 erscheint. Aber bei diesem Versuch haben wir gegenüber dem Doppelspaltexperiment den Punkt der Entscheidung verlegt, weil wir das Photon erst messen, *nachdem es den Weg bereits gegangen ist.* Das Photon scheint also schon vorab zu wissen, ob bei Punkt B der Spiegel eingefügt ist oder nicht, wenn es den ersten Spiegel bei Punkt D passiert.

Nun kann man aber die Entscheidung, ob man den Spiegel bei B einfügt oder nicht, solange hinauszögern, bis das Photon Punkt D längst passiert hat und sich auf den Wegen f1 und/oder f2 befindet. Trotzdem scheint das Photon genau zu wissen, wie wir uns entscheiden werden. Wird der Spiegel eingesetzt, nimmt das Photon beide Wege und erscheint daher immer in Detektor d1. Bleibt der Spiegel weg, nimmt das Photon nur einen Weg und es erscheint einmal in d1 und ein andermal in d2. Die Verzögerung unserer Entscheidung scheint dem Photon völlig gleichgültig zu sein. Im Nu reagiert es scheinbar rückwirkend in der Zeit und nimmt entweder einen oder beide Wege. Geht hier die Wirkung ihrer Ursache voraus?

Angenommen wir stellen ohne den Spiegel an Punkt B fest, dass das Photon im Detektor d2 erscheint und damit offensichtlich den Weg f2 genommen hat. Die Wahrscheinlichkeit für Detektor d2 ist damit 1 (real) geworden. So ergibt sich daraus sofort, dass die Wahrscheinlichkeit für d1 0 (unmöglich) geworden ist. Ebenso, nur mit umgekehrten Vorzeichen, verhält es sich, wenn das Photon in Detektor d1 erscheint. Die Wahrscheinlichkeiten summieren sich immer auf 1. Wenn das Photon also irgendwo erscheint, ist seine Wahrscheinlichkeit überall anders zwangsläufig 0.

Wir müssen uns das Photon als **Möglichkeits***feld* vorstellen, das in unterschiedlichen Regionen der Raumzeit, ein unterschiedlich hohes Quantenpotential hat. Dabei meint der Begriff Quantenpotential, dass das Photon nur an einer einzigen Stelle wirklich erscheinen kann. Wird dieses Feld nun irgendwo gestört, hat das *nichtlokale* Auswirkungen auf das gesamte Feld. Es bricht zusammen und das Photon erscheint in der Wirklichkeit an einem *einzigen, konkreten Punkt*. Das Möglichkeitsfeld des Photons breitet sich mit Lichtgeschwindigkeit über beide Wege f1 und f2 aus und trifft auf Punkt B. Je nachdem, ob es dort einen Spiegel vorfindet oder nicht, wird die Ausbreitung des Möglichkeitsfeldes verändert.

Dies führt dazu, dass seine Wahrscheinlichkeit

- entweder (Spiegel in B vorhanden) in d2 auf 0 auslöscht und in d1 auf 1 gesetzt wird – also das Photon mit Sicherheit in d1 erscheint
- oder (Spiegel in B nicht vorhanden) das Potential sowohl in d1 als auch in d2 bei 0,5 liegt. Erst eine weitere Ausbreitung über Punkt B hinaus führt doch noch zum Kollaps. Diesmal entweder in d1 oder d2.

Das bedeutet, dass das Photon immer beide Wege nimmt. Es gibt also keine *Informationsübertragung in die Vergangenheit*.

Diese Störung des Möglichkeitsfeldes ist es auch, welche das Interferenzmuster beim Doppelspaltversuch mit den Elektronen zum Verschwinden bringt, wenn wir das Elektron bei einem der beiden Spalten messen. Ungestört breitet sich das Wahrscheinlichkeitsfeld über beide Wege aus und beträgt dabei jeweils 0,5 (50%). Messen wir das Elektron aber, wird das Feld gestört und die Wahrscheinlichkeit kollabiert auf 1 oder 0. Das Elektron kann nur mehr durch einen der Spalten gehen.

Prinzipiell könnten wir die Versuchsanordnung mit den Spiegeln so ausdehnen, dass die beiden Detektoren d1 und d2 Lichtjahre voneinander entfernt sind. So wird klar, dass es eine *Informationsübertragung* geben muss, die *schneller als mit Lichtgeschwindigkeit* abläuft. Ist das nicht ein Widerspruch zur Relativitätstheorie? Nur scheinbar! Wir müssen zwischen *Information* und *Signal* unterscheiden: In diesem Experiment zeigt sich zwar eine *Nichtlokalität von Informationen*, aber wir können sie nicht benutzen, um damit *überlichtschnelle Signale* zu übermitteln. Wenn wir die Information abrufen wollen, um daraus ein überlichtschnelles Signal zu machen, zerstören wir sie. Wir haben also nicht die Möglichkeit etwas zu wissen, bevor uns ein Signal mit Lichtgeschwindigkeit erreicht. Diesbezüglich bleiben wir also im Rahmen der Relativitätstheorie.

Eines scheint auf jeden Fall klar: Welche Antwort wir erhalten, hängt immer davon ab, welche Frage wir stellen und wie wir das Experiment arrangieren. Wir können uns selbst also unmöglich aus den Geschehnissen ausklammern. Wir sind darin unausweichlich einbezogen. Ein Photon manifestiert sich erst dann, wenn wir es sehen. Und welche Eigenschaften es hat, wird dadurch bestimmt, was wir sehen wollen.

Aber betrifft uns das überhaupt? Im normalen, physikalischen Kosmos merken wir davon doch gar nichts. In unserer Wirklichkeit läuft alles streng nach den Regeln der klassischen Mechanik ab – oder?

Die beste und wohl auch berühmteste Darstellung der Verbindung von Quantenwelt und klassischer Physik lieferte wohl Erwin Schrödinger mit seinem Gedankenexperiment von der Katze in der Kiste. Zur Erinnerung sei sie hier noch einmal kurz vorgestellt (*Keine Angst um die Katze, es gibt sie nicht wirklich und noch niemand ist je auf die Idee gekommen, dieses Experiment aus der Gedankenwelt in die Wirklichkeit zu holen. Es hätte als reales Experiment auch überhaupt keinen Sinn.*):

Eine Katze befindet sich zusammen mit einer mit Gift gefüllten Glasflasche in einer Kiste. Die Glasflasche hängt an einem Detektor, der einen radioaktiven Zerfall misst und beim Erfassen eines Neutrons den Glaskolben zertrümmert, sodass das Gift ausströmt. Radioaktiver Zerfall ist aber ein Quantenereignis, welches aus sich überlagernden Wahrscheinlichkeiten besteht.

Das philosophisch Interessante an dieser Vorstellung ist, dass die Wahrscheinlichkeit, dass die Katze tot ist, mit der Zeit kontinuierlich ansteigt. Wenn man nun zu dem Zeitpunkt, bei dem die Wahrscheinlichkeit 50% beträgt, die Kiste öffnet, kann man nachsehen, was wirklich passiert ist. Die Frage ist, war die Katze vorher in einer überlagerten Superposition von Wahrscheinlichkeiten halb tot und halb lebendig? Und wenn nicht, zu welchem Zeitpunkt wurde die Wahrscheinlichkeit zur Wirklichkeit?

Wodurch wird der Quantenkollaps ausgelöst, was verursacht ihn? Warum findet der Kollaps überhaupt statt? *Wer oder was wählt unter all den Wahrscheinlichkeiten eine aus, um sie Wirklichkeit werden zu lassen?*

Diese Fragen beschäftigen die Physiker seit den 20er Jahren des zwanzigsten Jahrhunderts.

*

Bevor wir uns jedoch nun ansehen, welche Antworten bisher vorgeschlagen wurden, möchte ich einem modernen Mythos widersprechen. Nicht zuletzt auch deshalb, weil ich gleich vorweg klarstellen will, dass diese Lösung nicht der von mir angestrebte Weg ist. *Ich widerspreche hiermit dem Mythos der Quantenmystik*:

1.4.2.3 *Sackgasse 1: Quantenmystik*

In der Weltanschauung des *lokalen Realismus* ist das Bewusstsein ein Epiphänomen der Materie. Das heißt, es entsteht erst durch die komplexe Strukturierung materieller Systeme. Bewusstsein ist somit auf Materie als Grundlage angewiesen, während Materie ohne Bewusstsein auskommt. Quantenmystiker versuchen nun, diese Sichtweise in ihr Gegenteil zu kippen. In ihrer Version des *Idealismus* wird Bewusstsein zur Grundlage allen Seins und die Materie zum Epiphänomen. Ausgangsbasis für dieses Denken ist dabei eine ganz spezielle Interpretation der Quantenparadoxien.

Wie wir gesehen haben, manifestiert sich ein Photon erst dann, wenn wir es sehen bzw. das Wahrscheinlichkeitsfeld stören. Welche Eigenschaften es hat, wird dabei jeweils dadurch bestimmt, was wir sehen wollen.

> Quantenmystiker leiten daher ab, dass solche Messungen Interventionen unseres Bewusstseins sind: *Was wir sehen wollen, bestimmt, was tatsächlich existiert. Bewusstsein erzeugt die materielle Welt.* Aber stimmt das auch?

Nein. Zumindest nicht so, wie es Quantenmystiker in der Regel beschreiben. Wir bestimmen zwar mit dem Aufbau unseres Experiments, wo das Photon auftauchen darf und zu welchem Zeitpunkt der Kollaps stattfindet, aber das heißt nur, dass wir die Rahmenbedingungen festlegen, wie das Möglichkeitsfeld gestört und der Kollaps erzwungen wird. Im Prinzip könnte das auch ein bewusstloser Zufallsgenerator für uns übernehmen.

Aber der Quantenmystiker vertritt die Meinung, dass die Entscheidung solange aufgeschoben wird und der Zustand des Systems solange in einer Superposition verharrt, bis ein bewusster Beobachter das System kontrolliert und durch seine Aufmerksamkeit den Kollaps erzwingt. Wir könnten also einen Computer über Jahre hinweg in einem Labor Aufzeichnungen von Quantenereigenissen machen und tonnenweise Papier mit den Ergebnissen bedrucken lassen. All das wäre nicht real, solange kein Forscher die Türe zum Labor öffnet und nachsieht, was dort die letzten Jahre geschehen ist. Erst dann wäre der gesamte Inhalt des Labors von der Möglichkeit zur Realität geworden. Auch die Katze in Schrödingers Kiste soll so lange als Superposition halb tot und halb lebendig sein, bis jemand den Deckel öffnet und nachsieht. Und selbst der Mond steht nur am Himmel, wenn auch jemand zu ihm hinauf sieht. Erst Bewusstsein erzeugt den materiellen Kosmos. Somit sind bewusstlose Gegenstände nur vorhanden, wenn sie auch von einem bewussten Beobachter betrachtet werden.

Daraus ergibt sich jedoch eine skurrile Form des Dualismus, bei der man zwischen belebter und unbelebter Materie unterscheidet. Ja, sogar zwischen bewusstem und unbewusstem Leben muss man eine Grenze ziehen. Ist eine Katze bewusst genug, den Quantenkollaps auszulösen? Ist ein Mensch, der schläft real, oder nur wahrscheinlich? Zudem ist nicht klar, in welcher Art unbelebte bzw. unbewusste Materie überhaupt existiert. Diese Interpretation der Quantenmechanik holt alle bereits genannten Probleme von Dualismus und Idealismus neuerlich hervor.

Mit Quantenmechanik hat dies aber ohnehin nicht viel zu tun, auch wenn mittlerweile festgestellt wurde, dass auch Atome und sogar komplexe Moleküle (wie etwa C60) beim Doppelspaltexperiment das Teilchen/Wellen-Paradoxon aufweisen. Der Nachweis, dass Atome oder komplexe Moleküle als Welle erscheinen können, gelingt nur unter äußerst großem Aufwand, weil die jeweils untersuchten Teile künstlich von jeglicher Interaktion mit der Umgebung isoliert werden müssen, damit sie nicht »vorzeitig« kollabieren (also durch einen »Dreckeffekt« gemessen werden).

Auch ist es unmöglich Schrödingers Katze so komplett von ihrer Umwelt zu isolieren, dass sich dieser Versuch mit ihr wiederholen ließe (und wenn es gelänge, bräuchte man kein Giftgas um sie zu töten, die Isolation alleine würde ausreichen). Die Katze in der Kiste ist immer durch eine lückenlose *von Neumann-Kette* mit uns verbunden. Egal, ob wir die Kiste öffnen oder nicht. Wenn wir die Katze in der Kiste als Quantensystem betrachten wollen, dann sind wir zusammen mit dem Rest des Kosmos ebenfalls Bestandteil dieses speziellen Quantensystems. Das Gleiche gilt natürlich auch für den Mond, egal ob wir hinsehen oder nicht.

Es ist also reine Spekulation, ob die Katze als Welle erscheinen würde, wenn man sie denn so isolieren könnte. Eine Katze kann niemals in einer Superposition halb tot und halb lebendig verharren. Ob und wann wir die Kiste öffnen, um nachzusehen, hat darauf keinerlei Einfluss. Von Schrödinger war dieses Gedankenexperiment auch nie so gedacht. Es war vielmehr eine Geschichte, die den klassischen Physikern zeigen sollte, dass die Unschärferelation und die Zufälligkeit des Quantenkollapses reale Auswirkungen auf die Welt der Makroobjekte haben kann, indem Quantenereignisse als Auslöser für Ereignisse klassischer Mechanismen wirken.

Quantenmystik ist daher eine äußerst seltsame Interpretation des Quantenkollapses. Es stellt sich die Frage, wie man auf eine derart ausgefallene Idee kommen kann?

Der Grund liegt in der Notwendigkeit zur *Entscheidung*.

Quantenmystiker berufen sich darauf, dass *irgendwer* eine Entscheidung darüber treffen *muss*, welche Möglichkeit zur Wirklichkeit wird. Sie wollen den *Zufall* nicht akzeptieren und setzen dafür vorschnell *die Entscheidung eines Bewusstseins* – ihres Bewusstseins – ein.

Was die Versuche der Quantenmechanik dagegen wirklich zeigen ist, dass etwas Seltsames vor sich geht. Aus vielen verschiedenen Möglichkeiten wird eine ausgewählt und wir wissen nicht wie. Damit hat der klassische Physiker sein Problem:

Mit der ***Nichtlokalität*** *des Wahrscheinlichkeitsfeldes* – hier hilft uns jedoch auch die Vorstellung einer Intervention des Bewusstseins des Forschers kein bisschen weiter.

Und mit dem ***Zufall****, der bestimmt, welche Wahrscheinlichkeit zur Realität wird* – hier könnte eine Art von Bewusstsein natürlich eine Entscheidung treffen und als *verborgene Variable* wirken. Diese Möglichkeit wird uns später noch beschäftigen.

Was die Versuche der Quantenmechanik *nicht* zeigen ist, dass *wir als bewusste Beobachter* dabei irgendeinen *Sonderstatus* hätten. Dafür fehlt jegliches Indiz. Das ist Glaube und hat mit Wissenschaft wenig zu tun.

Nachdem das geklärt ist, kommen wir jetzt zu den Erklärungsversuchen der Wissenschaft. Es gibt sehr viele verschiedene Ansätze, die vier Wichtigsten davon möchte ich nun vorstellen:

1.4.2.4 Implizite Ordnung?

David Bohm brachte mit seiner Theorie einer übergeordneten Führungswelle eine Art von Gottesidee in die Quantenmechanik. Er sagt prinzipiell nichts anderes, als dass der Kollaps vom Beginn der Zeit an festgelegt ist. Es gibt gar keine Entscheidung, weil die Freiheit der Wahrscheinlichkeitswelle eine Illusion ist. Die Wahl des Teilchens für eine bestimmte Wahrscheinlichkeit wird durch eine Führungswelle höherer Ordnung determiniert. Diese Theorie holt den Determinismus in die Quantenmechanik zurück. Einsteins strenge Kausalität wird über eine nicht messbare Komponente, nämlich die Führungswelle, wieder eingeführt. Der Realismus feiert damit seine Auferstehung. Einsteins Welt wird hier durch die verborgene Variable der impliziten Ordnung gerettet.

Allerdings musste David Bohm seine Theorie wieder aufgeben, weil sie sehr große mathematische Schwierigkeiten in sich barg, die einen Regress von immer höheren Führungswellen forderten.

Die „implizite Ordnung“ Bohms entpuppte sich als Scheinlösung des Problems – ähnlich der Schildkrötentheorie: Die Welt ruht auf dem Rücken einer Schildkröte. Und worauf ruht die Schildkröte? Auf einer tieferen Schildkröte. Und diese? Wieder auf einer Schildkröte. Und wie geht es weiter? *Es sind Schildkröten bis ganz nach unten!*

In gleicher Weise hängt Bohms Führungswelle jeweils an einer höheren Führungswelle – ad infinitum. *Es sind Führungswellen bis ganz nach oben.*

1.4.2.5 Kopenhagener Deutung?

Die *Kopenhagener Deutung* war der erste grundlegende Versuch, die Quantenmechanik zu verstehen. Sie geht auf Werner Heisenberg und Niels Bohr zurück. Beide betonten immer wieder, dass wir leider auf die Sprache der klassischen Physik angewiesen sind, um die Quantenwelt zu beschreiben. Und diese Sprache ist zu unpräzise und versucht mit *Teilchen* und *Wellen* die Quanten zu beschreiben. Aber Quanten sind weder Teilchen noch Wellen. Somit lassen sie sich auch nicht wirklich beschreiben. Deshalb müssen wir zwischen der *Beschreibung eines Quantensystems* und dem *Quantensystem selbst* unterscheiden. Die Kopenhagener Deutung bleibt damit in der Tradition von Immanuel Kant: Die Quantenwelt ist das unerkennbare *Ding an sich.* Wir können nur über unser Wissen von den Quanten reden, aber nicht über die Quanten selbst. Der Kollaps der Wellenfunktion wird damit zwar als Folge des Messprozesses gesehen, hat aber nur auf der Beschreibungsebene Realität. Was mit den Quanten wirklich geschieht, lässt sich mit unserem, an der klassischen Physik geschulten Geist nicht verstehen und durch unsere Sprache nicht beschreiben. Wir können im Mikrokosmos keine Messung durchführen, ohne diese Welt zu stören. Eine objektive Betrachtung dieses Bereiches ist damit unmöglich. Immer übt der Mensch, der die Messung durchführt, Einfluss auf das aus, was er eigentlich objektiv messen will. Der Igel rollt sich zusammen, sobald man ihn berührt. Daher ist die Position von Heisenberg und Bohr eine positivistische: *Über Eigenschaften von Quanten, die nicht gemessen wurden und über Quanten, die nicht messbar sind, kann keine Aussage gemacht werden.* Etwas, das nicht gemessen wurde, ist damit nicht real im Sinne der kantschen Philosophie. Wir können über Quanten selbst gar nichts wissen, sondern nur über unsere Messung ihrer Eigenschaften. Demnach kann man nicht sagen, was beim Kollaps tatsächlich auf der Quantenebene passiert. Was wir den »Zusammenbruch der Wellenfunktion« nennen, ist nur Ausdruck unserer Wissensänderung über den Zustand der Quanten. Wir wissen nach dem »Zusammenbruch« etwas, das wir vorher nicht wussten. Durch unsere Messung wurde die Möglichkeit zur Wirklichkeit, *weil nur unser Wissen über die Welt unsere Wirklichkeit darstellt*.

Bezüglich Schrödingers Katze heißt das, dass wir die Quantenunsicherheit des radioaktiven Atoms auf die Katze übertragen müssen, bis wir die Kiste öffnen. Die Katze wird damit als *zum Quantensystem zugehörig* definiert und verharrt in einer Superposition, einer Überlagerung aller Quantenwahrscheinlichkeiten. Die Katze ist teils lebendig, teils tot, bis wir die Kiste öffnen und nachsehen. Aber natürlich ist dieser Zwitterzustand der Katze keine physikalische Realität. Erst unsere Kenntnis über den Zustand der Katze verändert die potentielle Möglichkeit zur physikalischen Realität, *da Realität als das definiert wird, was wir über die Welt wissen*. Ob die Katze in unserer Realität beim Öffnen der Kiste tot oder lebendig ist, ist ein Akt des Zufalls. Das heißt nichts anderes, als dass die eigentliche Ursache für das Ereignis nicht im Bereich unseres Wissens liegt, denn Realität wird mit unserem Wissen über die Welt gleichgesetzt.

Die Funktion der Wahrscheinlichkeitswelle zeigt bei dieser Interpretation tatsächlich rein statistische Wahrscheinlichkeiten des Quantensystems an und keineswegs irgendeine Realität. Es ist so, als würde man an einer Kreuzung hundert Fußgänger beobachten und sehen, achtzig von Ihnen gehen nach links und zwanzig nach rechts. Wenn nun eine weitere Person an diese Kreuzung kommt, kann man sagen, dass sie mit achtzigprozentiger Wahrscheinlichkeit nach links gehen wird. Diese Wahrscheinlichkeitsaussage hat aber keinen Bezug zur individuellen Realität dieser Person, sie zeigt nicht an, dass ihr eine achtzigprozentige Tendenz innewohnt, nach links gehen zu wollen. Im Gegenteil, die Person will zu hundert Prozent in eine bestimmte Richtung gehen, egal ob links oder rechts. Wir wissen nur noch nicht, welche es sein wird und behelfen uns daher mit dieser Wahrscheinlichkeitsaussage. Die Frage nach der eigentlichen Ursache des Links- oder Rechtsabbiegens von Menschen wird mit einer solchen Aussage überhaupt nicht berührt. Wir könnten nun alle, die nach rechts gehen, befragen; die Antworten wären individuell unterschiedlich:

»Ich gehe zur Arbeit.«

»Ich möchte meine Großmutter besuchen.«

»Mein Auto steht da drüben.«

»Ich gehe spazieren und habe mich spontan entschieden hier rechts abzubiegen – keine Ahnung warum.«

»Ich habe gesehen, dass Sie alle befragen, die hier rechts abbiegen und da ich selbst noch nie befragt wurde, dachte ich mir, ich gehe auch nach rechts, vielleicht komme ich dann ins Fernsehen.«

Die Beweggründe können unterschiedlichster Art sein. Wir kennen sie nicht. Was wir kennen, ist lediglich die statistische Verteilung, wie viel Menschen nach links und wie viele nach rechts gehen. Im konkreten Fall können wir nur raten. Somit ist keineswegs geklärt, was man sich unter dem Begriff »Zufall« vorzustellen hat. Es ist lediglich eine Umschreibung von »wir wissen es nicht«.

Man sieht, dass durch diese positivistische Position die eigentliche Lösung des Problems vermieden wird und viele Fragen offenbleiben. Wenn die Messung eines Forschers die Wahrscheinlichkeit zur Realität werden lässt, was gilt dann als Messung? Wer gilt als Beobachter? Warum ist erst der Mensch ein Beobachter und nicht schon die Katze? Für einen Wissenschaftler, der sich in einem Nebenzimmer aufhält, müsste sich der Forscher, der die Kiste mit der Katze öffnet, ebenfalls solange in einer Superposition befinden, bis dieser ihm vom Ergebnis seines Experiments erzählt. Aber wäre dann nicht die ganze Universität, in der das Experiment stattfindet solange ein Quantensystem in Superposition, bis die Öffentlichkeit informiert wird? Alles ist reine Möglichkeit, bis wir davon erfahren und es durch unser Wissen darüber zur Realität werden lassen.

Diese Philosophie beginnt sich von der Quantenrealität zu lösen und wird zu einer positivistischen Theorie über unser Wissen um die Welt.

Keinesfalls eignet sie sich jedoch als Lösung des Quantenproblems.

Die Antwort der Kopenhagener Deutung auf das Rätsel der Quantenmechanik ist folgende: Wir können keine Aussagen über Dinge machen, die wir nicht wissen. Nicht etwa, weil man nicht über Dinge redet, die man nicht weiß, sondern weil den Dingen, die außerhalb unserer Kenntnis liegen, keine Realität zukommt.

Es handelt sich um eine Art von konstruktivistischer Interpretation der Wirklichkeit. *Realität ist, was wir über die Welt wissen.* Dies entspricht durchaus der Tradition des Neuplatonismus. Plotin sagte zum Beispiel, dass der Ort des Alls die Seele selbst ist. Nirgendwo sonst existiert die Welt. Ebenso verhält es sich beim Idealismus der Kopenhagener Deutung. Die von uns erkannten Phänomene der Wirklichkeit sind möglicherweise vom Bewusstsein selbst erschaffene Erscheinungen. Allerdings liegt auch das außerhalb unseres Wissens und ist somit nicht real.

Einige Esoteriker negieren mit dieser Argumentation die Probleme dieser Welt, indem sie bewusst vermeiden, Nachrichten zu hören: »Was ich nicht weiß, ist nicht real.«

Ich weiß nicht, wie es Ihnen geht, für mich ist das keine wirklich befriedigende Antwort. Schließlich würde das implizieren, dass wir die Welt um uns herum erfinden, mit allem, was darin enthalten ist. Auch meine Frau, meine Geschwister und meine Katzen wären meine Erfindungen. Und ich, lieber Leser, wäre einer Erfindung von Ihnen.

Diese Position nennt man den Solipsismus. Es gibt nichts, außer dem Ich. Wer diese radikale Einsamkeit des Ichs abschwächen will, muss erst einmal erklären, wie eine intersubjektive Wirklichkeit, die sich mehrere reale Menschen teilen, zustande kommt. Wie koordinieren die verschiedenen Seelen ihre gemeinsame Wirklichkeit? Wie kommt ihre Intersubjektivität zustande? Dazu müssten sie in irgendeiner Form miteinander kommunizieren, was aber voraussetzt, dass sie in einer gemeinsamen Realität leben. Diese gemeinsame Realität sollte aber doch erst durch eine Koordination ihrer Wirklichkeiten erschaffen werden.

Die Kopenhagener Deutung der Quantenmechanik führt damit zu einer paradoxen, rekursiven Schleife, die nichts wirklich erklärt. Sie ist nur eine komplizierte Umschreibung für die Einstellung, dass man bestimmte Dinge nicht wissen kann und daher darüber auch nicht zu reden braucht.

1.4.2.6 Viele-Welten?

Eine genau gegenteilige Interpretation schlug Hugh Everett vor. Er ging von der Annahme aus, dass die Wellenfunktion tatsächlich einen Natursachverhalt beschreibt und nicht nur eine statistische Aussage darstellt. Sie spiegelt eine vollständige Beschreibung eines Quantensystems wider. Zudem stellt jedes System ein Teilsystem eines höheren oder umfassenderen Systems dar, von dem es nicht auf lange Sicht isoliert werden kann. Daher verschwindet ihre Superpositionsfähigkeit durch die Wechselwirkung mit ihrer Umgebung.

Eine Wahrscheinlichkeitswelle benötigt eine gewisse Phasenbeziehung all ihrer Komponenten. Sie bildet Interferenzmuster mit sich selbst. Das Interferenzmuster besteht aus unterschiedlichen Wahrscheinlichkeiten. Wird dieses Muster durch komplexe Wechselwirkungen gestört, verliert das System laut Everett die Fähigkeit, die Einzelwellen wieder zu entkoppeln. Wenn diese Phasenbeziehung verloren geht, teilt sich die Wahrscheinlichkeitswelle in verschiedene, voneinander losgelöste Wahrscheinlichkeitswellen auf. Das heißt, die einzelne Welle reduziert ihren Informationsgehalt und verliert damit ihre Superposition. Das Wichtigste daran ist nun, dass es jetzt *zwei oder mehrere unabhängige* Wahrscheinlichkeitswellen gibt, die nicht mehr miteinander gekoppelt sind. Da aber die Wahrscheinlichkeitswellen laut Everetts Theorie Realitäten und nicht bloße Beschreibungen sind, teilt sich in solchen Momenten das Universum auf. Jede nun entkoppelte Teilwahrscheinlichkeitswelle existiert dann in einem eigenen Universum.

Je größer das Quantensystem, desto unwahrscheinlicher ist eine Isolation von der Umgebung und desto unwahrscheinlicher wird auch sein Verharren in einer Superposition. Eine Katze ist ein derart großes Quantensystem, dass es mit Sicherheit nicht als Wahrscheinlichkeit (tot *und* lebendig) existiert, sondern immer als Wirklichkeit (tot *oder* lebendig).

Im Gegensatz zur Kopenhagener Deutung bedarf es bei dieser Theorie keines rätselhaften Kollapses der Quantenfunktion, um aus einer Möglichkeit eine Wirklichkeit zu machen. Die Reduktionen geschehen sowohl im Einklang mit den klassischen Naturgesetzen, als auch im Einklang mit der Mathematik der Quantenphysik. Der Kollaps ist kein unlösbares Rätsel mehr, sondern passiert durch den Verlust der Kohärenz; durch den Verlust des Systems, Interferenzmuster zu bilden, die sich wieder entkoppeln lassen. Somit hat der Übergang von Wahrscheinlichkeit zur Wirklichkeit nichts Rätselhaftes mehr, weil die Wahrscheinlichkeit selbst schon Wirklichkeit ist. Es bedarf keines Übergangs mehr, weil Wahrscheinlichkeit und Wirklichkeit identisch sind.

Auf das Beispiel mit Schrödingers Katze übertragen bedeutet dies in letzter Konsequenz, dass die Katze sowohl lebendig als auch tot ist – nur nicht im selben Universum.

Das Problem der Quantenmechanik erweist sich damit als *Problem der Relativität*. Der Beobachter, also der Wissenschaftler, der die Kiste öffnet, befindet sich in keiner objektiven Position mehr, von der aus er die gesamte Wirklichkeit überblicken könnte, sondern er befindet sich innerhalb des Systems. Er beobachtet *relativ* eines der möglichen Ereignisse (die Katze lebt), weil er selbst nur in einem Teil der Möglichkeiten existiert. Aber im andern Teil der Möglichkeiten existiert ein anderer Wissenschaftler, der gerade noch – vor der Spaltung des Universums – mit ihm identisch war, und der nun das Gegenteil beobachtet (die Katze ist tot). Alle Möglichkeiten realisieren sich. Die Wahrscheinlichkeitsfunktion beschreibt *alle* Realitäten, während wir uns nur in einer von ihnen befinden.

Es gibt also gar keinen Kollaps der Quantenfunktion. Jedes Mal, wenn sich dem Universum die Wahl zwischen unterschiedlichen Quantenwahrscheinlichkeiten bietet, spaltet es sich auf und realisiert *jede* dieser Möglichkeit. Das Universum – das nun ein Multiversum ist – muss sich demnach niemals zwischen verschiedenen Alternativen entscheiden. Es realisiert einfach alle. Alle Probleme sind damit restlos gelöst.

Aber irgendetwas erscheint seltsam an dieser Interpretation. Spüren Sie es nicht auch? Wenn es heißt, das Universum muss sich nicht entscheiden, welche Möglichkeit es auswählen soll, weil es alle realisiert, da bleibt doch irgendwie ein schaler Nachgeschmack. Woher könnte der nur kommen?

Ach ja! Irgendwer muss sich dann doch entschieden haben, denn wir befinden uns mit unserer Erfahrung nur in *einem* dieser vielen Universen. Entweder haben *wir* uns entschieden, natürlich ohne uns dessen bewusst zu sein, oder irgendwer hat *für uns* entschieden, dass wir in diesem und in keinem anderen Universum weiterleben. Ja, natürlich sind wir in den anderen Universen auch, so wie der Wissenschaftler in einem Universum eine tote Katze aus der Kiste holt und im andern eine lebendige und wir könnten sagen, die Natur spaltet eben auch das Bewusstsein in zwei Hälften (oder verdoppelt es?) und eine Hälfte erlebt das Eine und die andere Hälfte das Andere. Aber wer entscheidet *für mich als individueller Beobachter*, genau in *diesem* Universum weiter zu leben? Ich erlebe nur ein einziges konkretes Universum. Vielleicht habe ich in einem anderen Universum andere Lottozahlen angekreuzt und bin dort längst Millionär. Wer hat für mich entschieden? *Und mit »mich« meine ich alleine mein sich hier und jetzt selbst wahrnehmendes Bewusstsein und nicht irgend welche hypothetischen anderen Personen in anderen Universen, die zufällig auch so heißen wie ich und irgendwann einmal mit mir identisch waren.* Wer hat also für mich entschieden, dass ich hier und nicht dort bin? Wer ist Schuld daran, dass nicht *ich* Millionär bin, sondern der andere?

Okay, vielleicht kommen wir mit solch »gefühlten Ungerechtigkeiten« nicht weiter. Und schließlich könnte ich froh sein, nicht in dem Universum zu leben, in dem ich längst tot bin und nicht Lottomillionär. Tatsache aber bleibt, dass trotzdem eine Entscheidung getroffen wird. Aber diese Entscheidung betrifft nicht mehr die objektive Wirklichkeit. Lediglich für das subjektive Bewusstsein ist sie relevant und das wurde zur rationalen Erforschung des Kosmos sowieso schon ausgeblendet. Daher fällt es auch überhaupt nicht auf, dass die Viele-Welten-Theorie das Rätsel der zufälligen Entscheidung nicht wirklich löst, sondern nur verschiebt. Und zwar in jenen Bereich, für den die Wissenschaft ohnehin blind ist. In den Bereich des subjektiven Bewusstseins.

Der Objektivismus der Wissenschaft wird hier zum Zaubertrick: Der weiße Hase des Quantenkollaps wird in den doppelten Boden des Zylinders Wissenschaft gesteckt, dort wo schon das Subjekt verborgen wurde, und schon ist das Problem verschwunden. Dem staunenden Publikum wird der leere Zylinder präsentiert.

Aber es gibt auch noch Probleme mit dieser Interpretation, welche durchaus auf der Objektebene zu finden sind. Wenn zum Beispiel für ein Photon die Wahrscheinlichkeit durch einen teilweise durchlässigen Spiegel reflektiert zu werden 70% beträgt, gibt es dann ein Universum, das zu 70% vorhanden ist und eines, das zu 30% existiert? Oder gibt es 7 Universen mit Reflektionen und 3 ohne? Die meisten Wahrscheinlichkeitswolken sind aber noch viel komplexer. Nehmen wir das Elektron, welches am Bildschirm auftauchen soll. Das Interferenzmuster bietet alle möglichen Wahrscheinlichkeiten an. Es gibt auch unendlich viele Wahrscheinlichkeiten, die fast null sind. Aber eben nur *fast n*ull, also nicht wirklich Null. Entstehen für solche Möglichkeiten unendlich viele Universen, die *fast nicht* existieren? Was sollte man sich unter einer *fast-nicht-Existenz* vorstellen?

Wenn wir also an unserer Kreuzung stehen und voraussagen sollen, wohin sich der nächste Passant wendet, dann sagt uns die Viele-Welten-Theorie, dass der Mensch links und rechts gleichzeitig abbiegt, nur in unterschiedlichen Universen. Aber wenn der Mensch – ohne, dass wir davon wissen – nur seine Großmutter besuchen will und die nun einmal rechts wohnt, warum sollte er dann in einem anderen Universum links abbiegen und sich in einer Gegend verirren, die ihm völlig unbekannt ist?

Aber andererseits ist es auch nicht sinnvoll, uns unbekannte Ursachen für den Zufall vorzustellen. Die Theorie der Führungswelle, die eine unbekannte Ursache für den Zufall annimmt, führt eindeutig zu falschen Ergebnissen.

Aber es gibt noch einen weiteren Lösungsvorschlag:

1.4.2.7 Dekohärenz

Die mathematische Begründung von Everetts Viele-Welten-Theorie führte in der Folge zur *Theorie der Dekohärenz.* Sie ist für viele Physiker heute die glaubwürdigste Variante. Wohl auch deshalb, weil sie im Gegensatz zur Kopenhagener Deutung keine erkenntnistheoretische Umorientierung benötigt und trotzdem diese unendliche Vielzahl von Universen, wie bei Everett, vermeidet. Und das, ohne gleich einen Determinismus annehmen zu müssen, wie ihn David Bohm mit seiner Führungswelle vorschlug.

Grundlage ist auch hier, dass Quantensysteme nicht wirklich vom Rest des Universums isoliert werden können. Aber das Universum spaltet sich nicht auf, sondern realisiert eben nur eine der Möglichkeiten, wenn es aufgrund des Dekohärenzmechanismus, wie ihn Everett beschreibt, zu dieser Entkopplung kommt. Man könnte es mit einer Änderung des Aggregatszustandes vergleichen. Wenn Wasserdampf durch Abkühlung vom gasförmigen in den flüssigen Zustand übergeht, dann ändert sich durch eine winzige Verschiebung der Bedingungen grundlegend die Konsistenz des Wassers. Ebenso sollte die Wahrscheinlichkeitswolke bei entsprechender Quantität an Wechselwirkungen mit der Umgebung zur konkreten Realität kondensieren.

Dies ist eine gute und schlüssige Beschreibung des Quantenkollapses. Bleibt noch ein Rätsel zu lösen? Wenn gasförmiger Wasserdampf zu flüssigen Wassertröpfchen kondensiert, dann benötigt er dazu kleine Schmutz- und Staubpartikel in der Luft, an denen sich das Wasser anlagern kann. Es sind nämlich Kondensationskeime erforderlich, welche jenen Punkt markieren, an dem das Wasser den Aggregatzustand wechselt. Für eine Wahrscheinlichkeitswolke ist uns kein solcher Kondensationskeim bekannt, der bestimmen würde, welche der unendlich vielen Wahrscheinlichkeiten sich verwirklicht.

> Wir sehen, das *Wie* des Quantenkollapses mag durch die Dekohärenztheorie gelöst sein, aber es bleibt immer noch das *Wer:* Nämlich die Frage, *wer entscheidet sich letztendlich für diese oder eine andere Variante der Wirklichkeit?*

1.4.2.8 Verborgene Eigenschaften

Die Funktion des Kollaps besteht in einer Vereinfachung des Kosmos. Viele unterschiedliche Wahrscheinlichkeiten werden zu einer einzigen Realität herunter gebrochen. Der Mechanismus des Kollaps ist die Dekohärenz. Gäbe es sie nicht, würde die Komplexität des Universums durch jede Wechselwirkung ins Unendliche wachsen. So aber pendelt das Universum permanent zwischen den Zuständen der Möglichkeit und der Wirklichkeit hin und her. Tatsächlich ist es so, dass sich die Realität permanent in einen quantenmechanischen Wahrscheinlichkeitsrauch aufzulösen versucht und doch ständig durch die Dekohärenz wieder in die Faktizität gezwungen wird. In jedem Quantensystem wird eine der vielen Möglichkeiten ausgewählt und zur Wirklichkeit, um sogleich wieder in unendlich viele Wahrscheinlichkeiten zu verdampfen, aus denen beim gleich darauf folgenden Kollaps wiederum eine einzige ausgewählt wird.

Es gibt also immer noch eine verborgene Variable, welche die Auswahl aus den unendlich vielen Möglichkeiten des Quantensystems trifft. Irgendetwas trifft diese Entscheidung zwischen all den Wahrscheinlichkeiten. Was könnte das sein?

Im Kapitel über Panpsychismus haben wir festgestellt, dass die Erkenntnis, *die Psyche sei als rudimentäres Bewusstsein in jeder Materie vorzufinden,* lediglich eine andere Umschreibung der ursprünglichen Frage ist (W*ie kommt der Geist in die Materie?).* Panpsychismus war also nicht die gesuchte Lösung, sondern nur eine neue Formulierung desselben Problems. Unsere abschließende Beurteilung war: *Bewusstsein kann nur durch eine der Physik* ***bisher verborgen gebliebene Eigenschaft*** *der Materie entstehen.* Nun stoßen wir bei der Betrachtung der Quantenmechanik auf eine *verborgene Variable.*

Erinnern wir uns, dass der erste Schritt in einer wissenschaftlichen Untersuchung der Ausschluss des Subjekts ist. Vielleicht liegt hier jene Variable verborgen, die wir suchen müssen, um dieses hartnäckige Rätsel zu lösen? Quantenmystik ist nicht die Lösung, das haben wir gesehen. Aber Quantenmystik ging vom menschlichen Beobachter als Ursache für den Quantenkollaps aus. Wir müssen jedoch von einer verborgenen Eigenschaft *jeder* Materie ausgehen, welche die Ursache für den ihr innewohnenden Geist ist.

Wenn wir das Rätsel des Leib-Seele-Problems lösen, könnte es uns auch zu einer Lösung des Rätsels des Quantenkollapses führen.

Die Quantenmechanik selbst kann uns aber keinerlei Lösungen bezüglich des Leib-Seele-Problems bieten. Sie ist ja selbst eine wissenschaftliche Disziplin und beruht daher ebenfalls auf der Ausschließung des Subjekts. Aber sie ist keine gewöhnliche klassische Theorie der Physik und bringt uns eventuell auf die Spur zur Lösung des Problems. Sie beinhaltet ein durch physikalische Theorien unlösbares Rätsel und bietet sich als Verbindungsstück zwischen der objektiven Physik und einem neuen

Naturverständnis förmlich an. Einem Naturverständnis, welches den Beobachter der Welt, die subjektive Seite der Natur, das Bewusstsein selbst, aus dem Weltverständnis nicht länger ausschließt.

Sehen wir uns an, warum das so ist:

- Im ersten Abschnitt dieses Buches haben wir festgestellt, dass das Subjekt zwangsläufig als Realität dieser Welt anerkannt werden muss, weil kein Forscher seine eigene Bewusstheit leugnen kann. Die Philosophien Dualismus, Materialismus und Idealismus bieten keine Lösungen und der Panpsychismus ist lediglich eine Umformulierung des Problems. Materie muss daher eine unbekannte *Variable* enthalten, welche in der Folge zur Emergenz des Bewusstseins führt.
- Jetzt haben wir entdeckt, dass die Materie eine verborgene *Variable* beinhaltet, welche die (nichtlokale) Auswahl der Wahrscheinlichkeiten trifft. Aus Unkenntnis dieser Variablen nennen wir sie bisher noch *Zufall*, auch wenn keiner weiß, was mit diesem Wort eigentlich bezeichnet wird.

Könnte es sein, dass es sich bei diesen beiden Unbekannten um dieselbe Variable handelt? Ist unser Kosmos von Natur aus lebendig? Vielleicht sogar bewusst? Aber noch ist keine Lösung der Probleme in Sicht. Selbst wenn wir annehmen, dass diese beiden gesuchten Variablen ein und dieselben sind, erklärt das noch nicht, wie unser Bewusstsein entsteht, was der Zufall der Quantenmechanik ist und wie diese beiden Phänomene zusammenhängen. Wir wissen ja noch nicht einmal, was Materie eigentlich ist. Wie könnten wir weiterführende Fragen beantworten, solange wir nicht wissen, was diese Substanz im Grunde ausmacht.

1.4.2.9 »Was ist Materie?« 1.0

Unsere gesamte äußere Wirklichkeit ist aus diesem Stoff aufgebaut und eine bestimmte Eigenschaft an ihm, die von der Physik bisher nicht gefunden wurde, soll die Ursache für unser Bewusstsein bilden. Nichts könnte also interessanter sein, als die Natur dieser geheimnisvollen Substanz zu ergründen.

Erinnern wir uns an Newtons Vorstellung von Materie: Er stellte sich die kleinsten Teilchen als unzerstörbar harte Kügelchen vor, die von Gott unteilbar und unveränderlich erschaffen worden waren. Intuitiv müssen wir dieser Auffassung von Materie zustimmen, denn sie entspricht unserer alltäglichen Erfahrung. Die uns umgebende Wirklichkeit stellt sich als Ansammlung von sich durch den Raum bewegenden Objekten dar. Ein Objekt ist deswegen in der Gegenwart existent, weil es in der jüngsten Vergangenheit auch schon existiert hat. Nichts taucht einfach auf und kein Objekt verschwindet spurlos. Materie kann nur verändert, nicht aber erzeugt werden. Es gibt eine Kontinuität der Objekte. Wenn wir einen Bleistift auf den Tisch legen, liegt er später immer noch dort. Falls nicht, dann sicherlich deshalb, weil ihn jemand entfernt hat und nicht, weil er aus der Wirklichkeit verschwunden ist. Die Objekte der Welt können einander auch gegenseitig beeinflussen und sich aneinanderstoßen wie Kugeln auf einem Billiardtisch. Dieses Prinzip der mechanischen Beeinflussung ermöglicht uns, die Zukunft bewegter Objekte so genau vorauszuberechnen, dass der Mathematiker und Philosoph Pierre Simone de Laplance zu der Auffassung kam, dass ein Dämon, der zu einem gegebenen Augenblick den Ort und die Bewegung jedes Teilchens des

Kosmos kennt, daraus sowohl die gesamte Vergangenheit als auch die gesamte Zukunft des Kosmos berechnen könnte. Diese philosophische Position nennt man den Determinismus. Alles folgt dem Prinzip von Ursache und Wirkung und lässt sich exakt bestimmen.

Unwillkürlich übertragen wir diese Sichtweise auch auf jene Bereiche, in denen eigentlich nicht die klassische Physik, sondern die Quantenmechanik zuständig ist. Wenn zwei Elektronen aufeinander zufliegen, sich gegenseitig durch ihre negativen Ladungen abstoßen und sich danach in verschiedene Richtungen wieder von einander entfernen, meinen wir, eine Billardkugelsituation vor uns zu haben. Aber auf einem grünen Billardtisch sehen wir zum Beispiel eine schwarze und eine weiße Kugel aufeinander zu und nach ihrem Zusammenstoß wieder voneinander wegrollen. Es fällt uns daher leicht, nachzuvollziehen, was passiert ist, selbst wenn der Zusammenstoß verdeckt stattgefunden hat. Die Kugeln sind für uns vorher und nachher anhand ihrer Farben leicht zu identifizieren. Bei Elektronen ist das nicht so einfach. Besser gesagt, es funktioniert überhaupt nicht. Elektronen sind durch ihre Masse, ihre Ladung und den Spin vollkommen beschrieben, es gibt keine weiteren Details zu ihrer Identifizierung. Diese drei Eigenschaften sind bei allen Elektronen gleich. Wir haben keine Chance, die Elektronen auseinanderzuhalten. Jedes Elektron ist eine exakte Kopie des anderen. Hat das nun wichtige Konsequenzen für unser Verständnis von Materie?

Gehen wir noch einmal kurz das Weltbild der Quantenmechanik durch, um uns den Unterschied vor Augen zu führen:

Materie besteht gänzlich aus subatomaren Teilchen, welche der Quantenunschärfe unterliegen. Das heißt, dass Materie die Tendenz hat, sich in einen Quantenwahrscheinlichkeitsrauch aufzulösen. Gleichzeitig wird sie ständig durch aufeinanderfolgende Zusammenbrüche der Wellenfunktion, verursacht durch Dekohärenz, in die konkrete Realität zurück gezwungen. Materie pendelt somit ständig zwischen Möglichkeit und Wirklichkeit hin und her, wobei die Möglichkeit immer von der gerade noch vorhandenen Wirklichkeit bestimmt und determiniert wird. Diese Quantenereignisse, die durch den Kollaps Wirklichkeit werden, sind also zeitlich winzige Ereignisse. Sie blitzen in der Realität auf und verschwinden augenblicklich wieder im virtuellen Raum der Möglichkeiten.

Wie stellt sich dies jetzt im Verhältnis zum Dämon von Laplance und seinem Determinismus dar?

Die Wahrscheinlichkeitswolke wird exakt durch die quantenmechanische Wahrscheinlichkeitsfunktion bestimmt. Wir können, wie der Dämon, die Zukunft der Wahrscheinlichkeitswelle exakt vorausberechnen. Nur handelt es sich hier eben nicht um die Wirklichkeit, welche berechnet wird, sondern um die Fülle der Möglichkeiten. Die Wahrscheinlichkeiten lassen sich also berechnen. Die Wirklichkeit stellt sich dagegen vollkommen zufällig und unberechenbar dar. Es gibt keinen Weg vorher zu bestimmen, welche der unendlichen Möglichkeiten zur Wirklichkeit wird. Ein Kollaps der bisher vollkommen stetigen, kontinuierlichen und damit deterministischen Quantenfunktion ist eine diskontinuierliche und plötzliche Veränderung, bei der mit einem Schlag ein Großteil der Möglichkeiten vernichtet wird. Während also die Veränderungen des Möglichkeitsfeldes gleichmäßig fließend vor sich gehen, wird diese berechenbare Stetigkeit durch den Kollaps augenblicklich und zufällig unterbrochen. Danach breitet sich die Wahrscheinlichkeitswolke wieder fließend und deterministisch berechenbar aus. Das, was laut Quantenmechanik berechenbar ist wie der Kosmos des Dämons, ist das Feld der Möglichkeiten und nicht die Realität. Dieses Feld existiert aber nicht in der materiellen Welt. Die winzigen, blitzartigen Quantenereignisse sind es, die innerhalb der Realität existieren und gerade sie unterbrechen den Determinismus willkürlich und scheinbar zufällig. Das ist es, woraus die Materie wirklich gemacht ist: Unberechenbare Zusammenbrüche der deterministischen Möglichkeitswellen; zufällige, stroboskopartige Erscheinungen, die sofort wieder verschwinden. Realität ist aus zeitlich und räumlich diskreten Einheiten zusammengesetzt. Jedes konkrete Teilchen löst sich blitzartig aus dem Hintergrund der Wahrscheinlichkeiten heraus und verschwindet wieder in diesem einheitlichen Möglichkeitsfeld. Dabei führt es im Entstehen zu einer Informationsreduktion dieses Feldes.

Wir könnten also davon ausgehen, dass Newtons feste Kügelchen nicht die primäre Substanz der Materie bilden. Vielmehr ist das virtuelle Feld der Möglichkeiten die primäre Basis der materiellen Wirklichkeit.

Nicht die Materie ist real und löst sich kurzzeitig in Rauch auf, sondern das Möglichkeitsfeld ist real und erzeugt durch Informationsreduktion kurzzeitig materielle Abbilder.

Wenn wir in einer Bildröhre ein Elektron aus der Kathode auf den Bildschirm schicken, gibt es zwei Quantenereignisse:

1. das Emittieren des Elektrons an der Kathode und

2. den Aufprall am Bildschirm.

Dazwischen liegt lediglich ein Wahrscheinlichkeitsmeer. Nur unser Verstand, der an der Welt der makroskopischen Objekte geschult ist, meint, annehmen zu dürfen, dass es sich dabei um dasselbe Elektron handelt, welches in der Zwischenzeit von der Kathode zum Bildschirm gewandert ist. Quantenmechanisch ist diese Annahme nicht gerechtfertigt. Aus dem virtuellen Meer der Wahrscheinlichkeiten werden an zwei unterschiedlichen Positionen der Raumzeit Elektronen durch Dekohärenz in die Existenz geworfen. Nicht mehr und nicht weniger. Die Annahme, es handle sich um dasselbe Elektron ist eine Interpretation von uns; eine Abstraktion, keine Realität.

Das mag hier noch seltsam klingen. Immerhin ist das am Bildschirm auftreffende Elektron aus einer Wahrscheinlichkeitsverteilung hervorgegangen, die ihre Ursache deterministisch in jenem Quantenereignis hatte, welches mit dem von der Kathode emittierenden Elektron identisch ist. Also gibt es eine direkte Verbindung über die Quantenwahrscheinlichkeit von dem ersten Elektron an der Kathode zu dem zweiten Elektron am Bildschirm. Warum sollten wir dann nicht sagen dürfen, es sei dasselbe Elektron?

Aber sehen wir uns noch einmal die beiden Elektronen an, die aufeinander zufliegen und sich gegenseitig abstoßen. Anfangs gibt es zwei Quantenereignisse, wenn die Elektronen emittiert werden. Ausgehend von diesen Ereignissen entwickelt sich die Quantenfunktion in einer bestimmten Wahrscheinlichkeitsverteilung, bis wir die beiden Elektronen nach ihrem Zusammenstoß wieder messen (die Kollision, die Abstoßung, findet ja verdeckt statt, stellt also kein Quantenereignis dar). Zunächst unterscheidet sich die Situation nicht sonderlich von der Szene am Billardtisch. Wir sehen zwei Billardkugeln mit einem bestimmten Impuls, dann sehen wir sie nicht mehr, etwa weil eine Person davor steht, und dann sehen wir sie wieder. Aufgrund der Ausgangssituation und der Endsituation können wir uns denken, was in der Zwischenzeit passiert ist. Aber bei Elektronen ist es doch ein wenig anders. Die Wahrscheinlichkeitswellen beider Elektronen verschmelzen bei ihrer Wechselwirkung zu einer einzigen Wahrscheinlichkeitsverteilung, welche alle möglichen Kombinationen der beiden Elektronen beinhaltet. Ohne diese Verschmelzung, ohne diese Vereinheitlichung der beiden Quantenfunktionen, blieben die beiden Elektronen isolierte Quanten, die sich nicht beeinflussen könnten. Also gibt es nichts anderes, als *eine* Wahrscheinlichkeitswolke für *zwei* Elektronen. Da Elektronen aber anhand ihrer Eigenschaften nicht unterscheidbar sind, können wir nicht mehr sagen, welches Elektron bei der zweiten Messung mit welchem der ersten Messung identisch ist.

Es ist also unsere falsche Interpretation, wenn wir die beiden Elektronen als *über die Zeit hinweg identifizierbare Einheiten* betrachten. Tatsächlich hat ein Elektron, das gerade eben gemessen wurde und ein Elektron, das wir gleich darauf messen werden (von dem wir lediglich annehmen, es wäre dasselbe), nicht mehr miteinander zu tun, als dieses Elektron mit irgendeinem anderen in diesem Kosmos.

Das Paradoxe an unserer Situation ist nun, dass wir der virtuellen Wolke an Möglichkeiten mehr Realität zugestehen müssen, als den realen, subatomaren Teilchen, die unsere Wirklichkeit ausmachen. Im Wechselspiel von Wirklichkeit und Möglichkeit ist tatsächlich die Möglichkeit das Primäre, sich fortlaufend Erhaltende, während die im Kollaps der Quantenfunktion kurz erscheinende materielle Wirklichkeit ein temporäres und sekundäres Muster ist, das keinerlei Bestand oder fortlaufende Identität besitzt. Die scheinbare Wesenseinheit der »realen«, materiellen Wirklichkeit wird lediglich durch das Meer der virtuellen Möglichkeiten erzeugt.

Natürlich könnte man einwenden, dass es Ansichtssache ist, welcher Seite man in diesem zirkulären Wechselspiel von Möglichkeit und Wirklichkeit mehr Realität zugesteht. Könnte es nicht sein, dass ein Materialist den Teilchen mehr Realität beimisst und ein Esoteriker den Möglichkeitswolken? Ist das nicht eher eine Frage der Neigung, je nach Intention des Betrachters?

Vergleichen wir noch einmal das Billardspiel mit den Elektronen, die wir aber zu diesem Zweck mit Photonen austauschen müssen, um mit der Spinrichtung ein Unterscheidungsmerkmal, ähnlich der Farbe bei den Billardkugeln, zu haben: Angenommen, wir nehmen die Billardkugeln blind aus einem Korb, der gleich viele schwarze und weiße Kugeln enthält. Wie groß ist die Wahrscheinlichkeit, dass sowohl Kugel 1 als auch Kugel 2 schwarz ist? Das ist mathematisch eine leichte Übung, denn es gibt vier Kombinationsmöglichkeiten:

Kugel 1:	weiß	Kugel 2:	weiß
Kugel 1:	schwarz	Kugel 2:	weiß
Kugel 1:	weiß	Kugel 2	schwarz
Kugel 1:	schwarz	Kugel 2	schwarz

Die Chance auf zweimal schwarz beträgt daher 25%.

Aber gilt das auch für Photonen und deren Spinrichtung?

Hier zeigt sich der Unterschied: Um eine Wahrscheinlichkeit von 25% zu erhalten, ist es wichtig, dass wir Kugel 1 und Kugel 2 genau identifizieren und unterscheiden können, was jedoch bei subatomaren Teilchen, wie wir oben gesehen haben, nicht möglich ist. Somit gibt es nur mehr drei Varianten:

1. beide Kugeln sind weiß

2. beide Kugeln sind schwarz

3. eine Kugel ist weiß und die andere ist schwarz.

Für zwei schwarze Kugeln ergibt sich dadurch in der Quantenwelt eine Wahrscheinlichkeit von 33%. Läge es also nur an unserer Unfähigkeit, die Photonen zu unterscheiden, obwohl sie – von uns unbemerkt – ihre Identität bewahren, bliebe die Wahrscheinlichkeit bei 25% bestehen. Aber es lässt sich experimentell belegen, dass die Wahrscheinlichkeit 33% beträgt. Somit ist nachgewiesen, dass es keine Neigungsfrage ist, wenn wir der Möglichkeit mehr Realität zugestehen als der Wirklichkeit. Die Identitätslosigkeit von subatomaren Teilchen ist somit ein tatsächliches Faktum und nicht eine bloß erkenntnistheoretische Chimäre. Mit anderen Worten: *Die Kontinuität der Materie ist eine Illusion*. Wie der Bewegungsablauf eines Films auf der Leinwand nur durch die Ähnlichkeit der aufeinanderfolgenden Einzelbilder vorgegaukelt wird, obwohl ein Bild real mit dem nächsten nichts zu tun hat, so wird die scheinbare Kontinuität der Wirklichkeit nur durch die Ähnlichkeit der Konstellationen der Materie erzeugt. Diese Ähnlichkeit wird durch die relative Nähe der Wahrscheinlichkeit zur letzten Wirklichkeit hervorgerufen. Aber aus dem Meer der Möglichkeiten tauchen immer wieder neue Teilchen auf. Es ist nicht so, dass die Materie am Beginn der Zeit erschaffen wurde und nun stetig bis zum Ende aller Zeiten weiterbesteht.

Die materielle Wirklichkeit wird als Sekundärphänomen jeden Augenblick aus der primären Realität der Möglichkeiten neu erschaffen.

Was könnte nun die wahre Natur dieser sich ständig neu erschaffenden Materie sein?

Sollten wir das gleiche Wagnis eingehen, auf das sich Plotin einst eingelassen hat? Plotin vertrat die Ansicht, dass der Natur eine *Schau* zu eigen ist: »Allem wohnt ein Schauen inne«, sagte er. Demnach würde das Bewusstsein der Wahrscheinlichkeiten die materielle Welt projizieren und die Welt wäre ein Traum, erzeugt aus Erwartungen. Dies entspricht genau der integralen Philosophie, die wir am Ende des vorigen Abschnittes als Lösung für das Leib-Seele-Problem vorgeschlagen haben:

Der *Panpsychismus* ist mit der Annahme, dass *allem ein Schauen innewohnt* erfüllt. Könnte es sein, dass der Kosmos in seiner subjektiven Natur die Entscheidung trifft, *welche* der vielen Möglichkeiten tatsächlich Wirklichkeit wird? Ist das, was wir aus Mangel an Überblick als *Zufall* definieren, vielleicht doch eine bewusst getroffene Wahl? Die Wahl eines Bewusstseins, welches uns bisher bei der Erforschung der Welt entgangen ist? Ist dieses Bewusstsein des Kosmos jene verborgene Eigenschaft der Materie, die auch unsere individuelle Erfahrung entstehen lässt? Dann wäre damit die Position des *Idealismus* erfüllt, da jede materielle Wirklichkeit im Bewusstsein wurzelt. Aber auch der *Materialismus* hätte seine Berechtigung, weil die Ursache aller Sinneseindrücke trotzdem in einer vom individuellen Bewusstsein unabhängigen Wirklichkeit liegt.

Sehen wir einmal davon ab, dass wir uns noch nicht wirklich vorstellen können, welche Art von Bewusstsein das sein sollte und vor allem, *wessen* Bewusstsein. Gehen wir kurz davon aus, es wäre so. Welche Konsequenzen für das Bild unserer Welt würden daraus folgen?

Bisher ist das gängige Weltbild der Naturwissenschaft eine tote Welt, welche durch Zufall an einem winzigen Fleck des Kosmos Leben (und damit Erfahrung und Bedeutung) erzeugt hat. Das beobachtende Subjekt ist auf verschwindend geringe Ausschnitte des Kosmos beschränkt und daher unbedeutend für eine Kosmologie und für ein allgemeines Verständnis des Weltganzen.

Natürlich hat schon jeder Naturwissenschaftler den Einwand gehört, dass *objektive Wissenschaft das Subjekt aus dem Experiment ausklammert, und dass es schon allein aus diesem Grund unmöglich sei, ein Subjekt im Kosmos zu finden. Zwangsläufig stelle sich dem Forscher immer nur Materie als Ergebnis seiner Experimente entgegen.* Auch ich selbst brachte diesen Einwand am Beginn dieses Abschnitts vor. Aber er konnte bisher getrost unter den Tisch fallen: Lebewesen, die den Status eines Beobachters einnehmen können, entstanden erst Milliarden Jahre nach dem Urknall. Wie könnte also die Einbeziehung des Subjekts beim Verständnis des Kosmos dienlich sein? Etwas, das erst entsteht, wenn viele Vorbedingungen erfüllt sind, kann schwerlich am Zustandekommen dieser Vorbedingungen selbst beteiligt sein. In der Weltvorstellung der klassischen Naturwissenschaft ist und bleibt Bewusstsein somit eine vernachlässigbare Randerscheinung.

Der bisherige Standpunkt war: 99,99999...% des Kosmos sind nicht lebendig und somit *subjektlos*.

Wenn aber Bewusstsein eine primäre Eigenschaft des Kosmos ist, stellt sich die Sache vollkommen anders dar. Wir müssen unser gängiges kosmologisches Weltbild in Frage stellen.

Aber vielleicht sind wir zu schnell mit unserem Urteil. Vielleicht lassen wir uns vom freundlichen Ausblick auf einen lebendigen Kosmos allzu leicht zu Spekulationen hinreißen.

Möglicherweise haben einerseits *die verborgene Eigenschaft der Materie, die Bewusstsein entstehen lässt*, und andererseits *die Ursache für den »Zufall«, der beim Quantenkollaps die Entscheidung trifft*, nicht das Geringste miteinander zu tun.

Es sind zwei Rätsel der materiellen Substanz. Das muss nicht zwangsläufig heißen, dass sie dieselbe Lösung haben. Es *könnte* sein, aber es muss nicht sein.

Zudem erklärt dies noch nicht wirklich, was Materie ist. Diesbezüglich muss ich Sie noch um ein wenig Geduld bitten, da wir diese Frage noch einmal aufschieben müssen. Zum jetzigen Zeitpunkt lässt sich das noch nicht beantworten. Ich werde später darauf zurückkommen – versprochen.

1.4.3. Die Welt

Welche Erkenntnisse haben wir bisher gewonnen:

- Die Philosophien *Dualismus*, *Materialismus*, *Idealismus* und *Panpsychismus* können uns die Frage, warum wir materielle Wesen mit Bewusstsein sind, nicht beantworten.
- Materie hat eine der Naturwissenschaft bisher verborgen gebliebene Eigenschaft, die unser Bewusstsein ermöglicht.
- Die Suche nach dieser unbekannten Eigenschaft hat uns in die Tiefen der materiellen Basis geführt, bis hinunter zur Quantenmechanik, wo Materie aufhört eine feste Substanz zu sein. Dort haben wir eine philosophische Kostbarkeit gefunden: Die Erkenntnis, dass ein Wahrscheinlichkeits- oder Möglichkeitsmeer die eigentliche Realität darstellt, während die Materie eine stroboskopartig aufleuchtende Sekundärerscheinung ist, deren Kontinuität nicht realer ist, als die scheinbar beständige Wirklichkeit einer Filmprojektion. Zudem könnte es ein Bewusstsein des Kosmos geben, das möglicherweise lenkend eingreift, wenn es um die Entscheidung der mikrokosmischen Teilchen geht, welche Möglichkeit zur Wirklichkeit werden soll. Aber wir können überhaupt noch nicht abschätzen, wie dieses Bewusstsein beschaffen ist. Wir haben nur gesehen, dass die Vorstellung der Quantenmystiker viel zu naiv ist, als dass sie richtig sein könnte. Unser menschliches Bewusstsein ist mit Sicherheit *nicht* der Schöpfer der materiellen Welt.

---+---

Wir haben also mehr Fragen als Antworten gefunden. Trotzdem ist unser Weltbild, seit wir aus diesen Tiefen zurückgekehrt sind, ein vollkommen anderes geworden. Vorher setzte sich die Welt aus materiellen Teilchen zusammen, die – deterministisch und berechenbar – den Fortgang der Welt bestimmten. Nun besteht die Welt aus Wahrscheinlichkeiten, welche die Zukunft für eine Wahlmöglichkeit offenlassen. Und vielleicht ist das, was wir mangels besseren Wissens »Zufall« nennen, Ausdruck eines entscheidenden Bewusstseins, das den Kosmos in jeder Sekunde neu verwirklicht. Offen bliebe dabei aber immer noch die entscheidende Frage, welche Art von Bewusstsein diese Auswahl trifft.

Mit diesem Kleinod in Händen sind wir nun wieder an die Oberfläche unserer materiellen Wirklichkeit zurückgekehrt. Aber oft glänzt etwas in den Tiefen verheißungsvoll und nach dem Auftauchen stellt sich heraus, es ist doch nicht der erhoffte Schatz, sondern nur Tand. Wir sollten also unseren kostbaren Besitz genau untersuchen, ob er bei Lichte besehen hält, was er gerade noch versprochen hat.

Welche Veränderungen würde es für unsere alltägliche Wirklichkeit mit sich bringen, wenn der Quantenkollaps kein Zufall, sondern eine bewusste Entscheidung (von wem auch immer) ist? Hat der Quantenkollaps in der Mechanik unserer materiellen Wirklichkeit überhaupt eine Auswirkung? Besonders groß kann sie jedenfalls nicht sein. Wie sonst wäre die Physik jemals auf die Idee gekommen, dass sich alles kausal auf Ursache und Wirkung hin berechnen lässt. Da bleibt anscheinend nicht viel Raum für die Freiheit der Entscheidung eines bewussten Kosmos. Es gibt Naturgesetze. Und wenn ein Apfel vom Baum fällt, dann fällt er nach unten – ohne irgendeine Entscheidung dafür oder dagegen. Die Tatsache, dass kleinste Teilchen sich so oder auch anders verhalten können, dass es eine Quantenunsicherheit gibt, dass eine Entscheidung nötig ist, die bestimmt, welche der vielen Möglichkeiten sich verwirklichen soll, diese Tatsache scheint für die Zukunft des fallenden Apfels nicht viel zu bewirken. Wenn es um makroskopische Ereignisse geht, ist die klassische Physik hundertprozentig zuverlässig. Nirgendwo scheint die Berechenbarkeit unserer Welt durch die Unsicherheiten der Quantenwirklichkeit durchbrochen zu sein.

Tatsächlich gibt es Stimmen in der Physik, die genau dies einem Panpsychismus auf der Basis der Quantenmechanik entgegenhalten: Die Masse der zufälligen Quantenereignisse gehorcht genau den statistischen Wahrscheinlichkeiten, wodurch sich alle Effekte für den Makrokosmos gegenseitig auflösen, sodass für einen menschlichen Beobachter alles streng kausal nach den Gesetzen der klassischen Physik abläuft. Nirgendwo schlägt der Zufall in einer Form durch, welche den vorgegebenen Ursache-Wirkungs-Beziehungen widersprechen würde. Quantenunschärfe ist auf der Ebene unserer Wirklichkeit vollkommen bedeutungslos.

Natürlich besteht die minimale Möglichkeit, dass sich plötzlich alle Luftmoleküle in einem Glas zu einer Seite hin bewegen und auf der anderes Seite ein luftleerer Raum entsteht, der das Glas – für den Menschen scheinbar grundlos – zum Bersten bringt. Aber die statistische Wahrscheinlichkeit dafür ist derart gering, dass seit dem Urknall nicht genügend Zeit vergangen ist, um so etwas tatsächlich einmal passieren zu lassen.

Sollte unsere leuchtende Erkenntnis über das Bewusstsein des Kosmos also doch nur wertloser Tand sein?

Nein, denn es gibt einen Bereich in der makrokosmischen Realität, der von den Geschehnissen im mikrokosmischen Bereich stark beeinflusst wird. Es ist dies der Bereich der komplexen Systeme. Diese Systeme sind immer in einem sehr labilen Zustand und ihre Zukunft ist von kleinsten Veränderungen abhängig.

Der gesamte Bereich des Lebendigen steht in direkter Abhängigkeit von den Entscheidungen des Quantenbereichs, denn jedes Lebewesen ist ein äußerst komplexes System. Und je komplexer ein System ist, umso abhängiger kann es von diesen winzigen Wahrscheinlichkeitsunterschieden sein.

Das komplexeste uns bekannte System ist das menschliche Gehirn. Möglicherweise ist die Bereitschaft eines einzigen Moleküls eine Synthese einzugehen verantwortlich, ob wir den einen oder einen ganz anderen Gedanken fassen; ob wir die Entscheidung für oder gegen eine bestimmte Handlung treffen.

Quantenunschärfe könnte also den Lauf der Welt grundlegend beeinflussen. Aber bevor wir uns überlegen, wo und wie das geschehen könnte, machen wir einen Abstecher und betrachten die Welt erst einmal aus der herkömmlichen, makroskopischen Perspektive.

1.4.3.1 Evolution der Komplexität

Immer wenn ich einen Marienkäfer sehe, erinnere ich mich an jenen Sommertag aus meiner frühen Kindheit, der mein damaliges Weltbild ins Wanken brachte.

Wie so oft an heißen Sonntagen, fuhren meine Eltern mit uns Kindern an den Neusiedlersee zum Baden. Eigentlich mochte ich diesen See nicht besonders. Sein Wasser roch immer ein wenig modrig, und es war so schlammig, dass ich meine Hand nicht mehr sehen konnte, sobald ich sie nur zehn Zentimeter unter der Wasseroberfläche tauchte. Zudem versank ich bis zu den Knöcheln im Schlamm, der sich unangenehm zwischen den Zehen durchdrückte. Bei jedem Schritt blickte ich misstrauisch zu den weiten Schilfgürteln hin und befürchtete irgendwann auf ein abgebrochenes Schilfrohr zu treten. Dann entdeckte ich jedoch Marienkäfer und Bienen verzweifelt zappelnd im Wasser treiben, die aus eigener Kraft nicht mehr ans Ufer gelangen konnten. Von diesem Moment an sah ich meine Aufgabe darin, diese Wesen aus ihrer Not zu bergen. In meiner Eigenschaft als Insektenretter hatte ich mein Spiel für diesen Platz gefunden.

Und genauso sollte es auch an diesem Tag sein, aber er war anders. Schon bei unserer Ankunft bemerkten wir den ungwöhnlich leeren Parkplatz; gleich darauf den einsamen Strand. Obwohl die Sonne schien, war kein Mensch am See. Als wir mit Decken und Luftmatratzen bepackt am Ufer ankamen, wurde uns klar warum. Jeder Quadratzentimeter der Wiese und jeder Fleck auf den Blättern und Ästen der Bäume war übervoll mit Tausenden von Marienkäfern. Nie zuvor und auch nie wieder danach hatte ich eine solche Masse an Insekten gesehen. Der Schock saß tief. Für lange Zeit verlor ich die Lust am Retten von Insekten und hatte zum ersten mal das Gefühl, meine empathische Einstellung der Welt gegenüber sei nicht in jedem Falle sinnvoll. Später, in der Schule, erinnerte ich mich an jenen Tag zurück, als im Religionsunterricht von den 10 Plagen Ägyptens gesprochen wurde. Ich hatte ebenfalls eine solche Plage erlebt, nur mit Marienkäfern statt mit Heuschrecken. Und als uns schließlich die Evolutionstheorie gelehrt wurde und das Prinzip des »Fressen und Gefressenwerdens«, hatte ich eine klare Vorstellung davon, was damit gemeint war. Und ebenso klar wusste ich, dass ich für diese Art des Überlebenskampfes nicht geschaffen war. Wer Marienkäfer rettet, hat den »Kampf ums Dasein« eigentlich schon verloren. In mir sträubte sich alles, dies als einziges Prinzip des Lebens zu akzeptieren. Zum Glück verhält sich die Sache doch ganz anders.

1.4.3.1.1 Kooperation und Koevolution

In der Schule haben wir alle noch gelernt, dass das Prinzip der Evolution »das Überleben des Stärkeren« sei. Unter dem Druck der Umweltbedingungen können sich nur diejenigen behaupten und vermehren, die sich als besser, schneller, stärker und schlauer beweisen. Die Natur wurde als unerbittliche Richterin in einem gnadenlosen Wettkampf um die Ressourcen des Lebens gezeichnet. So sollen sich jeweils die Stärksten ihrer Art vermehrt haben, während die Schwachen als Sackgassen der Evolution ohne Nachkommen gestorben sind; besser gesagt, gefressen wurden. Die Evolution der Arten sah man als grausamen, kontinuierlichen Prozess von Mutation und Selektion, von Zufall und Notwendigkeit. Natürlich war bereits das eine falsche Auslegung der darwinistischen Theorie der natürlich Auslese. Es war viel mehr eine Projektion der Forscher, welche durch das entstehende kapitalistische System sozialisiert waren und daher, dessen Prinzipien in der Natur wieder zu finden glaubten. *Survival of the fittest* bedeutet das *Überleben der am Besten angepassten Individuen*, was nicht unbedingt die Stärksten sein müssen. *Anpassung* ist immer auch abhängig von dem Kontext, an den man sich anpassen muss.

Schließlich entdeckte man, dass sich lange Phasen des Stillstandes mit dramatischen evolutionären Sprüngen abwechselten. Dies war nicht mit der Theorie der Zufallsmutationen und der natürlichen Auslese durch die Umwelt zu vereinbaren. Hier offenbarte sich eine zu einseitige Auslegung. Die Evolution lässt sich nämlich nicht auf die Anpassung der Lebewesen an ihre Umwelt beschränken, weil Lebewesen ihrerseits im Gegenzug ihre Umwelt immer wieder dramatisch verändern. Leben und Umwelt entwickeln sich in gegenseitiger Abhängigkeit. Dieses neue Bild ist keine Evolution in herkömmlichem Sinne mehr, es ist eine **Koevolution** des gesamten Systems, welches zwar auch von Wettbewerb durchdrungen ist, aber vor allem von *Kooperation* getragen wird.

Leben und Umwelt driften gemeinsam voran. Das Prinzip der Evolution begreift man nun nicht mehr als blindes Voranstolpern durch zufällige Mutationen, sondern als eine der Natur innewohnenden Tendenz zu immer höherer Komplexität. Diese kreative Ausrichtung der Natur zeigt sich in der *Selbstorganisation* des Ökosystems und der **Autopoiesis**, was so viel wie »Selbsterschaffung« bedeutet.

Zufällige Mutationen und notwendige Selektionen sind nur ein winziger Ausschnitt des evolutionären Prozesses. Ein viel wichtigerer Teil ist zum Beispiel im Reich der Bakterien anzutreffen. Bakterien sind Zellen ohne Zellkern. In ihrem Inneren schwimmen die Gensequenzen frei umher und einzelne Stücke davon können zwischen verschiedenen Bakterien ausgetauscht werden. Diese neu entdeckte Fähigkeit von Bakterien nennt man die DNS-Rekombination oder **Konjugation**. Indem einzelne Zellen eine Brücke aus Zellplasma bilden, können sie genetisches Material von einem Partner zum anderen schleusen. Dieser Genaustausch findet auch zwischen Bakterienarten statt, die sich genetisch völlig voneinander unterscheiden. Anders als bei der sexuellen Vermehrung gibt es hier keine Artengrenzen für den Genaustausch. Dadurch ist die Anpassungsfähigkeit von Bakterien wesentlich höher, als sie bei einer Beschränkung der Veränderung auf Mutation wäre. Sie können einfach die Erbinformationen anderer Zellen nutzen, wenn sie dafür Verwendung haben. Bakterien bilden damit ein weltweites Kommunikationsnetzwerk und können auf einen riesigen Genpool zurückgreifen. Im Durchschnitt tauschen und rekombinieren Bakterien täglich fünfzehn Prozent ihres genetischen Materials. Diese Form der Kooperation führt zu einer unglaublichen Vielfalt an Erbinformation, die allein durch zufällige Mutationen niemals zustande kommen könnte. Da sie auch von Erfindungen anderer Bakterienarten profitieren, müssen sie nicht jede Mutation selbst durchlaufen. Sie haben also schon vor Jahrmillionen den *OpenSource-Gedanken* erfunden.

Neben Bakterien, die man auch Prokaryoten[1] nennt, gibt es auch noch Eukaryoten[2]. Alle mehrzelligen Lebewesen entstehen aus diesem zweiten Zelltyp. In diesem Lebensbereich tritt eine neue Form der Zusammenarbeit auf: die *Symbiose*.

Im Biologieunterricht wurde mir noch erklärt, dass sich die Gene der Eukaryoten alle im Zellkern befinden, der eine Art Kommandozentrale darstellt, von der aus alle Geschehnisse der Zelle gesteuert werden. Jedoch gibt es eine große Anzahl von Gensequenzen im Zellkörper der Eukaryoten, die mit dem Kern nicht das Geringste zu tun haben. Diese Gensequenzen stammen von Bakterien, die in ferner Vergangenheit von den größeren Zellen aufgenommen wurden, möglicherweise um sie zu fressen. Die Bakterien konnten sich jedoch gegen die Auflösung erfolgreich zur Wehr setzen und passten sich an diese neue Umgebung im Inneren der Zelle an. Die Eukaryoten ihrerseits begannen damit, die Fähigkeiten dieser Bakterien für sich zu nutzen. Diese Form der Symbiosebildung ist vermutlich die größte treibende Kraft in der Entwicklung von höheren Organismen geworden. Sie wird **Symbiogenese** genannt. Am deutlichsten ist das am Beispiel der Mitochondrien zu sehen. Mitochondrien sind kleine Bakterien innerhalb des Plasmas von größeren Zellen und bilden die Kraftwerke der Eukaryoten. Sie sorgen für die Zellatmung

---

1 Prokaryoten = „Zellen ohne Kern“
2 Eukaryoten = „Zellen mit Kern“

und damit für die Energieversorgung. Unabhängig von der Zelle vermehren sich und verfügen über eine eigene DNS[1].

Der Baum der Evolution stellt sich somit als das falsche Bild dar, da er nur Abzweigungen enthält, über die sich die Arten immer weiter voneinander entfernen. Die Form der Koevolution bedingt aber eine Netzwerkstruktur als Evolutionsbild und keinen Baum. Die Evolutionsgeschichte wird auch nicht mehr ausschließlich durch den »Kampf ums Dasein« bestimmt. Ins Zentrum der Betrachtung rückt nun eine Zusammenarbeit und gegenseitige Abhängigkeit aller Lebewesen. Mutation, Genaustausch mit Rekombination und Symbiogenese zeichnen eine gemeinsame Geschichte mit den globalen Bedingungen des Lebens. Die einzelnen Lebewesen und ihre Umweltbedingungen evolvieren in Kooperation.

Natürlich bedeutet das nicht, dass es ein konkretes Ziel gäbe, auf das die Evolution zusteuert. Schon gar nicht, dass mit dem Entstehen der ersten Zelle bereits der Mensch als Ziel vorgegeben gewesen wäre. Trotzdem ist eine Zielstrebigkeit erkennbar, die sich in immer gleichen Antworten auf gleiche Problemstellungen zeigt. So führten zum Beispiel die Gesetze der Aerodynamik an verschiedenen Zweigen der Evolution zur Entwicklung von Flügel. Insekten, Säugetiere (wie z. B. Fledermäuse) und Reptilien (aus denen später die Artengruppe der Vögel hervorging) kamen aufgrund derselben Problemstellung zu ähnlichen Lösungen: Alle von ihnen bildeten Flügel aus. Die Form des Flügels beinhaltet etwas von der Wahrheit der Luft, so wie jedes Organ etwas von der Wahrheit jenes Elements enthält, an dem es sich entwickeln musste. Ein anders Beispiel ist das Auge, das in

---

[1] Über die Gene der Mitochondrien lassen sich Verwandtschaften über die Mutterlinien bis in die fernste Vergangenheit nachweisen, weil sie immer nur die DNS der Muttermitochondrien beinhalten.

der Geschichte der Evolution ebenfalls öfters entwickelt wurde. Es enthält etwas von der Wahrheit des Lichts. So ist auch das Wort Goethes zu verstehen, wenn er schreibt: »*Wär‹ nicht das Auge sonnenhaft, die Sonne könnt es nie erschauen.*«

> Die Komplexität des Lebens hätte sich allein aufgrund von Zufallsmutationen und dem Selektionsdruck einer feindlichen Umwelt niemals entwickeln können.
>
> Die Zauberworte heißen *Kooperation* und *Koevolution*.

1.4.3.1.2 Chronologie des Lebens

Die Geschichte des Lebens beginnt nicht erst mit der Entstehung der ersten Zelle. Auch nicht mit der Entstehung der ersten biologischen Makromoleküle. Da die Bausteine des Lebens ihre eigene Entwicklungsgeschichte haben, ohne die Leben nicht möglich wäre, müssen wir hierzu bis zum Ursprung des Kosmos zurück. Zeichnen wir die Entwicklung des Lebens kurz nach. Natürlich nicht in Form eines unabänderlichen Dogmas. Die Chronologie des Lebens kann jederzeit durch neue Erkenntnisse umgeschrieben werden. Aber vom Prinzip her dürfte es sich doch so ähnlich abgespielt haben:

Vor etwa 13,7 Milliarden Jahren entstand unser Kosmos durch einen Urknall. Wir wissen nicht, ob es der erste Urknall war. Möglicherweise ist das Universum nur eines von vielen in einem Multiversum-Schaum. Aber das ist nicht von Belang. Wichtig ist, dass der Kosmos, so wie wir ihn überblicken, damals entstand.

Nachdem alles zunächst nur Energie war, kondensierten subatomare Teilchen und die ersten Wasserstoffatome entstanden. Aus diesen formten sich erste Sonnen, in denen der Wasserstoff zu Helium und anderen Elementen fusionierte. Nach einer gewissen Brenndauer zerplatzten diese Sonnen der ersten Generation in gigantischen Supernova-Explosionen und durch den gewaltigen Druck bildeten sich die schwereren Elemente. Aus den daraus hervorgegangenen Staubwolken entstanden nun neue Sonnen und die schwereren Elemente in diesen Gasnebeln formten sich zu Planeten. So entstand auch vor ungefähr 4½ Milliarden Jahren – also ca. neun Milliarden Jahre nach dem Urknall – unser Sonnensystem mit unserer Erde. Alle Elemente, die auf der Erde die Bedingungen des Lebens schufen, verdanken ihre Existenz den ersten Sterngenerationen.

Zunächst war die Erde nur ein glühender Ball aus flüssiger Lava. Eine lebensfeindliche Hölle, in der die Bedingungen des Lebens erst vorbereitet wurden. Die Erde war groß und damit massereich genug, um eine Schwerkraft zu erzeugen, welche eine Atmosphäre halten konnte. Auch das Verhältnis zwischen Strahlungsintensität und Entfernung der Sonne war gut ausbalanciert. Der Planet konnte abkühlen, jedoch nicht so weit, dass alles auf ihm gefror. Dieser Prozess dauerte ungefähr eine Milliarde Jahre. Etwa zur Halbzeit dieser ersten Phase begann es zu regnen. Die dichten Wolken schirmten einerseits die Sonneneinstrahlung ab und transportierten andererseits durch den Kreislauf des Regnens und Verdampfens die überschüssige Wärme der Oberfläche an den Rand der Atmosphäre, von wo aus sie in den Weltraum abgestrahlt werden konnte. Diese jahrtausendelange Regenwetterlage war so etwas wie die Wasserkühlung des Planeten. Gleichzeitig geriet die Chemie durch ständige Erosion der Oberfläche in Wallung. Kohlenstoff verband sich mit Wasserstoff, Stickstoff, Schwefel und Phosphor zu den ersten probiotischen Makromolekülen. Die alchemistische Ursuppe wurde im Hexenkessel der Urerde gut durchmischt.

Aber wie entstand aus dieser Ursuppe schließlich Leben? Lange Zeit konnte man sich nicht erklären, wie aus anorganischen Stoffen lebendige Substanz hervorgehen konnte. Dies ist auch der Punkt, an dem immer wieder Religionsvertreter mit ihrer Kritik ansetzen, nach deren Thesen Leben ohne ein Eingreifen Gottes nicht entstanden sein konnte. Um das zu klären, muss man jedoch von anderen Voraussetzungen ausgehen. Bisher galt die Überzeugung, Leben müsse in einem spontanen Akt entstanden sein: Blitzschlag, Meteoriteneinschlag oder ein sonstiges plötzliches, einmaliges Ereignis, welches die unwahrscheinliche, abrupte Entstehung des Lebens ausgelöst hat.

Heute weiß man, dass die Natur – egal, ob organisch oder anorganisch – von selbstorganisierenden Prozessen durchzogen ist. Die ursprüngliche Vorstellung eines Ursache-Wirkungs-Zusammenhangs musste radikal erweitert werden. Jetzt heißt es nicht mehr *»Jede Wirkung hat eine Ursache und jede Ursache hat eine Wirkung«*, jetzt heißt es *»Jede Wirkung hat Tausende Ursachen und jede Ursache hat Tausende Wirkungen«*. Bereits in den einfachsten Strukturen gibt es ein komplexes Netzwerk von gegenseitigen Abhängigkeiten, die immer zu rekursiven Regelkreisen geschlossen sind und zwangsläufig zu fraktalen, das heißt selbstähnlichen und selbstorganisierenden Musterbildungen führen. Wir müssen gar kein unwahrscheinliches, einmaliges Ereignis annehmen, um die Entstehung des Lebens zu erklären.

Rein statistisch scheint die Entstehung der »richtigen« Makromoleküle sehr unwahrscheinlich zu sein. Manche Kritiker der Evolutionstheorie verglichen diesen vermuteten Entstehungsprozess mit einer Horde Affen, die wild auf Schreibmaschinen einhämmern, bis zufällig ein Drama von Shakespear entsteht. Um allein den Satz *»to be, or not to be«* durch zufälliges Tippen zu erzeugen, wäre eine Anzahl an Buchstabenkombinationen durchzuspielen, für die ein Affe 10^{22} Jahre lang ununterbrochen an der Schreibmaschine sitzen müsste. Die Entstehung des Lebens durch Zufall sei daher genau so unwahrscheinlich, wie die Erzeugung eines Jumbojets durch einen Wirbelsturm, der über einen Schrottplatz fegt.

Aber diese Sichtweise ist aus mehreren Gründen falsch:

1. Chemische Stoffe verbinden sich nicht so zufällig, wie Buchstaben durch einen verständnislos auf eine Schreibmaschine einhämmernden Affen. Chemikalien haben Vorlieben. Um es auf die Schreibmaschine zu übertragen: Die Wahrscheinlichkeit, dass nach einem B ein E kommt, ist ungleich höher, als dass danach ein R kommen würde. Diese einschränkende Wahrscheinlichkeitsverteilung findet aber in dem Beispiel mit der Horde Affen keinerlei Berücksichtigung.
2. Die Kritik geht davon aus, dass das Leben, wie wir es heute vorfinden, das Ziel der Evolution war. Davon kann aber gar nicht die Rede sein. Es mag schwierig sein, ein winziges Ziel zu treffen. Steht man jedoch vor einem ganzen Wald aus Zielscheiben, wird die Sache wesentlich vereinfacht. Kehren wir zu dem Beispiel vom Satz *»to be, or not to be«* zurück:

   → innerhalb jener Buchstabenkombinationen, welche alle durchgespielt werden müssten, um diesen Satz zu erzeugen, gibt es Millionen anderer sinnvoller Sätze.

→ Zudem ist die Sinnhaftigkeit eines Satzes auch vom Kontext abhängig. Um von einem Sinn sprechen zu können, bedarf es einer entsprechenden Umwelt, für die etwas Sinn macht. *»To be, or not to be«* macht dort keinen Sinn, wo niemand Englisch spricht.

→ Es geht zunächst auch gar nicht um die Bildung von ganzen Sätzen. Wenn vorher sinnvolle Wörter wie »to«, »be«, »or« und »not« gebildet werden und danach nicht Buchstaben, sondern Wörter kombiniert werden, ergibt sich ein ganz anderes Bild und die Wahrscheinlichkeit erhöht sich potenziell.

3. Diese sich auf Statistik berufende Kritik vergisst außerdem die Tatsache, dass die Erde nicht das einzige Versuchslabor des Kosmos war. In unserer Galaxie gibt es mehr als 100 Milliarden Sonnen und in dem Bereich des Kosmos, den wir überblicken können, gibt es mehr als 100 Milliarden Galaxien. Selbst wenn es sehr unwahrscheinlich sein sollte, dass Leben entsteht, so ist es doch so, dass nur dort wo Leben entstanden ist, sich Lebewesen Gedanken über die Entstehung des Lebens machen können. Es ist also durchaus kein Zufall, dass wir auf jenem Planeten denkend das Leben betrachten, auf dem Leben existiert. Statistik ist in so einem Fall eindeutig die falsche Methode, um die Wahrscheinlichkeit zu beurteilen.

Unter diesen Gesichtspunkten betrachtet ist es keineswegs mehr verwunderlich, dass das Leben im Kosmos auf natürlichem Weg und ohne das Eingreifen eines wundertätigen Gottes, eines intelligenten Designers, entstanden ist. Die Entstehung des Lebens könnte durchaus zu den Notwendigkeiten dieses Kosmos zählen und sich künftig als ganz normale Erscheinung herausstellen.

Die Vielfalt und Komplexität von chemischen Verbindungen wurde unter den Bedingungen der frühen Erde stark begünstigt. Die gegenseitige, katalytische Beeinflussung von Molekülen musste unvermeidlich zu geschlossenen Zyklen und Hyperzyklen führen. Selbstorganisation ist ein Grundprinzip der Natur. Damals müssen sich Milliarden rekursiver, chemischer Systeme nebeneinander im Fließgleichgewicht, der sogenannten Homöostase, gehalten haben. Homöostase bedeutet, dass sich ein Organisationsmuster eines Systems erhält, während sich die Substanz, aus der es besteht, in einem ständigen Austausch befindet. Es entstanden katalytische Prozesse, die Kopien von bestehenden Molekülen anfertigen konnten. Das ist nicht halb so verwunderlich, wie es zunächst erscheint. Das Kopieren von Molekülen durch chemische Prozesse hat noch nichts mit dem zu tun, was wir heute Leben nennen würden.

> Das *Wirkliche* an einem System – also das, was im System *wirkt* und damit das System charakterisiert – ist nicht die Materie, aus der es besteht, sondern das Muster, welches das System aus dieser Materie bilden kann.

Die Schleifen der Hyperzyklen wurden immer komplexer und entwickelten sich zu sogenannten *dissipativen Strukturen*. Das sind Systeme, die sich durch Energieverbrauch in der Stabilität halten. Hierzu könnten sie sich in Membranen eingeschlossen haben, die anfänglich aus *verbrauchten* Proteinen, ihren eigenen Abfallprodukten entstanden. Dieses Umfunktionieren von Abfall zu sinnvollen Strukturen wäre in der Geschichte des Lebens keineswegs ein Einzelfall. Auch Muschelschalen und Knochengerüste sind aus dem ehemaligen Abfallprodukt Kalzium hervorgegangen.

Es muss auch nicht gleich beim ersten Versuch die Struktur der DNS entstanden sein. Möglicherweise hatte die Natur vorher und nebenher Millionen und Abermillionen anderer Versuche laufen. Zeit, Raum und Material war in Hülle und Fülle vorhanden. Aber mit der membranumhüllten DNS waren die ersten Bakterien entstanden und deren Vermehrungs- und Überlebensstrategien waren offensichtlich so erfolgreich, dass sie alle anderen Möglichkeiten verdrängten. Damit begann die eigentliche *biologische Evolution* des Lebens.

Um sich als Organismen stabil zu erhalten, mussten auch diese ersten Zellen bereits Energie, Nahrung und Wasser in ausreichendem Maße aufnehmen. Dabei verlangte ihnen die unruhige Umwelt eine Beständigkeit gegen Hitze und Kälte ebenso ab, wie gegen harte UV-Strahlung, Vulkanausbrüche, geologische Verwerfungen, Meteoriteneinschläge, Nahrungsmangel usw. Je schneller der Vermehrungsprozess vor sich ging, umso sicherer war das Überleben der diesen Prozess steuernden Gene, denn umso wahrscheinlicher war es, dass bei Katastrophen einige der Zellen in geschützten Nischen überdauerten. Allein die große Zahl der Nachkommen versetzte das Leben in die Lage, auf jedwede Herausforderung der Umwelt mit einer passenden Lösung zu beantworten. Das sorgte bald für eine ungeheure Vielfalt an genetisch unterschiedlichen Zellen. Schließlich füllten sie alle ökologischen Nischen der damaligen Erde.

Die vorgefundene Umwelt sorgte für den Rahmen, an dem sich das Leben entwickeln musste. Aber auch das Leben selbst veränderte massiv diese Bedingungen. Dies war ein notwendiger

Prozess, denn ohne das aktive Eingreifen des Lebens in die eigenen Umweltbedingungen wäre die Erde ein lebensfeindlicher Ort geblieben. Physik und Chemie des ganzen Planeten wurden in den Prozess des Lebens eingebunden. Die Erde ist nicht *Träger des Lebens,* sie *ist* lebendig. Ohne Leben wäre sie nicht der »Blaue Planet«, weil die Farbe eine Auswirkung der Zusammensetzung ihrer Atmosphäre ist und diese ist die Signatur des Lebens. Der Prozess dahin war jedoch sehr komplex und keineswegs geradlinig.

Große Teile der Erde bestanden damals aus Eisen – und Eisen rostet. Das heißt, dem Wasser wurde der Sauerstoff entzogen, der sich mit dem Eisen zu Eisenoxyd verband. Dabei wurde Wasserstoff freigesetzt, der in die Atmosphäre entwich. Da Wasserstoff das leichteste Element ist, stieg es bis an die Grenze zum Weltraum hoch und wurde dort vom Sonnenwind fortgerissen. Ein ungehinderter Fortgang dieses Prozesses, hätte der Erde bald alles Wasser entzogen.

Jedoch entwickelte eine Bakterienart, ähnlich den heutigen Blaualgen, sehr früh die Photosynthese: Mit Hilfe des Sonnenlichts wurde der Kohlenstoff aus dem Kohlendioxid der Atmosphäre heraus gelöst und als Kohlenwasserstoff in das eigene Zellplasma integriert. Der dabei freigewordene Sauerstoff verband sich mit dem aufsteigenden Wasserstoff wieder zu Wasser, welches auf die Erde zurück regnete. Somit wurde über einen biologischen Umweg das Eisen mit dem Sauerstoff des ausreichend vorhandenen Kohlendioxids gebunden und dem irdischen Leben blieb das Wasser erhalten.

Dieses Kohlendioxid, ein Treibhausgas, von dem wir heute durch den Verbrauch fossiler Brennstoffe zu viel in der Atmosphäre haben, wurde damals durch die Photosynthese immer weniger. Deshalb drohte die Erde zu erfrieren. Dem begann nun eine andere Bakterienart entgegenzuwirken, die ihren Energiebedarf nicht über die Photosynthese deckte, sondern über die Aufspaltung von Zuckermolekülen mit Hilfe bestimmter Enzyme. Über diesen Prozess der Gärung wurde neben Kohlensäure auch Methan frei. Ein Gas, das zirka den zwanzigfachen Treibhauseffekt von Kohlendioxid hat. So glichen sich die Effekte von Fäulnisbakterien mit den Wirkungen der Photosynthese-Bakterien in der Atmosphäre aus. Es war ein globaler Regelkreis entstanden, der das chemisch reaktionsfreudige Eisen band, gleichzeitig das Wasser auf der Erde hielt und trotzdem das Auskühlen des Planeten verhinderte.

Photosynthese funktioniert nur mit Licht. Aber Sonnenstrahlen waren damals noch tödlich und so mussten sich auch jene Bakterien davor schützen, die auf das Licht als Energiequelle angewiesen waren. Dazu war es für diese Zellen wichtig, Licht zunächst überhaupt wahrzunehmen. Aus diesem Grund entwickelten sich lichtempfindliche Sensoren, welche später auch die Grundlage zur Evolution von Augen aller nachfolgenden Lebewesen wurden. Aber damit nicht genug. Die Zellen mussten auch darauf reagieren und sich entweder auf die Lichtquelle zu oder davon wegbewegen. Durch eine Symbiose zwischen formlosen und schraubenförmigen Bakterien, die sich zu Geißeln ausbildeten, wurden dafür die ersten primitiven Bewegungsapparate entwickelt. Als zusätzliche Strategie diente den Bakterien die Tatsache, dass sie in großen Kolonien lebten. Jene, welche die äußeren Schichten der Kolonie bewohnten und damit der UV-Strahlung mehr ausgesetzt waren, starben früher, bildeten damit aber eine Schutzschicht für die restlichen Bakterien. Einige von ihnen entwickelten auch Enzyme, die strahlengeschädigte DNS reparieren konnten. Durch die Fähigkeit der Prokaryoten, Gene miteinander auszutauschen, begannen die Kolonien ihre Aufgaben untereinander aufzuteilen. Wieder war Kooperation der beste Überlebensgarant. Obwohl die Bakterienkolonien weiterhin aus unabhängigen Einzelzellen bestanden, entwickelten sie eine organismusähnliche Struktur der Arbeitsteilung.

Auch heute gibt es noch Einzeller, welche sich durch Kooperation wie ein vielzelliges Lebewesen verhalten. Der Schleimpilz z. B. lebt als Einzeller, bis die lokalen Nahrungsquellen erschöpft sind. Um einen neuen Lebensraum zu finden, schließen sich dann die Zellen zu einer Kolonie zusammen, die ähnlich einer Schnecke über den Waldboden kriecht und sich dort vom Pseudotier zur Pseudopflanze wandelt. Sie bildet einen Stängel, der in seiner Form einem Pilz ähnelt. Schließlich platzt der obere Teil auf und verstreut Sporen, aus denen neue Einzeller entstehen, die – jetzt wieder jede für sich – auf Nahrungssuche gehen.

Was später bei den Mehrzellern nur über die sexuelle Vermehrung funktionierte, wurde in den Bakterienkolonien der Frühzeit zu einem permanenten, sehr effektiven und schnellen Evolutionsmechanismus: die Mischung und Rekombination verschiedener Gene. Dadurch konnten Regelkreise verwirklicht werden, die keine einzelne Zelle für sich alleine durchführen könnte. Tausende Variationen unterschiedlichster Bio-Technologien wurden dadurch in den verschiedensten Bakterienarten in relativ kurzer Zeit verwirklicht. Fast alle heute in der Biologie vorkommenden chemischen Funktionen wurden damals entwickelt.

Der Vorrat an Eisen in den obersten Schichten der Erde war nicht unendlich. Irgendwann hörte die Oxydation auf und es wurde kein Wasserstoff mehr freigesetzt, der den atmosphärischen Sauerstoff zu Wasser binden konnte. Die Photosynthese der Blaualgen ging jedoch weiter. Und so reicherte sich die Atmosphäre langsam immer mehr mit Sauerstoff an. Er stieg nach oben und die UV-Strahlung erzeugte daraus Ozon. Auch hier entstand ein Regelkreis: Je mehr Ozon gebildet wurde, umso weniger UV-Strahlung drang in die tieferen Luftschichten vor und je weniger UV-Strahlung durchdrang, umso weniger Ozon wurde gebildet. Somit hatte sich das Leben einen stabilen Sonnenfilter gebaut.

Doch es gab eine einschneidende Nebenwirkung: Sauerstoff war für die Bakterien jener Zeit ein gefährliches Gift. Die meisten Arten des damaligen Ökosystems starben daran und verschwanden für immer von der Bildfläche des Lebens. Eine erste globale Katastrophe? Man kann es auch anders sehen. Eine bestimmte Phase in der Entwicklung des lebenstragenden Planeten war abgeschlossen. Viele der dafür nötigen Protagonisten hatten ihre Aufgabe erledigt und wurden nicht mehr gebraucht. Das ist in vielen Lebensbereichen so. Auch bei der menschlichen Entwicklung teilt sich der Keim zunächst in Fötus und Plazenta. Ist der Fötus gereift, wird die Plazenta nicht mehr gebraucht und stirbt.

Vor etwa zwei Milliarden Jahren bildete sich ein neuer Regelkreis. Einigen Bakterien gelang es, das Gift *Sauerstoff* für sich zu nutzen. Eine gesteuerte Verbrennung von organischen Molekülen (Kohlenwasserstoffen) im Inneren der Zellen sorgte dabei einerseits für freie Energie und andererseits für Wasser und Kohlendioxyd. Die Sauerstoffatmung war erfunden. Dies war der Gegenpart zur Photosynthese und bildete nun mit ihr gemeinsam einen geschlossenen Kreislauf. Der Sauerstoffgehalt der Atmosphäre pendelte sich auf das heutige Maß ein. Der Hauptnutzen davon war eine sehr effiziente Energieerzeugung. Es begann eine neue Phase in der Entwicklung des Lebens.

Ein weiterer wichtiger Meilenstein war die Symbiose von unterschiedlichen Bakterien. Prokaryoten verbanden sich zu eukaryotischen Einheiten. Der Zellkern war entwickelt. Eine Form des Lebens, die der Grundbaustein aller höheren Lebewesen werden sollte. Eukaryoten konnten die hundert- bis tausendfache Informationsmenge in ihren DNS-Strängen speichern und nutzen. Voraussetzung dafür war allerdings, dass viele Funktionen von Bakterien übernommen wurden, die nun im Inneren der Zelle als Organellen lebten. Diese Organellen hatten sich an den Lebensraum im Zellplasma gewöhnt, wurden dort mit Nahrung versorgt und waren vor Fressfeinden geschützt. Innerhalb des Plasmas der Wirtszellen vermehrten sie sich eigenständig. Als Gegenleistung übernahmen sie hochspezialisierte Funktionen im biologischen System der Zelle. Dadurch entstand eine gegenseitige Abhängigkeit. Das Ergebnis war ein komplexerer Organismus mit erhöhter Überlebenschance. Kooperation hatte sich schon damals als die bessere Strategie herausgestellt.

In allen Eukaryoten sind Organellen vorhanden, die ursprünglich eigenständige Bakterien waren. Betrachtet man nur diese Organellen, dann sind es immer noch eigenständige Lebewesen, die sich auf ein bestimmtes Milieu spezialisiert haben, nämlich auf das Zellplasma von Eukaryoten.

Einige der in Eukaryoten vorkommenden Organellen können Sauerstoff atmen. Diese Mitochondrien genannten Zellen sind die Nachfahren der ersten sauerstoffatmenden Bakterien. Sie bilden heute die Kraftwerke der Zellen.

Manche Zellen enthalten Chloroplasten, Organellen, welche von Bakterien mit der Fähigkeit zur Photosynthese abstammen. Aus Eukaryoten mit Chloroplasten entwickelten sich die heutigen Pflanzen.

Durch die Symbiogenese wurde auch die Bewegungsmöglichkeit der Zellen wesentlich erhöht. So entwickelten die Eukaryoten in relativ kurzer Zeit eine neue Vielfalt an Lebewesen und bevölkerten viele ökologische Nischen. Der Pool an biochemischen Prozessen der letzten zwei Milliarden Jahre wurde immer wieder neu kombiniert. Gekennzeichnet war diese Entwicklung durch eine immer differenziertere Spezialisierung der Funktionen einzelner Zellen.

Sauerstoff war nicht das einzige Umweltgift, welches dem ersten Leben zu schaffen machte. Der Stoffwechsel innerhalb der Zellen verlangte ein bestimmtes Niveau an Kalziumkonzentration. Das Meerwasser enthielt jedoch eine höhere Konzentration. Die ersten Zellen schieden daher dieses Element in großen Mengen aus und bildeten riesige Kalkablagerungen. Als sich die vielzelligen Tiere entwickelten, konnte dieser Kalziumüberschuss nicht mehr nach Außen entsorgt werden. Die Organismen begannen den Kalk in inneren Depots zu sammeln. Dies war der Beginn der Entwicklung von Schalen, Skeletten und Knochen. Wie schon beim Sauerstoffgehalt der Luft wurde auch hier ein scheinbarer Nachteil in einen Vorteil umgewandelt.

Vor etwa einer Milliarde Jahren wurde in einem langsamen Prozess aus verschiedenen Mechanismen die sexuelle Fortpflanzung entwickelt. Genaustausch gab es bereits bei den Bakterien, das hatte jedoch nichts mit Vermehrung zu tun. Zellteilung, also Vermehrung, gab es ebenfalls, dies aber hatte nichts mit Genaustausch zu tun. In der Sexualität vermischten sich diese beiden

Mechanismen. Ursprünglich androgyne Zellen differenzierten sich hierzu zu männlichen Spermien und weiblichen Eizellen. Mit dieser Technik wurde eine neue Form der Regeneration eingeführt: Die Organismen bildeten sich aus einer einzigen Zelle immer wieder neu.

Es entstanden fünf verschiedene Lebensbereiche:

1. Die Bakterien.

2. Die Einzeller mit Zellkern.

3. Die Pflanzen, darunter versteht man allgemein mehrzellige Lebewesen mit Chloroplasten.

4. Die Tiere, Mehrzeller, die gewöhnlich keine Chloroplasten beherbergen.

5. Die Pilze, die allerdings erst relativ spät entstanden, als Pflanzen und Tiere bereits das Land erobert hatten. Pilzen fehlen die Chloroplasten für die Photosynthese, daher sind sie keine Pflanzen. Sie essen und verdauen nicht, sondern absorbieren ihre Nährstoffe direkt, daher sind sie keine Tiere. Zudem sind ihre Zellwände durchlässiger für das Zellplasma.

Die ersten Tiere entwickelten sich vor rund 700 Millionen Jahren, die ersten Pflanzen vor ungefähr 500 Millionen Jahren und die ersten Pilze entstanden vor ca. 300 Millionen Jahren.

Tiere unterschieden sich von Pflanzen von Anfang an durch einen schnelleren Stoffwechsel. Sie konnten daher eine größere Agilität entfalten. Den Pflanzen fehlt die dafür nötige Energie. Diese Beweglichkeit machte jedoch auch eine schnellere, interne Koordination und Kommunikation erforderlich. Daher entwickelten Tiere sehr bald ein Nervensystem. Bereits 100 Millionen Jahre vor den ersten Pflanzen gab es kleine Tiergehirne. Als die Pflanzen entstanden, hatten manche Tiere bereits ein Rückgrat und eine Hirnschale aus Knochensubstanz, um das empfindliche Nervensystem zu schützen.

Zunächst spielte sich alles Leben nur im Wasser ab. Aber Pflanzen siedelten sich auch in seichten Gewässern an, die manchmal austrockneten oder durch die Gezeiten periodisch zwischen Luft und Wasser wechselten. Mit der Zeit gelang es einigen von ihnen, diese Trockenzeiten immer besser zu überstehen. Sie entwickelten Lignin, dass ihnen half, die Zellwände zu stabilisieren und das Wasser zwischen den Zellen besser zu verteilen. Sie konnten nun Wasser ansaugen und über einen Stängel nach oben pumpen. So eroberten sie die trockenen Gebiete. Das hatte für mehrere Millionen Jahre den Vorteil, dass sie keine Fressfeinde hatten. So lange dauerte es, bis sich die ersten Tiere ebenfalls an Land wagten. Die Keime für ihre Nachkommen mussten die Pflanzen jedoch gut gegen Wasserverlust schützen und so entwickelten sie Samenkapseln.

Für Tiere war die Umstellung des Lebensraumes vom Wasser zu Land wesentlich schwieriger. Pflanzen hatten viel früher damit begonnen, sich gegen die schädlichen Bestandteile des Sonnenlichts zu schützen, denn sie brauchten das Licht für die Photosynthese. Tiere musste einen Sonnenschutz erst noch entwickeln. In der sauerstoffreichen Luft funktioniert auch Atmung anders als im Wasser. Für die Erhaltung ihrer Beweglichkeit benötigten Tiere ein Skelett. Zusätzlich mussten sie ihr inneres chemisches Milieu von ihrem Leben im Meer an Land mitnehmen. Noch heute ist die chemische Zusammensetzung der Körperflüssigkeiten von Tieren, ähnlich dem der Meere.

Zunächst gab es nur Amphibien. Ihre erste Lebensphase verbrachten sie im Meer und gingen im weiteren Verlauf ihres Daseins an Land. Als sie sich im Lauf der Zeit immer mehr von den Küsten entfernten, nahmen sie die Bedingungen des Meeres auch für ihre Nachkommen mit an Land. Aus Amphibien wurden Reptilien, deren Eier mit einer dicken Kalkschale geschützt waren.

Eine andere Tierart, die ebenfalls aus dem Wasser an Land ging, war nicht mit einem Innen- sondern einem Außenskelett ausgestattet. Dies waren die Vorläufer der heutigen Insekten; die erfolgreichste Tierart mit über 750.000 verschiedenen Unterarten. Alle anderen Tiere zusammen bringen es nicht einmal auf 250.000 Arten.

Vor etwa 200 Millionen Jahren wurde es kälter und die Pflanzenentwicklung nahm eine neue Richtung. Die Farne, welche bisher das Bild beherrschten, wurden kleiner und die widerstandsfähigeren Nadelbäume breiteten sich aus. Gleichzeitig stellten sich auch einige Tiere auf das neue Klima ein und entwickelten die Fähigkeit, die eigene Körperwärme selbst zu regulieren. Dies ermöglichte ihnen, nachtaktiv zu werden, wodurch sie vor vielen Feinden geschützt waren, welche das wärmende Sonnenlicht für ihre Aktivitäten benötigten. Die Entwicklung der eigenen Körperwärme wurde von der Bildung von Haaren und Fell begleitet, um die kostbare Wärme im Inneren zu isolieren. Außerdem legten sie ihre Jungen nicht mehr als Eier ab, um sie sich selbst zu überlassen, sondern behielten sie im warmen Körper und brachten sie lebendig zur Welt. Der Nachteil davon war, dass die Jungen bei der Geburt recht hilflos waren und vom Muttertier umsorgt werden mussten. Dieses ernährte die Nachkommen in der ersten Lebensphase mit einer Sub-stanz, die sie in einer Drüse im eigenen Körper produzierte: der Milch. Ein Nebeneffekt dieser Fürsorge war die Ausbildung von sozialer Kompetenz. Diese kleinen mäuseähnlichen Tiere wurden zu den Vorläufern aller Säugetiere.

Vor 150 Millionen Jahren entwickelte sich eine zweite Art, die ihre Körperwärme selbst regulieren konnte: die Vögel. Sie legten weiterhin Eier, brüteten sie jedoch mit ihrer Körperwärme aus. Auch sie begannen sich nun um ihre Nachkommen zu sorgen.

Erst 50 Millionen Jahre später gab es die ersten Blütenpflanzen. Damit begann eine weitere erfolgreiche Kooperation: Blütenpflanzen und einige Tierarten entwickelten sich in einer sehr engen Koevolution. Insekten bestäubten die Blüten, daraus wurden Früchte. Das Fruchtfleisch lockte Vögel und andere Tiere an, welche schließlich die Samen weithin verstreuten.

Eine erneute globale Katastrophe, welche viele Tierarten zum Verschwinden brachte, ereignete sich vor 65 Millionen Jahren. Ihr fielen u.a. auch die großen Reptilien (Dinosaurier) zum Opfer, welche die Erde bis dahin beherrschten. Dies aber war die Chance für die Nachkommen der kleinen Mäuse. Explosionsartig bildeten sich die unterschiedlichsten Arten, u.a. auch die Halbaffen. Sie lebten in Bäumen und fraßen – hauptsächlich nachts – Insekten. Indem sich ihre Augen immer weiter nach vorn verlagerten, entwickelten sie das räumliche Sehen, welches ihnen half, die dreidimensionale Welt von Ästen und Zweigen besser abzuschätzen. Alles, was sich hinter ihrem Rücken befand, entschwand damit aus ihrem Blickfeld; dies wurde aber durch die bessere Koordination mehr als ausgeglichen. Intelligenz, Kooperation und Kommunikation ließen sie ihren Feinden mit besserer körperlicher Ausstattung ebenbürtig werden.

Schließlich stiegen einige von ihnen immer öfter von den Bäumen herab. Ihre Füße flachten ab, ihre Daumen stellten sich den anderen Fingern gegenüber, sie begannen zeitweise auf zwei Beinen zu gehen und Werkzeuge zu benutzen.

Vor ungefähr 150.000 Jahren entwickelte sich aus dieser Linie der Homo sapiens. Zu ihm gehörten der Cromagnonmann, der Neandertaler und auch der heutige Mensch.

Etwa vor 10.000 Jahren begann jene Zeit, die wir mit unseren historischen Überlieferungen überblicken können.

Mir erscheint diese Chronologie des Lebens immer geradezu fantastisch in ihrer Zwangsläufigkeit und es würde mich schon sehr wundern, wenn die Entwicklung des Lebens tatsächlich ein seltenes Ereignis in unserem Kosmos sein sollte.

> Komplexität, Intelligenz und Bewusstsein sind die allgemeinen Ziele einer kosmischen Evolution.

1.4.3.2 Ontogenese des Kosmos

Isaac Asimovs Schreibstil gefiel mir schon immer besonders gut. Zufällig haben wir sogar am gleichen Tag Geburtstag (*natürlich nicht im gleichen Jahr*). Auf die Frage, was er machen würde, wenn er wüsste, dass er nicht mehr lange zu leben hätte, antwortete er: »*Schreiben!*« »*Nein*«, sagte daraufhin der Journalist, »*wenn Sie wirklich nur noch ganz kurz zu leben hätten!*« Seine Antwort darauf: »*Schneller schreiben!*«

Nun, ganz so ergeht es mir nicht, sonst hätte ich wohl nicht bis zu meinem vierzigsten Lebensjahr gebraucht, um mein erstes Buch zu veröffentlichen. Aber ein wenig kann ich diese Einstellung schon nachvollziehen. Ich schreibe auch gerne über Dinge, die mich faszinieren. Trotzdem ist das natürlich nicht der einzige

Grund, warum ich hier die Geschichte des Lebens nacherzählt habe.

Was ich deutlich machen wollte, ist die geradlinige Systematik, mit der das Leben entstand. Natürlich gab es scheinbar evolutionäre Sackgassen, Jahrmillionen des Stillstandes, immer wieder Katastrophen, bei denen 95% der Vielfalt des Lebens vernichtet wurde. Aber von einer höheren Warte aus betrachtet kann das alles als durchaus sinnvoll interpretiert werden. Dazu braucht es keinen intelligenten Designer, wie manche meinen. Ein intelligenter Designer hätte ein bestimmtes Ziel, das es anzustreben und zu verwirklichen gilt. Das kann ich nicht erkennen. Aber wir können heute sagen, dass wir in groben Zügen wissen, wie es kam, dass die Welt heute so aussieht, wie sie aussieht. Das heißt nicht, dass es so kommen musste. Es ist dabei auch gar nicht wichtig, ob die Geschichte tatsächlich exakt genauso verlaufen ist, wie ich sie hier erzählt habe. Das zugrunde liegende Prinzip ist das Wesentliche daran: der Drang selbstorganisierender Systeme zu höherer Komplexität. Das ist das Muster, das sich durch diese ganze Geschichte zieht.

Wenn wir die Entwicklung des Lebens betrachten, erscheint sie wie die Entwicklung eines Embryos, eine Ontogenese: Zuerst entstand der Raum. Dann wurden mit Hilfe der ersten Sterne die atomaren Elemente ausgebrütet. Es folgte die zweite Generation von Sternen. Bei deren Entstehung konnten sich Planeten bilden. Auf wenigstens einem davon wurden die Grundbausteine des Lebens gemixt und ein Schutz gegen Wasserverlust aufgebaut. Damit der Planet dadurch aber nicht völlig auskühlte, wurde die Atmosphäre mit Methan angereichert. Nun folgte ein Schutz gegen die zu harte Strahlung des Weltraums, indem das Element Sauerstoff freigesetzt und zu einer Ozonschicht um den Planeten gelegt wurde. Schließlich wurde mit demselben Element ein globaler, effizienter Energiekreislauf aufgebaut. Der Boden war bereitet. Viele der bis hierher nötigen Organismen hatten ihre Aufgabe erfüllt und verschwanden. Es begann die Entwicklung von komplexen, mehrzelligen Lebewesen, die schließlich aus ihren Reihen eine, sich geistig selbst reflektierende Kreatur hervorbrachten.

Wenn diese Entwicklung tatsächlich einem Plan folgt, was ist dann das Ziel dieses Plans? Mit Sicherheit läuft es nicht auf den *Menschen als Krone der Schöpfung* hinaus. Es hätte genauso gut ganz anders kommen können. Der Mensch war mit Sicherheit nicht zwingend das Ziel dieser Entwicklung.

Wäre es nicht möglich, dass das Leben trotzdem in ähnlicher Weise komplex geworden wäre? Wäre nicht in jedem Fall Leben entstanden, das sich selbst erkennt? Wäre das Prinzip zu höherer Komplexität nicht trotzdem wirksam gewesen?

> Der Mensch ist Zufall und Notwendigkeit gleichermaßen. Zufall, weil es auch ein ganz anderes Lebewesen zur Selbstreflexion hätte schaffen können. Notwendigkeit deshalb, weil Selbstreflexion ein zwingendes Ziel der Evolution darstellt.

1.4.3.2.1 Vom Chaos zur Ordnung

Das Gesetz der Entropie besagt, dass alles von der Ordnung zum Chaos strebt. Eine Tasse kann zufällig zerbrechen, aber es ist unwahrscheinlich, dass aus Scherben zufällig eine Tasse wird. Die Evolution des Lebens läuft jedoch in die andere Richtung. Das Leben scheint sich entgegen dem physischen Zeitpfeil zu bewegen. Hier entwickelt sich alles vom Chaos zur größeren Ordnung, zu höherer Komplexität. Die Entfaltung des Lebens scheint einer negativen Entropie zu folgen. Mag sein, dass Zahnpasta, die man aus der Tube gedrückt hat, nicht von selbst wieder in die Tube zurückfließt, aber die Evolution erzeugt offensichtlich mehr

Ordnungen aus Unordnung und nicht umgekehrt. *Erst* war der Urschleim und *dann* der Affe.

Dieser scheinbare Widerspruch löst sich durch die Eigenschaft der *Energiezerstreuung* aller lebendigen Systeme. Das heißt, die Ordnung in einem kleinen Teil des Kosmos kann größer werden, wenn die Unordnung im Rest des Kosmos dafür rascher anwächst. Damit ist im Gesamtsystem das Gesetz der Entropie eingehalten und trotzdem kommt es zum Aufbau von Ordnungsstrukturen. Solche Energie zerstreuenden (dissipativen) Systeme entstehen durch Selbstorganisation zwangsläufig. Das System hält sich durch ständige Veränderung, durch andauernden Austausch von Materie und Energie, im Gleichgewicht. Während die Entropie des Gesamtsystems wächst, wird innerhalb dieser lebenden Strukturen Ordnung hergestellt, mit einer permanenten Tendenz, zu noch größerer Komplexität.

Diese Art von Steigerung der Komplexität gilt gleichermaßen für physische, chemische und biologische Systeme. Überall sind dieselben evolutionären Muster zu beobachten. Aus vollkommen ungeordnetem Chaos entstehen durch dynamische, rekursive Prozesse flexible, aber stabile Muster, die ständig von Materie durchflossen werden. Aus selbst organisierenden Systemen entstehen hoch komplexe, fließende Strukturen. Lebende Organismen sind ein Beispiel dafür.

Es ist daher anzunehmen, dass das Muster *»bewusstes Wesen«* auf jeden Fall in Erscheinung tritt. Wenn nicht der Mensch als denkendes Wesen entsteht, entwickelt eben ein anderes Lebewesen einen komplexen Geist und beginnt zu denken.

Vielleicht nicht gleich, vielleicht erst in ein paar hundert Millionen Jahren, vielleicht auf einem anderen Planeten. Aber es besteht überhaupt kein Grund zur Annahme, der Mensch sei etwas Herausragendes und Unwahrscheinliches. Der Kosmos ist allem Anschein nach zur Entwicklung dieser Form von Komplexität prädestiniert. Er bringt zwangsläufig Bewusstsein hervor.

Planeten außerhalb unseres Sonnensystems zu vermuten, galt bis vor Kurzem noch als pure Science-Fiction. Seit Mitte der neunziger Jahre des 20. Jahrhunderts mehren sich jedoch die Hinweise, dass Planeten in Umlaufbahnen um Sterne vielmehr die Regel als die Ausnahme sind. Ähnlich wird es uns mit der Existenz des Lebens gehen. Es würde mich schon sehr wundern, wenn der Kosmos nicht voller Leben wäre.

Diese systemische Komplexität des Lebens gründet auf einer hierarchischen Struktur. Der Geist des Menschen schwebt nicht im Nichts. Er ist die Spitze einer Pyramide, deren Basis die Atome bilden, gefolgt von den Molekülen, den Zellen usw. Jede höhere Ebene wird aus den Elementen der darunterliegenden Ebene aufgebaut. Das bedeutet, wenn wir den Menschen aus der Welt entfernen würden, hätte das keine Auswirkung auf die Existenz von Zellen, Molekülen, Atomen usw. Würden wir jedoch alle Zellen aus der Welt entfernen, gäbe es auch keinen Menschen mehr, denn der gesamte menschliche Organismus besteht aus Zellen und ist in seiner Existenz auf eine Unzahl von verschiedenen Einzellern angewiesen.

So wie das Erdgeschoss eines Hauses z. B. das 40. Stockwerk nicht braucht, aber das 40. Stockwerk nicht ohne das Erdgeschoss existieren kann, ist auch die Pyramide des Lebens aufgebaut: Das Komplexe steht auf den Schultern des Einfachen.

Teile, wie z. B. Moleküle, bilden ein Ganzes, etwa eine Zelle, und dieses Ganze ist wiederum Teil eines noch größeren Ganzen, z. B. eines Organismus. Diese hierarchische Verschränkung erstreckt sich hinab bis in die kleinsten Teile – die ihrerseits wieder Ganzheiten sind – und hinauf bis zu den größten vorstellbaren Systemen. Der Kosmos ist eine räumlich und zeitlich eng verwobene Einheit. Jedes Ganze besteht aus Teilen und ist selbst Teilstück einer größeren Ganzheit. Egal welches *Ganze* wir dabei ins Auge fassen, wir betrachten immer einen Ausschnitt aus diesem holistischen Muster, der nach oben und nach unten hin offen ist. So klein das Teil auch ist, es besteht immer aus einem organisierten System kleinerer Teilchen. Und so groß die Ganzheit auch sein mag, sie ist immer Teil eines noch größeren Ganzen. Unser Blick reicht nicht hinab zu den kleinsten Teilen und nicht hinauf zur größten Ganzheit.

Wenn wir die Entwicklungsgeschichte des Lebens betrachten, können wir diese Schichtstruktur verfolgen: Je kleiner die Teile, desto früher sind sie entstanden. Das bedeutet aber nicht, dass z.B. Bakterien weniger weit entwickelt sind, weil sie früher entstanden und der Mensch weiter entwickelt ist, weil er später kam. Vielmehr gab es die Bakterien früher, weil die Zellstruktur erst erfunden werden musste, bevor der Mensch auf der Bildfläche erscheinen konnte. Wenn es heute aber keine Bakterien gäbe, wäre es auch dem Menschen unmöglich zu existieren. Bakterien sind auf *ihrer hierarchischen Ebene* genauso weit entwickelt, wie der Mensch auf *seiner hierarchischen Ebene*.

Metapher zur Hierarchie des Lebens: Das Erdgeschoss eines Hauses wird zwar als erstes gebaut, ist aber weder primitiver, noch weniger wert als das 40. Stockwerk.

1.4.3.3 Annäherung an die zweite Hälfte

Diese hier dargestellte Sichtweise entspricht der Systemwissenschaft, einem Teilgebiet der Naturwissenschaft.

Was aber wissen wir über Naturwissenschaften? Sie schließen das Subjekt aus ihrer Forschung aus, um eine objektive Sicht auf die Welt zu erhalten.

Was dieser Beschreibung der Wirklichkeit also noch fehlt, ist die zweite Hälfte der Welt, die Innenperspektive. Sie ist es, die wir begreifen müssen, wenn wir wissen wollen, was Geist und Materie miteinander zu tun haben.

Im ersten Teil sahen wir, dass Panpsychismus keine Antwort auf das Leib-Seele-Problem ist, sondern nur eine andere Formulierung der Frage. Materie *muss* eine der Naturwissenschaft verborgene Eigenschaft besitzen, welche unser Bewusstsein begründet. Eine andere Vorstellung ist gar nicht möglich.

Die nächste Erkenntnis dieses Buches war, dass die Quantenwahrscheinlichkeit eine größere Realität besitzt, als der Quantenkollaps, der die Materie lediglich als stroboskopartige Illusion erzeugt.

Materie könnte – wie bereits Plotin vermutete – eine Innenperspektive beinhalten, welche ihre Ursache in einer bewussten Intention des Kosmos hat. Das ist prinzipiell der Standpunkt jener Atomphysiker (Quantenmystiker), welche das Geistige im Quantenschaum verorten und so die Physik mit der östlichen Philosophie vereinigt wähnen. Dies würde jedoch unser Erleben als Einzelindividuum nicht erklären. Damit würde ein Reduktionismus geschaffen werden, welcher das Erleben des Menschen nun nicht mehr auf die Bewegung von Materieteilchen reduziert, wie der materialistische Reduktionismus, sondern auf die Bewegung von Geistteilchen. Dies würde nicht viel an der Position der Wissenschaft verändern. Ebenso wie der einzelne Mensch dadurch nicht in seiner spirituellen Sehnsucht befriedigt wäre. Die Quantenmystik bringt hier keinen wirklichen Fortschritt. Wir müssen uns daher nach einer anderen Lösung umsehen.

Wie sollen wir diese Innenperspektive der Materie erkennen? Wie lässt sich diese zweite Hälfte der Wirklichkeit erfahren?

An uns selbst mag dies noch leicht gelingen. Wir wissen einfach, dass wir eine Innenperspektive haben. Das ist eine Tatsache, die sich nicht in Zweifel ziehen lässt. Aber wie wollen wir die Innerlichkeit einer Zelle oder eines Moleküls erkennen? Haben wir nicht schon Schwierigkeiten damit, uns z. B. die Innerlichkeit einer Fledermaus[1] vorzustellen? Was berechtigt uns zu der Annahme, wir könnten nachvollziehen, was in einem anderen Wesen vorgeht, wenn wir es doch nur von außen betrachten können? Empfindet ein Vogel wirklich Lebensfreude, wenn ich höre, wie er bei Sonnenaufgang sein Lied zwitschert? Empfindet die Maus wirklich Todesangst, wenn sie vor meinen Augen von der Katze verfolgt wird? Empfindet die Witwe am Grab wirklich Trauer, wenn ich sie weinen sehe? Sind das nicht vielleicht alles Projektionen? Nichts weiter als ein Anthropomorphismus, der mich glauben macht, die Innenwelt eines anderen Wesens mitempfinden zu können?

Einen entscheidenden Hinweis haben wir schon im ersten Abschnitt dieses Buches gefunden: Wenn wir nicht annehmen wollen, dass wir von Zombies umgeben sind, müssen wir unseren

---

1 Siehe dazu das Essay von Thomas Nagel: „Wie es ist eine Fledermaus zu sein“ u.a. in „Einsicht ins Ich“, Klett-Cotta, 1986

Mitmenschen Bewusstsein zugestehen. Aber welche Gemeinsamkeit zwischen uns und unseren Mitmenschen könnte eine Ähnlichkeit zwischen unserem jeweiligen subjektiven Empfinden begründen? Es ist die gleiche materielle Organisation. Der Geist muss als Prozess dieser Organisation verstanden werden. Das, was wir von Innen betrachtet als Kognition, als Funktion unseres Geistes erkennen können, ist identisch mit den Prozessen unserer körperlichen Organisation, die wir prinzipiell von außen betrachtet erkennen können. Wenn wir einen Gedanken haben, lässt sich die Spur dieses Gedanken von außen als spezielle Gehirnaktivität erkennen. Diese Korrelation weist uns darauf hin, dass bei von außen betrachtet gleicher Organisation und gleicher Aktivität auch eine gleiche Erfahrung im Inneren vorliegen könnte.

Das ist nicht wirklich etwas Besonderes. Schließlich erfahren wir das täglich, wenn wir die Gefühlsregungen anderer Menschen anhand ihrer Mimik erraten. Wir schließen aufgrund äußerlicher, körperlicher Aktionen dieser Menschen auf ihr inneres Erleben. In unserem Gehirn wurden sogar ganze Neuronengruppen, die so genannten Spiegelneuronen, entdeckt, die für nichts anderes zuständig sind.

Manchmal jedoch täuscht uns der Anschein. Sehen wir einen Teddybären mit einem weinerlichen Gesichtsausdruck, bekommen wir Mitleid. Der Teddybär hat jedoch kein inneres Erleben. Was wir zu erkennen glauben, ist weiter nichts, als Interpretation. Was hier noch einfach und klar erscheint, nämlich die Tatsache unserer Interpretation, wird bei lebenden Wesen schon viel schwerer. Die Mimik von Delfinen glauben wir z.B. als Lächeln deuten zu können, obwohl der Delfin selbst keinen anderen Gesichtsausdruck annehmen kann, egal wie es ihm geht. Wesentlich ist daher nicht der äußere Anschein, sondern die tatsächliche Organisation.

Zumindest bei Menschen und Teddybären scheint die Sachlage relativ klar zu sein. Aber wie steht es um Katzen in Schrödingerkisten, was ist mit Gänseblümchen und wie verhält es sich bei einer Amöbe oder einem Molekül?

Wenn wir allen Systemen eine Innenperspektive zugestehen – und das werden wir müssen, wenn wir die Sache mit der verborgenen Eigenschaft der Materie ernst nehmen wollen – dann sollten wir klären, was damit grundlegend gemeint ist.

1.4.3.3.1 Was ist die Innenperspektive?

Eines ist klar, wenn wir etwas nicht wahrnehmen, können wir darauf auch nicht reagieren. Gehörlose Menschen erschrecken nicht bei einem Knall und Blinde sehen keine Blitze. Wenn wir aber auf Eindrücke reagieren, ist unverkennbar klar, dass wir in der einen oder anderen Form eine Wahrnehmung davon hatten. Die Innenperspektive korreliert mit einer körperlichen Reaktion auf die Welt.

Mein Körper reagiert jedoch unter Umständen auch auf Ereignisse, die mir selbst überhaupt nicht ins Bewusstsein rücken. Wahrnehmung im weitesten Sinne muss nicht bewusst sein. Psychische Phänomene, wie Blindsicht, beweisen, dass Wahrnehmungen, auch ohne uns bewusst zu sein, unser Verhalten steuern können. Jede Art der Wahrnehmung ist jedoch untrennbar mit einer Veränderung in meinem Körper verbunden. Egal, mit welchen Sinnen ich einen Reiz aufnehme, immer geschieht etwas ***in*** meinem Körper. Dieses von einem Reiz ausgelöste Geschehen, *ist* meine Wahrnehmung *aus der objektiven Perspektive.* Daher sollten wir auch nicht mehr von einer Wahrnehmung sprechen, sondern von Perzeption im Sinne von Leibniz. Perzeption bedeutet, aufgrund eines sinnlichen Eindrucks eine Vorstellung zu haben, die bewusst sein kann, aber nicht bewusst sein muss. Jede Veränderung meiner körperlichen Organisation ist gleichzeitig eine Perzeption des Verursachers dieser Veränderung. Sie ist ein Akt der Innenperspektive und ist mit dem Prozess des Lebens selbst identisch.

Wie aber kann die Außenwelt wahrgenommen werden, wenn die Innenperspektive sich darauf beschränkt, die Veränderung der eigenen körperlichen Organisation zu sein?

Ganz einfach: Weil diese äußere Wirklichkeit mit ihren Reizen auf die innere Organisation verändernd einwirkt. Wenn wir kaltes Metall anfassen, erkennen wir die Kälte des Metalls nur, weil sie unseren Fingern Wärme entzieht und unsere Nervenenden auskühlen. Fassen wir Styropor von gleicher Temperatur an, erscheint es uns wesentlich wärmer, weil es Wärme nicht so gut ableiten kann wie Metall und unseren Fingern deshalb auch keine Wärme entzieht. Wir erkennen also die Außentemperatur anhand der Veränderungen der Temperatur unseres eigenen Körpers.

Jeder Lebensprozess ist eine Wahrnehmung der diesem Prozess zugrunde liegenden Ursache. *Leben heißt erkennen; Leben ist Kognition. Alles Leben ist bewusst, weil ein lebendiges System ein sich permanent verändernder Prozess ist.*

Natürlich hat diese Form des Erkennens zunächst nichts mit unserem Selbstbewusstsein oder unserem Denken zu tun. Aber wir haben bereits im ersten Abschnitt dieses Buches gesehen, dass lange vor dem Ichbewusstsein eine Art von Bewusstsein vorhanden sein muss, dessen wir uns später bewusst werden können.

Erkennen und Kognition haben mit Ichbewusstsein nichts zu tun. Schließlich reagieren auch Bakterien auf ihre Umwelt und auch dies ist eine Form von Kognition. Sie suchen Zucker, vermeiden Säure, erkennen Licht und Wärme und reagieren darauf. Um die eigenen Aktionen auf solche Bedingungen abstimmen zu können, bedarf es einer subjektiven Wahrnehmung. Dieses Erkennen ist die Veränderung des eigenen Seins durch die Bedingungen der Umwelt. Somit ist jedes Leben gleichzeitig ein »Wissen« um die eigene körperliche Verfassung. Dazu bedarf es nicht unbedingt eines Gehirns, ja nicht einmal eines Nervensystems. Der materielle Prozess des Lebens ist die eine Seite derselben Münze, die von der anderen Seite, der Innenperspektive, als Kenntnis von sich selbst, nicht zu trennen ist. Objektives Sein als Ding in der Welt und subjektives Sein als wahrnehmendes Wesen sind zwei unterschiedliche Perspektiven auf einen identischen Sachverhalt. Da jedes Leben von der Umwelt geprägt ist, ist es immer auch gleichzeitig ein Wissen um die äußeren Umstände.

Nichts anderes ist gemeint, wenn wir sagen, dass der Materie eine Eigenschaft innewohnt, die Bewusstsein ermöglicht. Prozesshaftes Sein ist mit Kognition identisch. Was von außen betrachtet die Aufrechterhaltung der Autopoiese, die permanente Selbsterschaffung, ist, bringt im Inneren eine phänomenale Welt hervor.

> Was immer wir im Außen wahrnehmen, wir erkennen es nur aufgrund von Veränderungen unserer eigenen Körperlichkeit.

Dass unsere Wahrnehmung trotzdem etwas mit einer Welt zu tun hat, die außerhalb unserer Körperlichkeit liegt, ist auf die Virtualität der Grenze zwischen innen und außen zurückzuführen. Der Körper wird permanent durch die Umwelt beeinflusst, was zu Veränderungen führt, aufgrund derer wir wiederum die Umwelt erkennen. Sie schickt ständig Botschaften in unsere Körperlichkeit.

1.4.3.3.2 *Elementare Perzeption*

Wenn wir von einer Identität zwischen objektivem Sein und subjektivem Erleben ausgehen, muss es ähnlich der elementaren Teilchen auch elementare Perzeption geben. Jede Reaktion eines Teilchens auf Bereiche seiner Umwelt muss somit als subjektives Erleben dieser Umwelt gedeutet werden können. Natürlich ist sich ein Sauerstoffatom einer plötzlichen Verbindung mit zwei Wasserstoffatomen nicht in derselben Form bewusst, wie wir uns des Geschmacks von Honig auf unserem Frühstücksbrötchen bewusst sind. Wir können uns diesem Geschmack gegenüberstellen und ihn bewusst betrachten und genießen. Das Sauerstoffatom ist sich dagegen des *Geschmacks* von zwei Wasserstoffatomen nur in der Form bewusst, dass es selbst zu diesem Geschmack geworden ist. Metaphorisch gesprochen fühlt es sich für das Sauerstoffatom anders an, Teil eines Wassermoleküls zu sein. Dieses »*sich anders anfühlen*« bringt das Atom dazu, auf bestimmte Freiheiten zu verzichten, um im Molekül zu bleiben. Auch hier dürfen wir natürlich nicht erwarten, dass sich das Atom dieses Verzichts bewusst wäre.

Wenn wir irgendein System in dieser Welt analysieren, versuchen wir, so viele Informationen über das System herauszufinden, wie möglich: Ort, Bewegung, Geschwindigkeit, Richtung, Ladung, Spin ... Wenn wir nun alle verfügbaren Informationen über ein Atom hätten, die aufgrund der Unschärferelation möglich sind, wäre dann das Atom überhaupt mehr als diese Informationen? Gibt es noch ein *zusätzliches* Ding *hinter* den Informationen, das als Informationsträger fungiert? Und wie sollte dieser Informationsträger beschaffen sein, wenn er keinerlei Information über sich selbst preisgibt? Was, wenn das Atom *aus nichts anderem* besteht, als aus diesen Informationen? Der Schlüsselsatz würde lauten: *Sein ist Information.* Diese Information könnte man nun von zwei Seiten betrachten: Einmal von Außen, indem man das Atom analysiert, und einmal von innen, indem sich das Atom selbst als Atom empfindet. Es bedürfte keiner zusätzlichen Komponente, welche die materielle Struktur wahrnimmt (Seele). Beides wäre in der Information identisch und über die zwei Perspektiven zusammengefasst.

Plötzlich gäbe es eine Verbindung der beiden grundlegenden Rätsel unserer Zeit: Das Atom selbst »wüsste« nicht, welche Eigenschaften es hat, solange es in einer Superposition verharrt. Erst wenn die Interaktion mit dem Kontext durch Dekohärenz zu einem Zusammenbruch der Wellenfunktion führt und damit das Atom konkret in Erscheinung tritt, »wüsste« es über sich Bescheid. Selbstverständlich ist diese Formulierung falsch, denn das Atom *wüsste* nicht, es *wäre einfach*. Das Sein im materiellen Sinne wäre mit dem Sein aus subjektiver Perspektive identisch. Mit dem Quantenkollaps wäre gleichzeitig Bewusstsein in die raumzeitliche Welt gekommen. Alle Informationen des Möglichkeitsraumes wären eliminiert, bis auf jene konkreten Daten, welche die Wirklichkeit konstituieren. Diese können jedoch aus zwei Perspektiven erfahren werden: von außen und von innen.

Wir nähern uns einer Philosophie, die gleichzeitig ***Materialismus*** und ***Idealismus*** ist und deren ***dualistische*** Komponente darin besteht, dass das monistische Sein automatisch über zwei unterschiedliche Perspektiven wahrnehmbar ist. Der ***Panpsychismus*** beginnt konkret zu werden.

Kann es sein, dass es tatsächlich nichts außer Informationen gibt? Und wenn es so ist, kann das auch für größere Systeme gelten, die – soweit wir bisher wissen – keinem Quantenkollaps unterliegen? Gehen wir erst einmal davon aus, dass es sein könnte, und wenden wir uns mit dieser Annahme größeren Systemen zu.

1.4.3.3.3 Zusammengesetzte Perzeption

Größere Systeme sind ihrerseits wieder nur Ansammlungen von Atomen. Somit wären auch sie nur Informationen, die von zwei Seiten betrachtet werden können.

- In der eigenen Reaktion auf einen Einfluss aus der Umwelt wird sich ein System dieses Einflusses bewusst.
- Anders gesagt: Jede Reaktion eines Systems auf einen Einfluss aus der Umwelt ***ist*** das Bewusstsein dieses Einflusses.

Dies sind zwei Beschreibungen derselben Sachlage aus entgegengesetzten Perspektiven. Und – dies ist besonders hervorzuheben - ***keine Beschreibung ist für sich alleine vollständig***.

Jedes System ist eine Ganzheit, die sich aus Teilen zusammensetzt, zugleich aber mehr ist, als nur die Summe seiner Teile. Die Teile sind in einem Netzwerkmuster angeordnet. Und dieses Muster ist nicht statisch. Ein System befindet sich ständig im Zustand des Fließgleichgewichts, der sog. Homöostase. Permanent werden Teile ausgetauscht und Strukturen umgebildet. Das Muster driftet in einer andauernden Metamorphose um seine Idealwerte, während es von den Teilen durchflossen wird. Erst diese innere Dynamik macht das System zu einer dauerhaften, individuellen Einheit, die einerseits widerstandsfähig genug ist, um mit sich selbst identisch zu bleiben, und andererseits sensibel genug, um Veränderungen der äußeren Bedingungen an der inneren Struktur abzubilden und somit wahrzunehmen. Dies ist die zusammengesetzte Perzeption. Das System als Ganzes reagiert auf die Umwelt und erschafft damit als eine Art Negativabdruck im Inneren, eine phänomenale Abbildung der Umwelt. Jede komplexe Reaktion auf die Umwelt ist aus der subjektiven Sicht des Systems eine Wahrnehmung derselben.

Bewusstsein ist Sein. Und Sein ist Reaktion auf den Kontext des Seins. Damit wird Bewusstsein zur Spiegelung dieses Kontextes. Jedes System wird sich aufgrund des *Wissens um das eigene Sein* der Umwelt bewusst.

Das alles bedeutet natürlich auch, dass eine komplexere körperliche Organisation auch eine komplexere Innenwelt hervorbringen kann. Die Abbildung der Außenwelt wird detaillierter, je komplexer das System ist. Man könnte sagen, die Auflösung des Weltbildes wird feiner.

Aber Systeme sind nicht nur an die Außenwelt gekoppelt. Autopioetische, also sich selbst erschaffende und erhaltende Systeme sind durch eine komplexe Kopplung an sich selbst gekennzeichnet. Die Netzwerkstruktur des eigenen Seins ist so dicht, dass es viele Schleifen innerhalb des Organismus gibt, die auch den inneren Zustand messen. Dadurch entsteht neben dem Bewusstsein von einer Außenwelt auch ein Bewusstsein einer Innenwelt. Im Menschen ist dieses Innenbewusstsein bis zum Ichbewusstsein heran gereift.

1.4.3.3.4 Identität von Innen und Außen

Evolution bedeutet, dass sich Organismen über hunderttausende Generationen hinweg mit ihrer Umgebung in wechselseitiger Abhängigkeit verändert und entwickelt haben. Die Organismen werden von der Umgebung durchflossen und wirken ihrerseits auf diese ein. Als evolutionäres Produkt kann ich meine Umgebung erkennen, weil ich von ihr geschaffen wurde. Die Trennung zwischen mir und der Außenwelt ist eine Illusion. Die Welt ist in mir und ich kann die Welt erkennen, soweit ich mich selbst erkennen kann. Die *Welt* und *ich,* sind von gleicher Art. Je komplexer die evolutionäre Tiefe des Organismus ist, umso mehr Bewusstheit ist vorhanden.

Wir müssen daher annehmen, dass höhere, bewusste kognitive Fähigkeiten erst dort vorhanden sind, wo es ein komplexes Gehirn gibt. Die Forschung am menschlichen Gehirn offenbart uns auch, dass es einen Zusammenhang zwischen Bewusstseinsfunktionen und Gehirnaktivitäten gibt. Dies ist die Grundlage für einen Monismus als Alternative zum Leib-Seele-Dualismus: *Von Innen sind die Dinge Bewusstsein und von Außen sind sie Form.* Es gibt eine Verbindung zwischen der äußeren Form und dem inneren Erleben, die sich nicht auf eine Synchronizität beschränkt, sondern eine tatsächliche *Identität* darstellt.

> Was von außen als Form erscheint, ist von innen Bewusstsein. *Jede Form ist eine Form von Bewusstsein.*

Das innere Bewusstsein von Systemen folgt demnach der gleichen hierarchischen Struktur, wie es deren äußeren Formen tun. Auf einer unteren, physikalischen Stufe finden wir die *Ursache-Wirkungs-Beziehung.* Auf der biochemischen Stufe finden wir die Reizbarkeit. Zwischen *Ursache* und *Wirkung* schieben sich *Reiz* und *Reaktion*. Die Kette der Beziehungen verlängert sich dadurch auf *Ursache → (Reiz → Reaktion) → Wirkung*.

Dieses innere Verarbeiten von äußeren Einwirkungen wird mit jeder Stufe der Evolution komplexer und steigert sich über *(Empfindung → Trieb)* und *(Wahrnehmung → Impuls)* zu *(Emotion → Motivation)* und schließlich über *Symbolverarbeitung* bis zum *Ich-Empfinden.* Die genauen Strukturen müssen uns hier nicht kümmern. Für Interessierte steht hierfür ausreichend Literatur zur Verfügung.

Wichtig ist aber zweierlei:

- Erstens wird nochmals klar, dass jede Bewusstseinsregung ein Korrelat in einer entsprechenden Form hat und umgekehrt. Es gibt kein Bewusstsein ohne Form und keine Form ohne Bewusstsein. Wieder muss gesagt werden: Nichts anderes kann mit der *verborgenen Eigenschaft der Materie* gemeint sein, die Bewusstsein erzeugt.

- Zweitens wird die Wirkung, die ein Organismus als Antwort auf eine äußere Ursache zeigt, bei jeder Stufe der Evolution weiter hinausgezögert und an immer höhere Instanzen verwiesen. Was bei einer Zelle noch relativ einfach über Reiz und Reaktion vonstattengehen mag, muss bei höheren Tieren eine vielstufige Hierarchie durchlaufen.

Stark vereinfacht ausgedrückt, verläuft es beim Menschen so: Eine äußere Ursache reizt den Körper (z.B. ein Sinnesorgan) → dies führt zu einer Empfindung, → die wahrgenommen, interpretiert und emotional eingeordnet wird, → um sie dann symbolisch zu verarbeiten und dem Ich zugänglich zu machen. Dann entscheidet das Ich aufgrund aller vorhandenen Daten, Erinnerungen, Empfindungen und Emotionen über die Antwort auf diese äußere Ursache. Die Reaktion erfolgt in umgekehrter Reihenfolge wieder über die Symbolverarbeitung → zur Motivation, → welche einen Handlungsimpuls auslöst, → der auf der Organebene über die Triebkraft eine zelluläre Reaktion auslöst, → die dann in der Außenwelt ihre Wirkung entfaltet (z.B. Drehen des Kopfes, Heben der Hand etc.).

Heißt das nun, dass beim Menschen über jede Handlung allein das Ich entscheidet? Nein. Das Ich kann nur über Ereignisse entscheiden, die ihm von der Ebene der Symbolverarbeitung vorgelegt werden. Diese Ebene der Bedeutungszuweisung ist jedoch stark abhängig von den Erfahrungen und der Bildung des Menschen, sowie seiner intellektuellen Fähigkeit zur Begriffsverknüpfung. Aber schon der Ebene der Symbolverarbeitung werden die Informationen über die Wahrnehmungen mit unterschiedlicher emotionaler Priorität und damit mit unterschiedlicher Energie und Dringlichkeit präsentiert. Diese emotionale Bewertung ist auch wieder stark von den individuellen Erfahrungen abhängig. Nicht zuletzt sind Wahrnehmungen von einer Funktionalität der Sinne beeinflusst. Bin ich gehörlos, dringt keine Information über die Außenwelt, die über Schallwellen vermittelt wird, bis zu meinem Ich vor, da sie schon auf der körperlichen Ebene zum Stillstand kommt. Jede höhere Ebene ist auf die Funktionsfähigkeit der darunter liegende angewiesen. Das Ich schwebt nicht frei im Raum und beobachtet, was der Körper tut. Das Ich bildet die Spitze einer Pyramide und kann nur so gut funktionieren, wie es die gesamten darunterliegenden Bereiche tun.

Zudem wird nicht jede Entscheidung bis zum Ich verschoben. Greife ich mit der Hand versehentlich ins Lagerfeuer, zuckt sie zurück, lange bevor das Ich überhaupt registriert, was passiert ist. Es gibt Reize, die bereits auf niedrigeren Ebenen beantwortet werden.

Das Ich ist zwar die (vorläufig) oberste Instanz der Entscheidung, aber nicht alles wird vom Ich entschieden. Damit wäre das Ich weit überfordert und das ist auch nicht seine Aufgabe. Eine Hierarchie ist dazu da, Aufgaben zu delegieren. Wenn wir beim Autofahren jeden Handgriff mit dem Ich entscheiden müssten, wenn Bremsen, Kuppeln, Schalten und Lenken nicht automatisiert wären, könnten wir uns gar nicht mehr auf den Verkehr konzentrieren. Stellen Sie sich vor, wir müssten dann auch noch jeden erforderlichen Muskel einzeln ansteuern, um Bremsen zu können.

Es geht darum, dass das Ich entscheidet, dass es bremsen will. Der Rest muss von den unteren hierarchischen Ebenen erledigt werden. Und selbst die Entscheidung, bremsen zu wollen, wird oft weit unterhalb der Schwelle des Ichs getroffen. Eigentlich kann sich das Ich nur entscheiden, Autofahren lernen zu wollen und – wenn es das kann – bestimmte Ziele mit dem Auto anzusteuern. Sind wir im Autofahren geübt und fahren eine gut bekannte Strecke, entscheidet das Ich nur noch über das Ziel. Es selbst ist für die Dauer der Fahrt mit ganz anderen Dingen beschäftigt. Wir steigen am Ziel aus und häufig bemerken wir, dass wir uns an die Fahrt selbst gar nicht mehr erinnern können. Alles lief automatisch ab, während wir geistig ganz woanders waren. Das ist auch keinesfalls bedenklich, sondern soll genau so sein.

Müsste das Ich über jede Muskelregung entschieden, wäre das im übertragenen Sinne genauso, als würde ein Finanzbeamter jeden einzelnen Tankbeleg eines Steuerpflichtigen dem Finanzminister zu Kontrolle vorlegen. Damit würde der Sinn der strukturellen Organisation ad absurdum geführt. Sinn des Ich ist vielmehr die grobe Vorgabe des Ziels der Handlungen und nicht die Kontrolle jeder einzelnen Regung.

1.4.3.4 Das Holon

Jedes System ist ein Teilsystem (Subsystem) eines größeren Systems (Supersystem) und besteht selbst aus Teilen, die ihrerseits kleine Systeme sind. Damit ist jedes System eine Ganzheit, die sich aus Teilen aufbaut und gleichzeitig ein Teil, das mit anderen Teilen eine größere Ganzheit aufbaut. Jedes System ist also eine *»Teil-Ganzheit«*.

Nehmen wir als Beispiel die Beziehung einer Zelle zu den Molekülen, aus denen sie besteht: Die Zelle ist eine Ganzheit, die aus Teilen besteht, nämlich den Molekülen. Für die Moleküle ist die Zelle das übergeordnete Supersystem, für die Zelle sind sie die untergeordneten Subsysteme. Umgekehrt verhält es sich bei der Beziehung der Zelle zum Organismus, zu dem sie gehört. Für die Zelle ist der Organismus das Supersystem und für den Organismus ist die Zelle eines von vielen Subsystemen.

Dabei wird die Ganzheit von ihren Teilen aufgebaut, während sie die Teile steuert. Der Mensch kann beispielsweise seine Zellen steuern, indem er willentlich den Arm bewegt. Diese Steuerung der Subsysteme durch das Supersystem ist einerseits durch die Dynamik der Beziehungen der Subsysteme untereinander begründet, kann aber andererseits nicht restlos auf diese reduziert werden. Diese Steuerungsfähigkeit des Supersystems ist eine Emergenz, eine Neuheit auf der Ebene des Supersystems.

Nach diesem hierarchischen Muster ist die ganze Welt aufgebaut. Organismen beinhalten Zellen. Zellen beinhalten Moleküle. Moleküle beinhalten Atome. Atome beinhalten subatomare Teilchen. Subatomare Teilchen beinhalten Quarks, ... Aber es geht auch in die andere Richtung: Organismen sind Bestandteile von Ökosystemen, diese sind Bestandteile der Biosphäre, sie ist Bestandteil des Sonnensystems usw[1]. Alles existiert in gegenseitiger Abhängigkeit. Kein System ist vom Rest des Kosmos isoliert. Wenn man also ein System umfassend verstehen will, muss man den Kontext bedenken, denn er hat das Teil geformt. Betrachtet man ein System, teilt man die Welt als Ganzes in Figur und Hintergrund. Aber die Figur ergibt sich aus der Form des Hintergrundes und umgekehrt.

Fasst man nun ein System so auf, dass es die *Grenzlinie* zwischen Figur und Hintergund darstellt, hat man anstelle des Sys-

---

[1] Es gibt einen Bruch in dieser Hierarchie. So ist der Mensch nicht in gleicher Weise Teil der Biosphäre, wie eine Zelle Teil des menschlichen Organismus ist. Dies hier zu erklären würde uns aber zu weit vom Thema wegführen.

tems ein **Holon** vor sich. Ein Holon ist demnach nicht die Summe aller Subsysteme.

> Ein Holon ist die Grenzlinie, welche alle SubHolons organisierend umschließt.

Alle systemischen Einheiten, also Organismen, Zellen, Moleküle, Atome usw. sind in erster Linie Holons. Holons auf verschiedenen Integrationsebenen. Ein Organismus teilt die Ganzheit des Kosmos an anderer Stelle als eine seiner Zellen. Somit ist eine Zelle innerhalb des Organismus und befindet sich im Bereich der *Figur* des Organismus und nicht im Bereich des *Hintergrundes*. Diese Zelle ist Teil des Organismus. Trotzdem ist sie ein eigenständiges Holon, denn die Grenzlinie innerhalb der Ganzheit der Welt ließe sich auch so ziehen, dass sie nur diese Zelle umfasst und der Rest des Organismus zum Hintergrund wird.

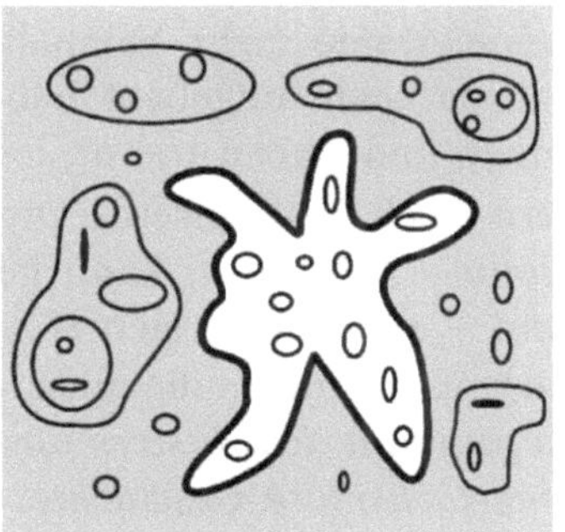
Figur und Hintergrund: Ein Holon ist die Grenzlinie zwischen Figur und Hintergrund

Es ist wichtig, zu erkennen, dass eine Zelle meines Körpers ebenso ein eigenständiges Holon ist, wie ein Einzeller oder die Zelle im Blütenblatt eines Gänseblümchens. Meine Körperzelle fällt bei der Grenzziehung *meines Holons* in den Bereich *Figur* und nicht in den Bereich *Hintergrund*. Nennen wir diese Bereiche, um sie zu unterscheiden, *Holon-I* (Innen = Figur) und *Holon-A* (Außen = Hintergrund). *Holon-I* ist dabei das materielle System und *Holon-A* der gesamte Kontext des materiellen Systems, also der Rest des Kosmos. Die Körperzelle ist zwar innerhalb des Bereichs *Holon-I*, sie ist *Teil des mate-*

riellen Systems, aber nicht mit dem *Holon* identisch, denn dieses bildet die Grenzlinie zwischen *Holon-I* und *Holon-A*.

1.4.3.4.1 WAS MACHT EIN HOLON ZU EINEM HOLON?

Holon-I ist nicht die Materie des Systems, obwohl es zunächst nichts anderes zu sein scheint. Das Grundlegende von *Holon-I* ist seine Struktur, das Muster, nach dem es seine Substanzen anordnet und nach dem seine Teile in Beziehung zueinander stehen. Jedes *Holon-I* ist ein rekursives (rückbezügliches) System, in dem die materiellen Bestandteile ständig ausgetauscht werden, während sich das System in der Homöostase (systemisches Gleichgewicht) hält. Als Struktur bleibt *Holon-I* also auch dann stabil, wenn die Substanzen ausgetauscht werden; dies ist sogar nötig, um die Struktur dieser individuellen Blaupause zu erhalten. Die Identität von *Holon-I* liegt also im *Muster,* nicht in der Materie. Das ist am Beispiel des Menschen leicht nachzuvollziehen: Auch wir sind Holons deren Körper (*Holon-I*) nahezu keine Atome mehr beinhalten, welche sie in etwa vor sieben Jahren noch aufgebaut haben. Die Grenzlinie des Holons, die Innen und Außen trennt, ist sehr durchlässig. Materie, die gestern noch Teil unseres Organismus war – also zum Bereich *Holon-I* gehörte –, kann heute schon Teil unserer Umgebung sein – also im Bereich *Holon-A*. Es ist also nicht die Materie unseres Körpers, die unsere Identität ausmacht, sondern die *Kontinuität des Musters* unseres Körpers. *Wir haben als Muster eine lückenlose Geschichte*. Auf diese zeitliche Dauerhaftigkeit gründet sich unsere Identität.

Bei Organismen ist diese Verbindung zwischen Wechsel und Kontinuität offensichtlich. Wie aber kann man diese Eigenschaften bei Atomen feststellen? Wo bleibt ihr Muster erhalten, nicht aber die Substanz? Schließlich nehmen Atome keine Nahrung zu sich und haben auch keinerlei *Stoffwechsel*.

Wir erinnern uns, dass Elektronen Wahrscheinlichkeitswolken sind, welche stroboskopartig als Teilchen in Erscheinung treten. Es gibt keine kontinuierliche Identität dieser Teilchen. Somit sollte klar sein, dass es auch hier das Muster ist, welche die Identität des Atoms bewirkt und nicht seine Substanz. Ähnlich verhält es sich bei Molekülen. Der Doppelspaltversuch aus der Quantenmechanik wurde bereits mit Fluorofullerene durchgeführt. Es handelt sich um Makromoleküle (bestehend aus 60 Kohlenstoffatomen und 48 Fluoratomen), denen keine kontinuierliche Identität der Substanz zu eigen ist. Selbst diese Bausteine des Lebens, schon recht groben Stoffe, sind also Wahrscheinlichkeiten und keine Realitäten.

Holons sind Muster, denen die Materie anlagert, auch wenn es andererseits diese Muster ohne die Materie gar nicht gäbe.

Das bringt aber auch mit sich, dass das Holon-I nicht unabhängig von Holon-A zu betrachten ist. Denn dieser Austausch der Materie – um das Muster zu erhalten – kann nur funktionieren, wenn auch Holon-A bestimmte Bedingungen erfüllt. Der Kontext ist somit ebenso integraler Bestandteil des Holons, wie der Innenteil selbst. Um dies auf das Holon Mensch zu übertragen: Die Umwelt, in der wir leben, ist, neben unserer körperlichen Organisation, gleichberechtigt an unserer Identität beteiligt. Es gibt keinen Grund zu behaupten, der Körper bin ich, der Rest der Welt bin ich nicht. Mit gleichem Recht könnte man es umgekehrt sehen. Betrachten wir aber nicht die Außenseite, sondern die Innenperspektive, dann ist diese Unterscheidung völlig egal, weil es immer um diese eine, ganz individuelle Grenzlinie zwischen Figur und Hintergrund geht, die mich als Holon ausmacht.

1.4.3.4.2 EMERGENZ

Schließen sich mehrere Holons zu einem SuperHolon zusammen, kommt es zur Emergenz. Das heißt, das SuperHolon kann Eigenschaften aufweisen, die nicht allein auf die Eigenschaften der SubHolons zurückgeführt werden können. Wenn sich z. B. die Holons von zwei Wasserstoffatomen und einem Sauerstoffatom zum SuperHolon des Wassermoleküls zusammenschließen, treten Eigenschaften zu Tage, welche in den Einzelatomen nicht vorhanden waren. Diese Eigenschaften des flüssigen Wassers emergieren durch die systemische Verbindung gasförmiger Atome. Deshalb beschreibt Chemie emergente Eigenschaften, welche auf dem Gebiet der Physik nicht existieren. Die Eigenschaften der Physik bleiben vollgültig erhalten, *zusätzlich* jedoch treten chemische Eigenschaft zutage. Das klingt zunächst sehr mysteriös. Woher kommen diese Eigenschaften? Was ist das Geheimnis der Emergenz? Wenn auf einer höheren Integrationsebene tatsächlich Gesetzmäßigkeiten erscheinen, die nicht auf die Eigenschaften der Teile zurückzuführen sind, aus denen das Ganze besteht, dann hat jeglicher Reduktionismus ausgedient. Die Welt wäre damit nicht nur unberechenbar, sie wäre prinzipiell nicht mehr logisch verstehbar. Müsste es nicht so sein, dass man die bekannten Eigenschaften der SubHolons zu einem mathematischen Entwurf verbinden kann, welches schließlich als komplexe Simulation jene emergenten Eigenschaften des SuperHolons aufzeigt? Tatsächlich ist jede Emergenz auf die *Gruppendynamik* der Teile zurückzuführen. Sie erzeugt selbstorganisierende Eigenschaften, die sich nach den Gesetzen des determinierten Chaos entwickeln. Trotzdem können wir sie weder voraussagen, noch berechnen.

Die Schwierigkeit liegt darin, dass es uns unmöglich ist, die Eigenschaften der SubHolons hundertprozentig zu kennen. Schließlich bestehen auch sie aus noch kleineren SubHolons, die sich wieder aus SubHolons zusammensetzen usw. Egal wie klein das Holon auch sein mag, es gibt immer noch kleinere Holons, aus denen es besteht. Und irgendwo auf dem Weg nach unten werden aus Tatsachen Wahrscheinlichkeiten. Die Dynamik eines determinierten Chaos ist jedoch von jeder noch so winzigen Veränderung der Ursprungsbedingungen essentiell abhängig. Damit verliert sich die Festigkeit jeder exakten Berechenbarkeit im Sumpf statistischer Wahrscheinlichkeiten.

Emergente Eigenschaften sind deshalb nicht berechen- und vorhersehbar, weil ihre Wurzeln bis zu den Unschärfen der kleinsten Teile hinabreichen. Die letzten Ursachen für jede Emergenz, egal wie hoch die Integrationsebene auch sein mag, liegt in der Unschärfe der kleinsten Teilchen. Wir können zwar die Eigenschaften von höheren Ebenen durch mathematische Algorithmen simulieren, aber wir können niemals das Verhalten von realen Systemen exakt vorhersagen. *Die Welt ist zwar der klassischen Kausalität unterworfen, aber trotzdem nicht determiniert.* Dies ist auch die einzig vorstellbare Möglichkeit für einen Kosmos, der in der zukünftigen Entwicklung frei und doch geordnet ist.

Freiheit und Ordnung, das sind zwei Begriffe, die normalerweise schwer vereinbar sind. Wenn der Kosmos nicht determiniert wäre, gäbe es auf jeder Integrationsstufe eine akausale Freiheit und das Weltall würde sehr bald im absoluten Chaos versinken. Geordnete Verhältnisse, wie sie die Biosphäre benötigt, wären darin so gut wie unmöglich. Bildet aber die Kausalität eine geschlossene Kette von der Vergangenheit bis in die Zukunft, ist Freiheit eine Illusion.

Unser Kosmos schafft tatsächlich die Quadratur des Kreises und bringt Ordnung und Freiheit unter einen Hut. Der Trick ist die Unschärfe im Kleinen. Es gibt nur eine Schnittstelle, an der die Kausalität aufgehoben ist und das ist die elementare Basis. Aber auch hier herrscht kein willkürliches Chaos. Die Quantenfunktion eines Systems entwickelt sich vollkommen kausal und berechenbar. Die Wahrscheinlichkeiten folgen einem streng deterministischen Prinzip. Der Bruch in der Kette der Kausalität geschieht erst bei der Entscheidung, *welche Wahrscheinlichkeit* aus der Fülle der Quantenfunktion das reale Quantensystem verwirklichen soll. Hier bricht nicht nur die Wahrscheinlichkeit zur Realität zusammen, hier bricht auch die Freiheit der Zukunft in den geordneten Kosmos ein.

Wir wissen jedoch immer noch nicht, wer oder was diese Entscheidungen trifft. Wer wählt jene Komponenten aus, die das System letztlich steuern? Jenen unbekannten Mechanismus nennen wir aus Mangel an echter Erkenntnis bisher noch »Zufall«. Aber machen wir einen kurzen Abstecher in einen ganz anderen Bereich:

1.4.3.4.3 URSPRUNG DER BUCHSTABENSUPPE

Wie jedes Kind freute ich mich, wenn meine Mutter mir Buchstabensuppe kochte. Und wie jedem Kind, machte es mir großen Spaß, aus den sinnlos und chaotisch in der Suppe schwimmenden Teigteilchen meinen Namen oder andere Wörter am Rand des Suppentellers auszulegen. Ich liebte es, aus Chaos eine

Ordnung, aus scheinbar unzusammenhängend Sinnlosem etwas Sinnvolles zu kreieren.

Nun könnte man annehmen, dass Wörtern etwas beinhalten, was Buchstaben noch fehlt: nämlich die Bedeutung, die hermeneutische Komponente. Obwohl ein Wort aus nichts anderem besteht, als aus Buchstaben, ist ein Wort nicht auf seine Buchstaben zu reduzieren. Der innere Zusammenhang der Buchstaben erzeugt das Wort. Auf der Integrationsebene der Wörter herrschen scheinbar Gesetze, die auf der Ebene der Buchstaben noch nicht vorhanden sind. Aber ist das auch richtig?

Was wir feststellen können ist, dass diese Gesetze auf der Ebene der Buchstaben für uns nicht *erkennbar* sind, und dass die Sinnhaftigkeit der Wörter nicht aus den elementaren Buchstaben *abgeleitet* werden kann.

Hier jedoch wird übersehen, dass es ohne diese übergreifende Bedeutung, ohne diese Sphäre der Hermeneutik, ohne die Fähigkeit des menschlichen Geistes, objektive Gegenstände nicht nur mit geistigen Abbildern, sondern zusätzlich mit abstrakten Symbolen zu verbinden, gar keine Wörter gäbe. Es gäbe aber ohne diese Bedeutungen auch keine Buchstaben. Sie haben ihren Ursprung in dieser geistigen Sphäre der Bedeutungen. Buchstaben wurden zu dem Zweck geschaffen, sich zu Wörtern und Sätzen zu verbinden und einen Sinn abzubilden, der in den einzelnen Buchstaben selbst gar nicht zu finden ist. Also ist die Sinnhaftigkeit jener Gesetze, die in den Wörtern, den Sätzen, den sprachlichen Beschreibungen der Wirklichkeit erkennbar werden, gleichzeitig die Ursache für die Existenz der Buchstaben. Solange ich nicht lesen konnte, waren die Buchstaben in meiner Suppe nichts als eine schmackhafte Einlage. Aber dann erkannte ich den Sinn, den die Hersteller dieser Teigwaren im Kopf hatten, und legte Wörter an den Tellerrand.

Der Ursprung der Buchstaben, nämlich der Sinn von Sprache und Schrift, emergiert in den Wörtern und wird in ihnen offensichtlich. Die an den Buchstabennudeln selbst noch im Dunkeln liegende Zielvorstellung ihrer Schöpfer, wird in den Wörtern am Tellerrand erkennbar.

Die Aussage, »*das Ganze ist mehr als die Summe seiner Teile*«, ist somit richtig und falsch zugleich. Ein Wort ist mehr als die Summe seiner Buchstaben, weil auch die Struktur der Zusammenstellung eine wichtige Komponente des Wortes ist. Wäre das nicht so, dann wäre »Regen« und »Neger« das*selbe* Wort. Es zeigt sich also, dass ein Wort tatsächlich aus mehr besteht, als nur aus seinen Buchstaben. Der Sinn eines Wortes lässt sich nicht an der Summe seiner Buchstaben ablesen. Wenn wir aber im Auge behalten, dass die Ursache für die Existenz der Buchstaben eine prinzipielle Bedeutungsmöglichkeit ist, kommt in dem *mehr* des Wortes nur jenes hermeneutische Prinzip zum Ausdruck, welches den Buchstaben selbst zugrunde liegt. Natürlich zeigt das Prinzip nicht an, welche Bedeutungen mit den Buchstaben abgebildet werden können, aber *dass* Bedeutungen gebildet werden können, ist die *eigentliche Ursache* für die Existenz der Buchstaben.

Was wäre nun, wenn wir Buchstaben nicht erfunden hätten, sondern sie ganz natürlich in unserer Umgebung vorkommen würden? (So stellt sich die Situation beim Essen der Suppe für Kinder dar, bevor sie Lesen und Schreiben können. Sie können nicht erkennen, welch tieferer Sinn hinter der Form der Teigwaren liegt.) Wenn sich die Buchstaben nun auf evolutionäre Weise selbst zu Wörtern und Sätzen verbinden würden, würden wir irgendwann erkennen, dass sich in der Emergenz der Wort-

und Satzbedeutungen nur jenes Prinzip zeigt, welches die Ursache der Existenz der Buchstaben ist? Mit Sicherheit nicht! Wir würden von Wahrscheinlichkeiten reden, von Zufall und Notwendigkeit. Wir wären entzückt über die Vielfalt der Möglichkeiten und erstaunt über die real existierenden Wörter. Aber es würde uns völlig absurd erscheinen, dass Wörter und deren Bedeutungen – die sich nachweislich erst nach den Buchstaben gebildet haben können – die prinzipielle Ursache für die Existenz der Buchstaben sind.

In einer ähnlichen Situation befinden wir uns bezüglich der materiellen Wirklichkeit. Wir sehen, dass sich Teile zu höheren Ganzheiten verbinden und wie neue Eigenschaften emergieren. Wir haben jedoch keinen Zugang zu den Grundursachen für die Existenz der kleinsten Teile. Auch ihr quantenmechanisches Verhalten bleibt uns rätselhaft und wir nennen es »Zufall«. Aber »Zufall« bedeutet hier nichts anderes, als: »Wir wissen es nicht. Sollte es Ursachen dafür geben, dann sind sie uns verborgen.«

Emergenz lässt sich nicht berechnen. Weder bei Buchstaben, noch bei Materie. Aber es könnte durchaus sein, dass die Ursache der Materie ähnlich gelagert ist, wie die Ursachen der Buchstaben und, dass sich in der Emergenz materieller Systeme jenes Prinzip zeigt, welches der Grund für die Existenz der Materie ist. Hier könnte sich der strukturelle Plan der Evolution offenbaren.

Welche komplexen Organisationsformen im Endeffekt entstehen werden, ist nicht vorauszusehen. Ebenso wenig, wie vorauszusehen ist, welche Wörter wir mit Buchstaben bilden werden. Aber, dass wir Wörter bilden wollen, ist die Ursache für die Existenz der Buchstaben. Ebenso könnte die Komplexität des menschlichen Geistes die Ursache für die Existenz der Materie sein. Natürlich nicht in der Form, dass der menschliche Geist das Ziel der Evolution wäre. Aber in der Form, dass der Kosmos so aufgebaut ist, dass er früher oder später, hier oder dort, ein selbstreflektives Bewusstsein hervorbringen ***muss***.

Wir sollten uns jedoch nicht allzu weit in Spekulationen vorwagen. Wichtig ist hier festzustellen, dass das Verhalten und die Eigenschaften von SuperHolons nicht von den *Eigenschaften* der SubHolons abgeleitet und auch nicht prognostiziert werden können. Wir sehen eben immer nur einen Ausschnitt des Ganzen. Und dieser Ausschnitt ist weder nach unten, noch nach oben abgeschlossen. Einflüsse kommen immer aus beiden Richtungen. Wir können sie auch mit noch so genauen und detaillierten Analyse nicht mitberücksichtigen.

1.4.3.4.4 Pyramide des Seins

Was wir hier jedoch sehen, ist ein erstes Verbindungsstück mit der Unschärfe der kleinsten Teile. Wir können in der Emergenz von Eigenschaften bei der Transformation von Holons auf höhere Ebenen einen ersten Hinweis erkennen, dass die Quantenwahrscheinlichkeit einen entscheidenden Einfluss auf die Natur des Holons haben könnte. Der Schatz, den wir aus den Tiefen der Materie hochgeholt haben, beginnt wieder ein bisschen zu glänzen.

Emergenz zeigt uns, dass der Kosmos nicht vollkommen determiniert ist. Einsteins *strenge Kausalität* wird damit unmöglich. Unbestimmtheit und prinzipielle Unberechenbarkeit ist ein grundlegender Wesenszug dieses Universums. Selbst wenn Emergenz nur auf einen winzigen Teil der Realität beschränkt wäre: Der absolute Determinismus ist unmöglich geworden.

Aber wie groß ist der Teil wirklich? Zwar besteht alles aus diesen kleinsten Teilchen, die vom Zufall bestimmt werden, aber die Wahrscheinlichkeit zeigt, dass sich das Chaos bei sehr großen homogenen Mengen dieser Zufälle so sehr im Nichts verliert, dass lediglich berechenbare Kausalität übrig bleibt. Ist der Kosmos also trotz Unschärfe seiner kleinsten Teile eine berechenbare Maschine?

Die Chaostheorie gibt uns darüber eine erfreuliche Auskunft: In jedem System, das weit vom statischen Gleichgewicht entfernt ist, bilden sich Unberechenbarkeiten in großem Ausmaß. Man könnte es mit dem Beispiel einer Kugel illustrieren: Stößt man eine Kugel an, die am Grund einer Mulde liegt, rollt sie wieder an den tiefsten Punkt zurück. Liegt sie jedoch auf einer Bergkuppe, rollt sie nach dem kleinen Stoß den Berg hinunter. Das ist in jedem Fall noch relativ leicht vorhersagbar. Balanciert sie jedoch auf der Spitze eines Kegels, lässt sich nicht mehr voraussagen, auf welcher Seite sie hinab rollen wird. Die Zukunft wird unvorhersehbar, weil die kleinste Änderung des Anfangszustandes das System in eine völlig neue Richtung bringt. Das ist der sog. *Schmetterlingseffekt*.

Dass das Problem nicht einfach nur in der mangelnden Kenntnis des Anfangszustandes liegen kann, sollte uns nach unserem Ausflug in den Bereich der Wahrscheinlichkeitswolken sofort klar sein. Wir können die Anfangsbedingungen nie exakt kennen. Aber diese Unvorhersagbarkeit gründet nicht einfach nur in unserer mangelnden Kenntnis. Diese Unvorhersagbarkeit ist eine ontische Unschärfe. Sie existiert unabhängig von unserer Erkenntnis, weil diese für eine Berechenbarkeit geforderte Exaktheit prinzipiell von der Unbestimmtheitsrelation in der Quantenwirklichkeit verhindert wird. Die genauen Anfangsbedingungen unterliegen der Entscheidung des Quantenkollaps. Die Zukunft ist tatsächlich unbestimmt. Und wenn schon ein so einfaches System wie eine Kugel auf einem Kegel diese Eigenschaft hat, wird klar, dass nicht die Emergenz ein Grenzfall der Natur ist und der große Rest sich deterministisch verhält, sondern dass es genau umgekehrt ist: Die klassische Physik, die so lange als Maßstab für Realität schlechthin galt, hat sich auf den winzigen Teilbereich der Wirklichkeit spezialisiert, welcher der strengen Kausalität unterliegt, während der Großteil des Universums ganz anderen Gesetzen folgt. Nur weil dieser große Rest des Kosmos den Gesetzen der Physik nicht widerspricht, konnte in der Vergangenheit angenommen werden, dass alles physikalisch berechenbar ist. Aber diese mechanistischen Gesetze reichen bei weitem nicht aus, um die Funktionen der Wirklichkeit auf allen Ebenen zu beschreiben. Emergenz kommt überall vor: In Wirbelströmungen, im Laserlicht, in chemischen Systemen, in ökologischen Netzwerken, in lebendigen Organismen, in intersubjektiver Kommunikation, in kulturellen Entwicklungen usw. usw.

> Emergenz ist so weit verbreitet, dass wir mit Recht behaupten können, wir leben in einem kreativen Kosmos.

Die Welt besteht aus Holons, die aus Holons bestehen, die aus Holons bestehen... Organismen enthalten Zellen, Zellen enthalten Organellen, Organellen enthalten Moleküle, Moleküle enthalten Atome...

Es gibt eine Hierarchie von Verschachtelungen. Jedes Super-Holon enthält damit nicht nur die SubHolons, sondern auch deren Eigenschaften. Zusätzlich emergieren aber auch neue Eigenschaften. Jedes Holon ist eine Ganzheit, die aus Holons niedrigerer Ordnung besteht und ist gleichzeitig Teil eines Holons höherer Ordnung. Dabei geht es aber nicht um militärisch organisierte Hierarchien, sondern um natürliche Hierarchien, bei denen die Holons niedrigerer Ordnung ihre relative Autonomie bewahren. Das SuperHolon *befehligt* nicht seine SubHolons wie kleine Soldaten, sondern schafft nur besondere Bedingungen, welche die Möglichkeiten und Freiheiten der SubHolons kanalisieren. Eine Zelle in einem Organismus tut das, was sie tut, vollkommen freiwillig. Sie reagiert lediglich auf ihre speziellen Umweltbedingungen. Und diese werden vom Organismus, der diese Umwelt *ist*, bereitgestellt. Dies bietet dem SuperHolon die Möglichkeit, die SubHolons zu steuern. Sehen wir uns einmal an, wie das genau funktioniert:

Für jedes Holon trennt sich die Welt aufgrund der jeweiligen Perspektive in Innen- und Außenwelt auf.

Das SuperHolon bildet dabei ebenso die Außenwelt, wie die anderen Holons derselben Ebene. Aus der Perspektive einer Zelle ist der Organismus als Ganzes ebenso Außenwelt, wie die benachbarten Zellen des Gewebes.

Die SubHolons, aus denen das Holon besteht, bilden seine Innenwelt. Dies sind die Organellen, die Moleküle und die Atome, aus denen sich die Zelle aufbaut.

Wechselt man die Perspektive der Betrachtung von der Ebene der Zellen auf die Ebene der Organellen, bildet die Zelle mit ihrer Zellflüssigkeit, dem Kern, der Membran und den anderen Organellen die Außenwelt. Die Moleküle und Atome, aus denen das Miniorgan besteht, bilden seine Innenwelt.

Jede Stufe, jede Integrationsebene, hat ihre eigene Erfahrungswelten, ihre eigenen Werte und ihre eigene phänomenale Wirklichkeit. Wobei die jeweils niedrigere Wirklichkeit Bestandteil der höheren Wirklichkeit ist, aber nicht umgekehrt. Zellen können auf physikalische Einflüsse ebenso reagieren wie auf chemische und biologische. Moleküle reagieren dagegen nicht auf biologische Reize, weil sie außerhalb ihrer phänomenalen Wirklichkeit liegen.

Man könnte es so formulieren: Wenn Moleküle SubHolons von Zellen sind, dann organisiert die Zelle die Beziehungen der Moleküle untereinander derart, dass die Reaktionen der Moleküle auf die physikalischen und chemischen Reize ihrer Umwelt derart verlaufen, dass dadurch die Zelle als Ganzheit auf die biologischen Reize reagiert. Die Summe der Reaktionen der Moleküle auf ihre Umwelt erzeugt die Reaktion der Zelle auf deren biologische Reize. Um die Moleküle zu steuern, beschränkt die Zelle ihre Freiheiten, indem sie deren Umwelt steuert.

Aber an dieser Aussage scheint irgend etwas faul zu sein.

Sehen wir noch einmal genauer hin: Wir haben behauptet, dass die Zelle die Beziehungen der Moleküle organisiert. Das würde bedeuten, dass sich auf der einen Seite die Zelle befindet und auf der anderen Seite die zu organisierenden Moleküle. Zieht man jedoch von der Zelle die Moleküle ab, bleibt nichts von ihr übrig. Die Zelle organisiert also nicht die Beziehungen der Moleküle. Vielmehr *ist* die Zelle das Muster, nach dem die Moleküle organisiert sind. Das dürfen wir nicht aus den Augen verlieren.

Gehen wir die Hierarchie noch einmal durch: Ein Organismus ist das Muster, nachdem sich Zellen zu einer Ganzheit organisieren; Zellen sind das Muster, nachdem sich organische Moleküle zu einer Ganzheit organisieren; organische Moleküle sind das Muster, nach dem sich Atome organisieren usw.

Wenn sich ein Holon also in eine höhere Ganzheit einordnet, beschränkt es seine eigenen Freiheiten freiwillig, um dem Muster seines SuperHolons zu folgen. Diese Beschränkung der Freiheiten bedeutet, dass Prozesse, die normalerweise unbestimmt, ziellos und zufällig ablaufen, in geordnete und zielorientierte Richtungen kanalisiert werden. Ein SubHolon bringt all seine Eigenschaften und Reaktionsmöglichkeiten in die Organisation des SuperHolons ein. Aber die Position innerhalb des SuperHolons fragt nur einige dieser Reaktionsmöglichkeiten ab.

Bei freien Atomen finden Reaktionen mit der Umwelt aufgrund von Elektronenereignissen statt, die der Wahrscheinlichkeitswellen der Quantenmechanik folgen. Bei Atomen, die in Molekülen eingebunden sind, wird dieses Möglichkeitsmeer eingeschränkt. Der Quantenkollaps der Elektronen geschieht mit einer anderen Wahrscheinlichkeitsverteilung. Die Wahrscheinlichkeit, welche das Muster des Moleküls verwirklicht, wird nachdrücklich erhöht, während die Wahrscheinlichkeit, welche das Muster des Moleküls zerstören würde, drastisch reduziert wird. Das ist die Emergenz des Moleküls. Eine Einschränkung der Reaktionsfreiheit der Atome durch die Dynamik der Gruppe aller beteiligten Atome. Daraus entstehen neue Gesetzmäßigkeiten und neue Freiheiten, die auf der Ebene des Atoms keinerlei Wirkung zeigen und somit auch nicht zur Wirklichkeit der Atome gehören. Damit wird ersichtlich, dass die Realität des Moleküls niemals die Gesetze verletzt, welche das Atom bestimmen. Die Welt der Atome bleibt sich gleich, allein die Wahrscheinlichkeit, nach der bestimmte Dinge in dieser atomaren Welt passieren, verändert sich.

Jede höhere Ebene hängt von den niedrigeren Ebenen ab, weil sie deren Gesetze nicht ignorieren kann. Die höheren Ebenen sind aber auch nicht auf die niedrigeren Ebenen reduzierbar, weil neue Gesetze emergieren, die es dort noch nicht gibt.

Beispiel: Chemie verletzt nicht die physikalischen Gesetze. Es ist aber nicht so, dass sich deshalb Chemie auf Physik reduzieren lässt. Es gibt chemische Gesetze, welche nicht aus physikalischen Gesetzen abgeleitet werden können.

Atome sind *grundlegender* als Moleküle, weil es ohne Atome keine Moleküle gibt. Aber Moleküle sind *bedeutender* als Atome, weil ihre möglichen Eigenschaften ungleich vielfältiger und freier sind – sie können daher *mehr Bedeutungen integrieren.* Elemente einer höheren Ebene haben eine tiefere Bedeutung als Elemente der unteren Ebenen. Aber die Elemente der unteren Ebenen sind grundlegender für die Existenz. Also: Je höher die Integrationsstufe eines Holons ist, desto bedeutender ist das Holon, aber umso weniger grundlegend ist es. *Grundlegend* und *bedeutend* sind damit Eigenschaften, die propotional umgekehrt zueinanderstehen. Je grundlegender, desto weniger bedeutend. Je bedeutender, desto weniger grundlegend.

Außerdem gibt es zwangsläufig immer mehr Holons der niedrigeren Ebene. Daher stellt sich ihre Hierarchie als Pyramide dar. Je höher eine Ebene, umso weniger Holons. Es kann nicht genauso viele Menschen wie Zellen geben, weil ein einzelner Mensch schon aus Milliarden Zellen besteht. Also: Je grundlegender ein Holon, umso größer ist die *Spanne*, die Häufigkeit seiner Existenz. Je bedeutender ein Holon, desto vielschichtiger ist die Hierarchie seiner systemischen Komplexität. Ein bedeutenderes Holon besitzt damit mehr *Tiefe*. *Spanne* und *Tiefe* sind damit ebenfalls Eigenschaften, die proportional umgekehrt zueinanderstehen.

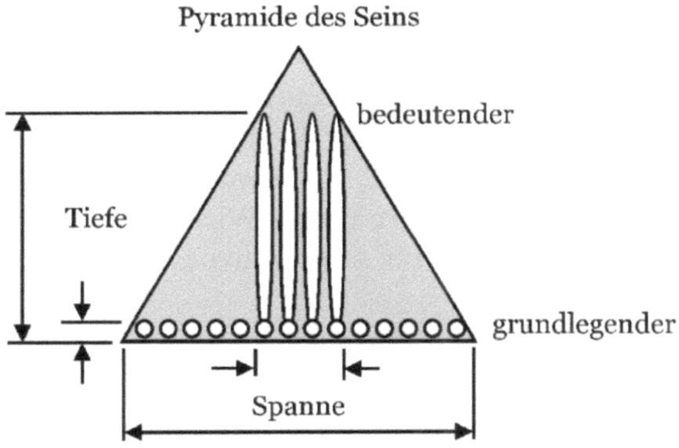

Je *grundlegender* ein Holon, desto größer seine *Spanne* (Häufigkeit). Je *bedeutender* ein Holon, desto größer seine *Tiefe* (Ebenen der Hierarchie).

1.4.3.5 Das Holon im Überblick

Ein Holon ist zunächst ein System, welches sowohl aus Subsystemen besteht, als auch selbst ein Subsystem eines übergeordneten Supersystems ist. Dabei ist das Muster entscheidend, welches das System immer wieder nachzeichnet und nicht die Substanz, aus der es besteht. Die Substanz wird ständig ausgetauscht. Das Muster ähnelt sich immer selbst[1].

---

[1] Auch im atomaren Bereich kann man nicht von einer Kontinuität der Substanz sprechen, weil dazu die Möglichkeit einer eindeutigen Identitätsfeststellung gegeben sein müsste.

Gesetze der unteren Ebenen wirken auf den oberen Ebenen weiter, während auf den oberen Ebenen neue Gesetze emergieren, die weder auf die unteren Ebenen zurückgeführt werden können, noch auf ihnen feststellbar oder davon ableitbar sind.

Ebenso sind die phänomenalen Wirklichkeiten auf jeder Ebene unterschiedlich. Was für Atome transzendent – also nicht Teil ihrer Wirklichkeit – ist, wie etwa biologische Reize, ist für Organismen immanent – Teil ihrer Wirklichkeit –, wie etwa das Gefühl des Hungers, das für Atome unvorstellbar bleiben muss.

Wir haben damit eine Pyramide vor uns, deren Ebenen in sich gleichberechtigt gegliedert sind, während sich die Ebenen zueinander hierarchisch aufbauen. Jede höhere Ebene bedeutet ein Fortschreiten in der Transzendenz.

Evolution ist die permanente Transformation der Holons und damit ein stetiges Verwandeln von Transzendenz in Immanenz.

Betrachten wird das Ganze nochmals mit unserem Beispiel der Buchstaben und vergessen wir kurz, dass wir diese Buchstaben erfunden haben, um Wörter schreiben zu können:

Buchstaben untereinander sind gleichberechtigt gegliedert, sie befinden sich alle auf ein und derselben Ebene. Auf der nächsthöheren Ebene finden wir die Wörter. Die Bedeutung der Wörter ist aus der Ebene der Buchstaben nicht ableitbar. Sie ergeben sich aus der Zusammenstellung der Buchstaben. Man könnte Wörter und ihre Bedeutungen als das Muster beschreiben, nach dem sich die Buchstaben gruppieren. Auf der Ebene der Buchstaben sind Wortbedeutungen transzendent und somit unwirklich. Gäbe es keine Buchstaben, gäbe es auch keine

Wörter. Aber gäbe es keine Wörter, hätte das keinen Einfluss auf die Existenz von Buchstaben. In der Buchstabensuppe meiner Kindheit schwammen auch schon Buchstaben, als ich noch gar keine Wörter bilden konnte. Hätte es aber diese Buchstaben nicht gegeben, hätte ich aber niemals Wörter an den Tellerrand schreiben können.

- *Buchstaben sind* ***grundlegender*** *als Wörter.*
- *Wörter sind* ***bedeutender*** *als Buchstaben.*
- *Buchstaben haben eine* ***größere Spanne*** *(es gibt in einem Buch wesentlich mehr Buchstaben als Wörter)*
- *Wörter haben eine* ***größere Tiefe*** *(Wörter bestehen immer aus einer komplexen Zusammenstellung von Buchstaben)*

Die einzelnen Wörter sind auf ihrer Ebene untereinander gleichberechtigt. Gehen wir eine Stufe höher, dann kommen wir zu den Sätzen. Ein Satz besteht aus Wörtern, die aus Buchstaben bestehen. Gäbe es keine Wörter, dann gäbe es zwar weiterhin Buchstaben, aber keine Sätze mehr.

Ein Buch enthält immer mehr Buchstaben als Wörter und mehr Wörter als Sätze. Mit Sätzen lassen sich wesentlich komplexere Bedeutungen ausdrücken, als mit Wörtern. Satzbedeutungen sind auf der Ebene der Wörter transzendent.

Aber es gibt einen entscheidenden Unterschied zwischen der Welt der Buchstaben und Wörter gegenüber der Welt der Atome und Moleküle: Wir wissen, dass Buchstaben nur deshalb existieren, weil wir Bedeutungen in schriftlichen Sätzen ausdrücken wollen. Bei Atomen wissen wir nicht, warum sie existieren.

1.4.3.6 Holons, Haufen und Artefakte

Nachdem jedes Holon ein System in der Homöostase ist, ist es gleichzeitig – nach den Gesetzen der Systemtheorie – ein energiezerstreuendes System. Nun muss es natürlich eine Außenwelt geben, in die hinein diese Energie zerstreut wird. Wenn nach dem zweiten Hauptsatz der Thermodynamik Ordnung nur aufgebaut werden kann, indem die Unordnung der Umgebung vergrößert wird, dann muss dieser Platz, in dem die Unordnung abgelagert wird, irgendwo sein. Wie wir gesehen haben, teilt jedes Holon die Welt in eine Innen- und eine Außenwelt. Aber wir beschrieben diese Außenwelt als Innenwelt des übergeordneten SuperHolons. Wenn aber das SuperHolon den Grundgesetzen der Holons gehorcht, wäre jede Unordnung in seinem Inneren störend, da sich sonst keine Ordnung aufbauen kann. Wohin also mit der Entropie?

Es ist nicht möglich, alles in diese Systemhierarchie einzuordnen, weil sonst kein Bereich der Welt übrig bleiben würde, in dem sich Entropie vermehrt. Das ganze Gedankengebäude der Holons würde am zweiten Hauptsatz der Thermodynamik scheitern. Wenn also gesagt wird, dass die ganze Welt aus Holons besteht, dann ist genau zu klären, wie diese Welt strukturiert sein muss, um nicht gegen die physikalischen Gesetze der Thermodynamik zu verstoßen.[1]

Wir müssen zu diesem Zweck zwei neue Begriffe einführen: *Haufen* und *Artefakte*.

---

[1] In kosmologischen Maßstäben wird Entropie von den schwarzen Löchern aus diesem Kosmos wieder abgesaugt.

Auch, wenn die Welt nur aus Holons besteht, so gibt es doch viele Dinge, die keine Holons sind. Das klingt wie ein Widerspruch, ist aber keiner. Das Problem liegt in unserer Sprache begründet. Wir haben Namen für *Einheiten*, die in Wirklichkeit keine *Ganzheiten* sind. Ein Hund z.B. ist eine Einheit *und* eine Ganzheit. Ein Stein ist zwar eine (begriffliche) Einheit, aber keine Ganzheit, kein Holon. Ein Stein ist nichts anderes als ein *Haufen* von Kristallen ohne ein organisierendes Muster. Er ist eine Anhäufung von Holons, selbst aber kein Holon. Zerbrechen wir einen Stein, haben wir zwei Steine. Zerschneiden wir einen Hund, haben wir keine zwei Hunde. Der Unterschied ist der, dass ein Holon über eine ganzheitliche Funktionalität verfügt.

Aber wie ist es mit einem Computer, einer Armbanduhr, einem Radio? Wenn wir eine Uhr zerschneiden, werden daraus keine zwei Uhren. Also müssen sie, ebenso wie Hunde, eine ganzheitliche Funktionalität besitzen.

Ein *Haufen* ist eine (begriffliche) Einheit, aber keine Ganzheit. Eine Armbanduhr ist zwar eine Einheit *und* eine Ganzheit, aber trotzdem kein Holon. Sie ist künstlich hergestellt und somit ein *Artefakt*. Hier kommen wir zur entscheidenden Definition von Holon:

Ein *Holon* ist nicht nur eine Ganzheit, sondern eine Ganzheit, deren organisierendes Muster *aus ihrem Inneren* kommt. Es ist ein autopoietisches System, d. h., *sich selbst erschaffend.* Eine Armbanduhr erhält ihr organisierendes Muster durch den Menschen, der sie entworfen bzw. gebaut hat und nicht aus sich selbst heraus. Eine Armbanduhr ist ein Artefakt, ein künstlich hergestellter Gegenstand. Als Artefakte bezeichnet man Ganzheiten, die ihr organisierendes Muster von außen erhalten.

Ein ***Haufen*** ist eine zufällig angeordnete Ansammlung von Dingen, die Holons sein *können*, aber auch Artefakte, andere Haufen oder eine Kombination von allem. In keinem Fall aber hat ein Haufen ein strukturierendes Muster.

Ein ***Artefakt*** ist eine Ganzheit, die zwar ein strukturierendes Muster aufweist, dieses jedoch nicht aus sich selbst heraus, sondern von außen erhalten hat.

Ein ***Holon*** ist ein ganzheitliches Muster, welches aus sich selbst heraus entsteht. Es ist ein autopoietisches, sich selbst erschaffendes System.

Natürlich ist diese Definition alles andere als abschließend und vollkommen. Aber das muss sie für unsere Zwecke auch nicht sein. Wichtig ist nur, dass wir diese drei Bereiche grundsätzlich unterscheiden können. Holons haben die Möglichkeit einer Innenperspektive. Haufen und Artefakte besitzen diese Innenperspektive nicht, weil ihnen die ganzheitliche Identität fehlt.

Dem Panpsychismus hielten wir entgegen, dass die Prämisse einer Innerlichkeit der Materie keine Lösung des Leib-Seele-Problems darstellt. In einem wissenschaftlichen Weltbild kann diese gar nicht abgestritten werden, weil jeder von uns diese Innerlichkeit selbst erlebt. Die Frage ist lediglich, wie diese Innerlichkeit aussieht und wie sie beschrieben und erklärt werden kann. Es macht keinen Sinn, einem Stein eine Innerlichkeit zu zusprechen und wir wissen jetzt auch warum: Ein Stein ist ein Haufen und kein Holon.

Wenn wir uns also dieser Innerlichkeit zuwenden, ist es wichtig zu wissen, welche Einheiten überhaupt eine besitzen, also

Holons sind, und welche nicht. Die Tatsache, dass wir Atome als Holons definieren und den Holons Innerlichkeit zugestehen, darf uns nicht dazu verführen, einem Stein, nur weil er aus Holons – eben Atomen – besteht, ebenfalls eine Innerlichkeit zuzusprechen. Armbanduhren haben auch keine Innerlichkeit, Hunde schon. Das ist der Sinn dieser Unterscheidung. Ein Panpsychismus, der Steinen ein Bewusstsein zugesteht, ist lediglich naiv und schlecht durchdacht. Ebenso wie ein Materialismus naiv und undurchdacht ist, der einem Hund diese Innerlichkeit abspricht. Holons haben Innerlichkeit; Haufen und Artefakte nicht.

> Ein *Stein* ist ein *Haufen*, eine *Armbanduhr* ein *Artefakt* und ein *Hund* ist ein *Holon*.

1.4.3.7 Die vier Perspektiven des Holons

An eine Szene aus meiner Kindheit kann ich mich noch sehr deutlich erinnern: Ich muss wohl noch sehr klein gewesen sein. Damals stand ich mit meiner Mutter, die gerade mit einer Nachbarin sprach, vor dem Haus meiner Großmutter. Der Wind trieb einen kleinen Fetzen Papier die Straße hinunter. Gelangweilt von der Unterhaltung der Erwachsenen sah ich ihm nach. Da traf mich blitzartig eine Erkenntnis. Rückblickend kann ich nur versuchen, sie so zu beschreiben:

»Ich bin hier, das Papier ist dort. Der Wind treibt das Papier von mir weg. Soweit, bis ich es irgendwann nicht mehr sehen werde. Es wird meiner Welt entschwinden, während ich hierbleibe und seine Sicht nicht einnehmen kann. Ich bin in meinem Körper und meiner Perspektive auf den mir sichtbaren Teil der

Welt gefangen. Das Papier ist dort und ich bin hier. Ich ... bin ICH!«

Seither gab es immer wieder Phasen in meinem Leben, in denen ich mich fragte, was dieses ICH ausmacht – mit unterschiedlichen Ergebnissen. Anfänglich schien mir völlig klar, dass ich selbst die Ursache für dieses ICH sei. Später jedoch interessierte mich mehr und mehr die Frage, welchen Anteil an diesem ICH meine Erziehung und meine Eingebundenheit in den sozialen Kontext der mitteleuropäischen Kultur hatte. War das ICH ein Produkt von rein individualpsychologischen Prozessen? Oder war es lediglich das Produkt von kultureller Prägung, wie der Strukturalismus meint?

Schließlich erkannte ich, dass es zu diesen beiden geistigen Ursachen noch zwei materielle gab. Einerseits ist jede Kultur abhängig von ihren materiellen Systemen, welche die Ressourcen verarbeiten und verteilen; andererseits zeigte mir meine Erfahrung, dass meine persönliche Wahrnehmung der Welt in direkter Abhängigkeit von meiner Gehirnchemie stand.

Es gibt demnach vier Bereiche, in denen das ICH wurzelt:

- meine Psyche, wie ich sie von innen erlebe und mit der ich meine Entscheidungen treffe;
- mein Körper, der (mit-)bestimmt, wie ich mich fühle und die Welt wahrnehme und der mir meine Aktionen in der Welt ermöglicht;
- mein kultureller Kontext, durch den ich sozialisiert wurde und der mich von außen als der, der ich bin, (mit-)definiert;
- meine materielle Versorgtheit, die natürlichen und kulturellen Systeme, in die ich eingebunden bin.

Die Korrelation zwischen Innen und Außen, zwischen Form und Bewusstsein bei jedem individuellen Holon, ermöglicht die prinzipielle Einteilung der Welt in diese vier unterschiedlichen Perspektiven. (*Ken Wilber stieß als erster auf diese 4 Bereiche, als er eine Einteilung der Wissenschaften in Kategorien vornahm. Er entwicklete daraus die Quadrantenlehre.*) Dabei werden zwei orthogonal aufeinander stehende Trennlinien gezogen. Eine zwischen dem individuellen System (ich) und dem Rest der Welt (alle möglichen Du's); die andere zwischen der jeweiligen Innen- und Außenperspektive. Daraus ergeben sich diese vier Quadranten:

Sytem-Innen Quadrant-Oben-Links (QOL)	System-Außen Quadrant-Oben-Rechts (QOR)
Welt-Innen Quadrant-Unten-Links (QUL)	Welt-Außen Quadrant-Unten-Rechts (QUR)

Einprägsamer sind diese Bereiche durch folgende Fragen:

- System innen (QOL): »Wie fühle ich mich?«
- System außen (QOR): »Wie sehe ich aus?«
- Welt innen (QUL): »Wie fühlst du dich / Wie fühlt ihr euch?«
- Welt außen (QUR): »Wie siehst du aus / Wie seht ihr aus?«

1.4.3.7.1 *System – Innen (QOL)*

Der Bereich, der die Innenperspektive eines individuellen Systems betrifft, steht für alle Wahrnehmungen, die in der Ichform beschrieben werden können, weshalb die dazugehörige Frage lautet: »Wie fühle ich mich?« Das ist die Gesamtsumme aller Erfahrungen des Subjekts, des *Holons*. Diese Perspektive untersucht man mit Techniken wie Meditation, Introspektion, autogenem Training, Visionen, Katathym-Imaginative-Psychotherapie (KIP) usw. *Phänomenologie* nennt man die Philosophie, die sich mit diesem Bereich beschäftigt. Dieser Quadrant beinhaltet die intime Vertrautheit mit dem eigenen Innenleben des jeweiligen Holons. Er betrifft die Perspektive des *Holons auf sich selbst als Subjekt.*

1.4.3.7.2 *System – Außen (QOR)*

Hier zeigt sich, wie das individuelle *Holon* von Außen wirkt, wie es von anderen Holons wahrgenommen werden kann. Die dazugehörige Frage lautet: »Wie sehe ich aus?« Aber auch das Holon selbst kann sich von Außen sehen. Um uns das vorzustellen müssen wir nur an unseren Körper denken: Halte ich einen Bleistift in der Hand, spüre ich einerseits das Holz zwischen meinen Fingern, andererseits kann ich meine Hand betrachten und sehen, wie sie den Bleistift hält. Ebenso wie den Bleistift nehme ich meine Hand als Objekt wahr. D. h., ich empfinde meinen Körper aus der Perspektive *System-innen* und sehe ihn (zumindest Teile davon) aus der Perspektive *System-außen*. Meinen Mitmenschen ist jedoch nur jener Bereich zugänglich, der für mich *System-außen* darstellt. Sie können mich als Objekt von Außen betrachten, fühlen aber nicht, was ich fühle.

Mein Körper kann untersucht werden, ich kann zum Gegenstand von Verhaltensforschung gemacht werden, aber wenn jemand wissen will, wie ich mich fühle, muss er mich fragen und meinen Aussagen darüber vertrauen.

Ich bin nicht nur ein empfindendes Subjekt, ich bin auch ein in der Welt agierendes Objekt. Das Thema dieses Quadranten ist das Holon als handelndes, physikalisches Objekt. Aus der Perspektive *System-innen* kann über das Holon nur in der Ich-Form gesprochen werden, aus der Perspektive *System-außen* nur in der Es-Form. Die hier vertretenen Forschungsgebiete sind *Verhaltensforschung* und *Medizin.* Das Holon als Objekt ist durch Empirie erfahrbar und ist ein autopoietisches, physikalisch-chemisch-biologisches System.

1.4.3.7.3 Welt – Außen (QUR)

Kommen wir nun zu *Holon-A,* dem Rest der Welt. Auch hier ergibt sich eine Einteilung in Innen und Außen. Beginnen wir mit der Außenseite, da uns diese wesentlich geläufiger ist. Die dazugehörige Frage lautet: »Wie siehst Du aus?« Womit alle möglichen Du's gemeint sind und alles eingeschlossen ist, was in der Welt objektiv gesehen werden kann.

Karl Marx sagte einmal: »Das Sein bestimmt das Bewusstsein.« D. h., dass der Kontext, in den ein Mensch gestellt ist, den Menschen bestimmt. Es geht dabei um den gesamten materiellen Kontext. In diesen Bereich gehören die Wissenschaften Soziologie, Ökologie und Systemtheorie. Hier sind alle sichtbaren Dinge zugehörig, welche das Umfeld des Holons ausmachen. Andere Menschen, alle Gegenstände, aber auch die systemischen Zusammenhänge jeglicher kultureller Infrastruktur wie Straßen, Transportmittel, Warenverkehr, Kanalisation usw. Aus dieser

Perspektive betrachtet, ist das Holon ein Produkt der systemischen Organisation seiner Umgebung. Der Mensch z.B. ist ein Produkt der Evolution: Er entsteht aus den Chromosomen der Samen- und Eizelle von Vater und Mutter. Während der Schwangerschaft wird er genährt durch den Organismus der Mutter und nach der Geburt durch die Familie usw. Der Blickwinkel dieses Quadranten konzentriert sich auf die (das Holon konstituierenden) Kräfte der materiellen Umgebung. Hier geht es um objektiv, materiell sichtbare Gegebenheiten, daher die Fragestellung »Wie siehst du aus?«

1.4.3.7.4 Welt – Innen (QUL)

Aber wie sieht nun eine derart vielgestaltige Außenwelt von innen betrachtet aus? Bei den mich umgebenden Menschen ist die Antwort natürlich leicht. Jeder meiner Mitmenschen hat ebenso ein Innenleben, wie ich selbst. Ohne diese Innenperspektive der anderen lässt sich Kultur gar nicht erklären. Genau genommen erfahre ich mich doch erst als »Ich«, weil ich in einen Dialog mit meinen Mitmenschen eingebunden bin. Gemeinsam mit ihnen fühle ich mich als »wir«. Es ist die Verbundenheit von Familie, Freunden, Firma, Staat, Menschheit oder was auch immer. Ich fühle mich irgendwo zugehörig und dieses Zugehörigkeitsgefühl beeinflusst meine Ich-Wahrnehmung. Ich verstehe meine Muttersprache, weil ich in einem muttersprachlichen Kontext aufgewachsen bin. Ich verstehe meine Kultur, weil die anderen Menschen gleiche Werte und gleiche Weltvorstellungen haben. Die Untersuchung dieser Bereiche geschieht mittels der Hermeneutik.

Natürlich lebe ich auch mit Tieren und Pflanzen zusammen, die ihrerseits ein Innenleben haben. Zudem begegnen mir auch Menschen, deren kultureller Hintergrund mir unbekannt ist und ich treffe auf Holons, deren Innenleben mir überhaupt nicht auffällt, z.B. Viren oder Wassermoleküle. Aber egal ob ich in diesen Begegnungen das Innenleben meines Gegenübers nachvollziehen oder nicht, alle sind mit der Frage gemeint: »Wie fühlst du dich?«

Das Wesentliche an diesem Quadranten ist, welche Gemeinsamkeiten in den Innenperspektiven aller Holons der Außenwelt den Kontext bilden, von dem das zu betrachtende Holon abhängig ist. Man könnte es als den kulturellen Kontext des Holons bezeichnen. Dieser formt das Holon ebenso von außen, wie es der materielle Kontext tut. Als Strukturalismus wird die diesem Quadranten zugehörige Philosophie bezeichnet.

1.4.3.7.5 Beziehungen der Perspektiven

Was also repräsentieren diese vier Bereiche? Es sind vier unterschiedliche Perspektiven auf dasselbe. Immer steht das Holon im Zentrum der Aufmerksamkeit. Immer wollen wir etwas über dieses Holon herausfinden. Aber immer aus einem anderen Blickwinkel. Und jedes Detail, das aus einem der vier Bereiche wahrgenommen werden kann, findet in den anderen drei Bereichen eine Entsprechung. Jeder Punkt, der aus einer Perspektive ausgemacht wird, muss zwangsläufig auch aus den anderen drei Perspektiven zu finden sein. Wenn wir bei der Analyse der Wirklichkeit diese Vorgabe berücksichtigen, wird die Welt eine ganzheitlichere Erklärung finden, als dies derzeit mit Hilfe der einzelnen Wissenschaften möglich ist. Nehmen wir die *Wahrnehmung einer Blume* als Beispiel, um dies näher zu demonstrieren:

Die Frage »Wie fühle *ich* mich?« (System innen = QOL) wird durch die schlichte Erfahrung (*phänomenologisch*) der Freude darüber repräsentiert, dass **ich** eine Blume sehe.

Die Frage »Wie sehe *ich* aus?« bezieht sich auf den körperlichen Aspekt, der gegeben ist durch eine chemische und elektrische Reaktion in meiner Netzhaut und Aktivitäten meines Sehnervs und meines Gehirns. Mein körperlicher Zustand ist messbar. Meine Freude über das Erkennen der Blume wird sichtbar: Meine Pupillen erweitern sich, es kommt zu einer Serotoninausschüttung, mein Puls beschleunigt sich... Dies alles entspricht dem Bereich *System-außen* (QOR).

Die Frage »Wie siehst *du* aus?« resultiert aus dem Bereich der objektiven Welt (*Welt-außen = QUR)*. Natürlich ist hier die Blume selbst zu finden, aber auch der Kontext, in dem sie steht, sowie die Umstände, welche mich an die Blume herangeführt haben. Also einerseits der Garten, das Beet, die Wiese, das Sonnenlicht; aber andererseits auch der Weg, der mich hierher geführt hat, der Gärtner, der sie gepflanzt hat, die Frau, der ich sie schenken will usw. All das sind prägende Einflüsse, grundlegende Bedingungen für meine Wahrnehmung.

Die Frage »Wie fühlst du dich?«, bleibt noch als vierter Bereich. Er betrifft das Innere der Welt (*Welt-innen = QUL)*. Dort findet sich der mir bekannte Kontext, also der kulturellen Hintergrund meiner Familie, meiner Gemeinde und meiner Nation, welcher mir eine Interpretation nahe legt, nach der eine Blume etwas Schönes ist. Wenn also z.B., wie in unserer Kultur, eine rote Rose als Königin der Blumen bezeichnet und sie als Symbol der Liebe verstanden wird, werde ich sie immer mit dieser Information im Hintergrund betrachten. Darüber hinaus sind hier aber auch noch weitere Bereiche betroffen, der mir nicht direkt zugänglich sind. Es handelt sich zum Einen um das innere Erleben der Blume selbst, in welches ich mich als Mensch nicht hineinversetzen kann. Zum Anderen betrifft es aber auch noch jene Gedanken, die andere Menschen anstellen, wenn sie mich beim Betrachten dieser Blume beobachten. Z.B. der Gärtner, der befürchtet, ich könnte die Blume abschneiden oder die Frau, die mich begleitet und vielleicht hofft, ich würde es tun.

Jede Perspektive kreiert, in derselben Situation, eine unterschiedliche Beschreibung von mir als Holon. Aber es handelt sich nur um Perspektiven. Keine der Beschreibungen ist besser oder schlechter geeignet die Wahrheit der Situation und mich als Holon zu ergründen. Und – was besonders wichtig ist – keine Beschreibung ist ursächlich für eine andere und keine von ihnen ist vollständig. Wir können nicht sagen, die elektrochemische Aktivität meiner Netzhaut sei die *Ursache* für mein inneres Erleben der Blume. Auch nicht, dass meine Freude *Ursache* der elektrochemischen Aktivität meines Gehirns sei. Genauso wenig trifft die Aussage zu, dass die materiellen Gegebenheiten meines Körpers und der Umgebung die Situation vollständig beschreiben, solange wir die Innenperspektiven nicht mit einbeziehen. Dies alles sind lediglich unterschiedliche Blickwinkel auf denselben Sachverhalt.

Halten wir also fest: Jedes Holon lässt sich aus vier unterschiedlichen Perspektiven betrachten – es *ist* diese vier unterschiedlichen Perspektiven.

Unter einem Holon ist somit nicht einfach nur das System selbst zu verstehen, welches trotz des ständigen Austauschs von Materie und Energie in seiner Struktur, seinem Seinsmuster, dasselbe bleibt. Es ist viel mehr. Und hierin liegt auch der grundlegende Unterschied zum Begriff des »Systems«: Ein Holon ist weder von seinem zeitlichen noch von seinem räumlichen Kontext zu trennen.

Der Begriff Holon meint nichts Substantielles, wie etwa die Materie des Systems, welches Gegenstand der Betrachtung ist. Er meint auch nichts Strukturelles, wie das Muster, welches das System erhält, indem es die Materie austauscht. Er meint etwas ganzheitlich Perspektivisches.

Ein Holon ist nicht nur das abgeschlossene System, das Ding, welches damit beschrieben wird und auch nicht der Prozess, der damit einhergeht. Der Begriff Holon meint die ganz subjektive und individuelle Beziehung des Systems zum räumlichen und zeitlichen Weltganzen. *Ein Holon ist die ganze Welt in ihrer umfassenden räumlichen und zeitlichen Ganzheit,* ***mit einem ganz bestimmten Mittelpunkt***. Ein Holon ist jeweils der ganze Kosmos. Die verschiedenen Holons unterscheiden sich untereinander lediglich dadurch, dass die Welt ein jeweils anderes Zentrum erhält.

> Jedes Holon ist der gesamte Kosmos mit einem individuellen raumzeitlichen Zentrum – aus vier Perspektiven betrachtet.

Der Begriff Holon steht somit sowohl für die räumliche und zeitliche Ganzheit des Systems selbst, als auch für das Negativ davon. Unter Negativ ist hier der Unterschied zwischen Figur und Hintergrund zu verstehen, die Negativform, welche z.B. für einen Gipsabdruck verwendet wird um eine Positivform herzustellen. Ich kann eine Figur auf einem Blatt Papier abbilden, indem ich sie schwarz male und den Rest des Blattes weiß lasse. In diesem Fall habe ich die Grenze zwischen Figur und Hintergrund über die schwarze Figur definiert. Ich kann diese Grenze aber auch definieren, indem ich den Hintergrund ausmale und die Figur selbst weiß lasse. In jedem Fall aber gehört zur Definition dessen, was die Figur ist, sowohl die Figur, als auch der

Hintergrund. Die Figur wird weder durch den Inhalt noch durch die Umgebung bestimmt, sondern allein durch die Grenze zwischen Inhalt *und* Umgebung. Zum individuellen Holon gehört die gesamte geschaffene Welt und die ganz subjektive und einzigartige Perspektive des Holons innerhalb dieser Welt. Kein Teil des Weltganzen kann bei der Betrachtung eines Holons außer Acht gelassen werden. Alles wird von allem beeinflusst und alles hinterlässt seine Spur in allen vier Quadranten des Holons. Es ist also aus jeder Perspektive – in der dem Quadranten entsprechenden Ausprägung – sichtbar und jede verlangt nach einer eigenen Art von Beschreibung.

Konkret heißt das, dass sich jedes Erleben eines Subjekts (z.B. des Menschen) in der Ich-Form beschreiben lässt (System-innen), genauso wie es sich als materieller Vorgang am Subjekt selbst zeigt (System-außen), etwa als Gehirnströme und biochemische Prozesse im Körper. Damit ist das Holon über die Figur definiert. Zusätzlich aber lässt sich eine systemtheoretische Beschreibung heranziehen, welche den Vorgang des Erlebens über die materielle Umwelt des Systems (Welt-außen) begründet. Zuletzt findet man die Ursachen auch im kulturellen und intersubjektiven Kontext (Welt-innen) des Subjekts. Damit definiert man das Holon über den Hintergrund. Dabei ist keine Beschreibung vollständig, weil immer ein Raum beschrieben werden muss, um eine Grenze zu definieren. Ich muss entweder den Inhalt der Figur beschreiben oder ihre Umgebung. Nur dann wird die Grenzlinie zwischen Umgebung und Figur deutlich. Ich habe also vier Möglichkeiten der Beschreibung dieser Grenzlinie:

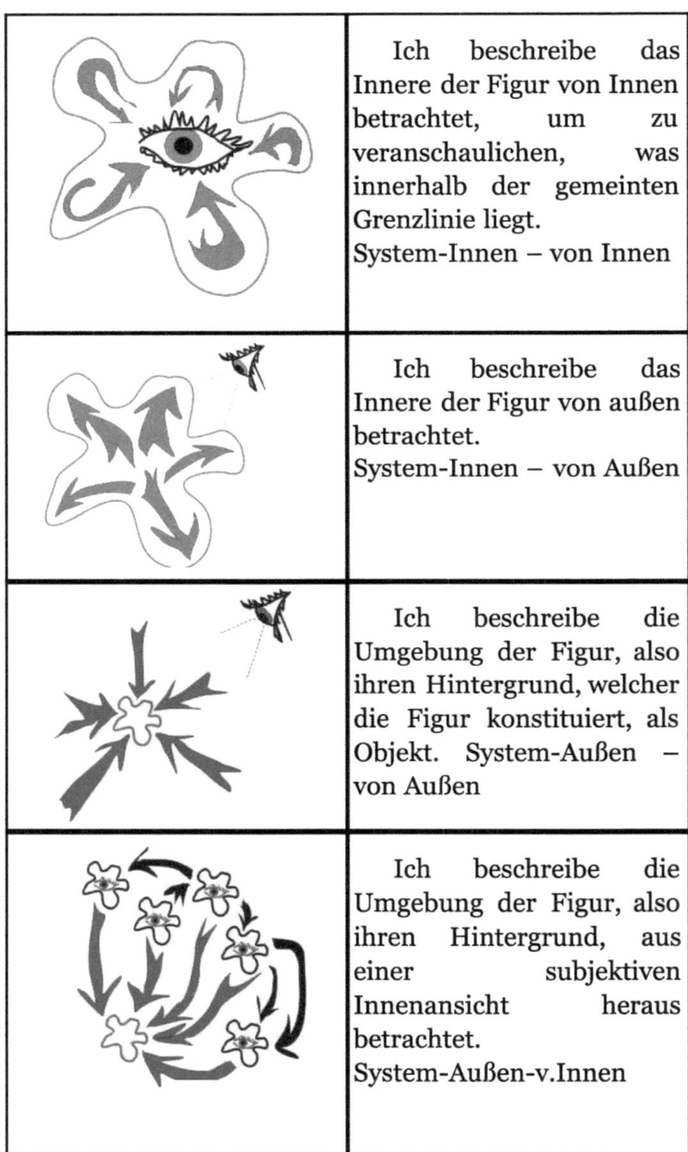

	Ich beschreibe das Innere der Figur von Innen betrachtet, um zu veranschaulichen, was innerhalb der gemeinten Grenzlinie liegt. System-Innen – von Innen
	Ich beschreibe das Innere der Figur von außen betrachtet. System-Innen – von Außen
	Ich beschreibe die Umgebung der Figur, also ihren Hintergrund, welcher die Figur konstituiert, als Objekt. System-Außen – von Außen
	Ich beschreibe die Umgebung der Figur, also ihren Hintergrund, aus einer subjektiven Innenansicht heraus betrachtet. System-Außen-v.Innen

Bei jeder dieser Beschreibungen geht es um die Feststellung der Grenzlinie zwischen Figur und Hintergrund. Sie bilden die Interaktionslinien des Holons wodurch sich sein Hier und Jetzt-definiert.

Für das individuelle Holon ist dieser »*Hier&Jetzt-Punkt*« das Zentrum seiner Aufmerksamkeit. Im nächsten Abschnitt werden wir uns im Kapitel »*Quantenkollaps und Info-Spin*« noch näher mit einer phänomenologischen Sichtweise der Quadranten befassen müssen. Fürs Erste ist nur wichtig, dass es diese vier Perspektiven auf das Holon überhaupt gibt.

1.4.4. Bewusstsein = Materie von Innen

Es wäre sicherlich von großem Vorteil, wenn das Wissen um diese vier Perspektiven immer die Grundlage unserer Weltbetrachtungen wäre. Viele Fehlinterpretationen wissenschaftlicher Erkenntnisse blieben uns ersparen und so manche philosophische Frage würde sich überhaupt nicht stellen.

Erübrigen würde sich z.B. das Geist-Körper-Problem. Bewusstsein ist Form aus einer anderen Perspektive. Dazu benötigen wir keine Vorstellung eines Dualismus mehr, der selbst größere theoretische Probleme verursacht, als er zu lösen vorgibt. Und die Frage nach der Herkunft des Bewusstseins ist ebenso geklärt.

Damit wäre Rätsel Nr. 1 gelöst. Man könnte nun aber meinen, dass dies exakt der Philosophie des Materialismus entspricht. Es bedarf keiner zusätzlichen Komponente, wie eines Geistes oder einer Seele, um Materie zum Leben zu erwecken. Jede Materie hat eine implizite Eigenschaft, welche bei komplexeren Systemen zur erlebten Innenperspektive und schließlich zum Selbstbewusstsein führt. Das beinhaltet natürlich auch die Auslöschung des Bewusstseins mit dem Tod. Wenn es kein System mehr gibt, das sich selbst von innen betrachten kann, gibt es auch kein Bewusstsein mehr. Jede Religion wäre damit ad absurdum geführt und der Materialismus ginge als Sieger aus dem Kampf der Philosophien hervor.

Aber ist das tatsächlich so? Ist dieser Schluss tatsächlich so zwingend, wie es scheint?

Vielleicht ist diese Aussage doch verfrüht. Wir wissen jetzt, wie sich Bewusstsein entwickelt, wenn es auf einer der Wissenschaft verborgen gebliebenen Eigenschaft der Materie beruht. Diese Annahme ist sinnvoll und führt – wie sich gezeigt hat – auch zu stimmigen Ergebnissen. Aber es ist eben nur eine Annahme. Es ist eine Prämisse, die wir an den Anfang unserer Überlegungen gestellt haben. Sie ist damit nicht bewiesen. Sie erscheint uns wahrscheinlich, weil sich damit viele Widersprüche auflösen. Aber beweisen können wir sie mit unseren Überlegungen nicht, weil diese selbst erst aus der Prämisse folgen. Damit wäre dies ein Zirkelschluss.

Natürlich könnten wir damit leben, dass die Annahme wahrscheinlich, aber unbewiesen ist. In vielen Fällen lebt die Wissenschaft mit solchen Übereinkünften. So ist es zum Beispiel sehr wahrscheinlich, dass im gesamten Kosmos dieselben Naturkonstanten gelten. Bewiesen ist es aber nicht. Trotzdem gehen alle Forscher davon aus und leben mit dieser Annahme bisher ganz gut.

Für uns ergibt sich jedoch ein ganz anderes Problem: Wir wissen immer noch nicht, was diese verborgene Eigenschaft der Materie eigentlich ist. Im Prinzip haben wir noch so gut wie nichts erreicht. Auf der Suche nach einer Antwort auf die Frage, was Bewusstsein eigentlich ist, sind wir im Kreis gelaufen. Wir kennen immer noch keine Details über das Phänomen, das uns die Welt erlebbar macht. Die *Innenperspektive* ist noch genauso rätselhaft wie zu Beginn unserer Suche. Die evolutionäre Erkenntnistheorie zeigt uns zwar, wie die Bewusstseinsinhalte im Laufe der Evolutionsgeschichte immer komplexer wurden, so dass wir an ihrem vorläufigen Ende als ein sich selbst erkennendes Tier stehen. Aber wie uns diese Inhalte überhaupt als bewusste Erfahrung erscheinen können, darüber sagt sie nichts aus.

Natürlich haben wir mit den vier Perspektiven des Holons eine gute Methode gefunden, äußere Formen in inneres Bewusstsein zu übersetzen. Aber auch hier beginnt die Übersetzung immer schon mit materiellen Systemen, die eine gewisse Komplexität aufweisen. Je tiefer wir zu den grundlegenden Bausteinen, den kleinen Teilen der äußeren Formen, vordringen, umso rätselhafter werden auch die Übersetzungen in eine innere Perspektive. Die Phänomenologie eines Atoms können wir postulieren, aber können wir sie auch verstehen? So lange wir hier keinen Schritt weiter kommen, ist das alles zwar eine nette Theorie, aber sie ist deswegen nicht besser erwiesen, als die Theorie, dass Gott die Welt erschaffen hat.

Bewusstsein ist hier jedoch nicht das einzige Rätsel. Wir haben zusätzlich auch noch Rätsel Nummer 2 zu lösen: Das Bewusstsein befindet sich in guter Gesellschaft mit der materiellen Substanz. Auch deren Wesen ist noch lange nicht geklärt. Wenn wir uns in die Gebiete der kleinsten Bauteile der Wirklichkeit begeben, ist die äußere Form der Dinge genauso ungreifbar, wie ihr inneres Pendant, die Innenperspektive. Die Frage »Wo kommt Bewusstsein her?« ist nicht weniger rätselhaft, als die Frage »Wo kommt die materielle Substanz her?« Beide Komponenten der Wirklichkeit verlieren bei näherer Betrachtung ihre Selbstverständlichkeit.

Könnte es sein, dass beide Rätsel eine gemeinsame Erklärung haben? Ist es möglich, für die Existenz von Materie und für die Existenz des Bewusstseins eine einzige Ursache zu finden?

Eigentlich müsste sich diese Frage erübrigen, schließlich haben wir doch behauptet, dass Materie und Bewusstsein dasselbe sind, nur aus unterschiedlichen Perspektiven betrachtet. Demnach darf uns die Möglichkeit einer gemeinsamen Ursache nicht überraschen, im Gegenteil: *Es muss eine gemeinsame Ursache geben!*

Um diese zu finden, müssen wir allerdings noch einmal an die Basis unserer Welt. Und diesmal werden wir noch tiefer in die Struktur unserer Wirklichkeit vordringen müssen.

1.5 Gottes Schatten

Wenn Du es begriffen hast, war es nicht Gott!

1.5.1. Einleitung

Als ich ein Kind war, überraschte mich mein Vater oft mit eigenartigen Geschichten. So setzte er sich einmal mit einem karierten Block und einem Bleistift zu mir, und begann zu erzählen: »Dem alten Pythagoras war wieder einmal langweilig und so zeichnete er ein kleines Dreieck auf einen Block wie diesen hier.« Dabei zeichnete er selbst auch ein Dreieck auf das Papier. Natürlich war es ein rechtwinkeliges Dreieck und die beiden Katheten zeichnete er drei und vier Zentimeter lang. Dann sprach er weiter: »Nur so zum Spaß setzte Pythagoras nun über jede Seite des Dreiecks ein Quadrat. Anschließend zählte er bei jedem Quadrate die kleinen Kästchen des karierten Papiers und stellt mit Erstaunen fest, dass die beiden kleinen Quadrate gemeinsam ebenso viele Kästchen enthielten, wie das Quadrat über der großen Seite.« Dabei riss mein Vater ein Quadrat mit fünf Zentimeter Kantenlänge aus dem Papier heraus und legte es zum Beweis über die Hypotenuse. »Ist doch irgendwie interessant – oder?«, schmunzelte er und ließ mich allein. Mit dieser kleinen Geschichte hatte er mein Interesse soweit geweckt, dass ich nicht nur nachzählte, ob das Ergebnis auch wirklich stimmt, jetzt wollte ich auch wissen warum.

Die Natur steckt voller Rätsel und mit etwas Aufmerksamkeit, Geduld und Mühe können wir Menschen sie ergründen. Das war die Botschaft, die er mir damit vermittelte. In mir erweckte er durch diese spielerische Art schon früh das Interesse an Mathematik, Logik, Physik und Philosophie. Meinem Vater habe ich es also zu verdanken, dass dies für mich keine Gebiete trockener Theorie waren, sondern etwas, womit ich gerne meine Freizeit verbrachte. Auch wenn meine Anstrengungen nicht immer von Erfolgserlebnissen belohnt wurden. Ich kann mich noch gut an dieses unbefriedigende Gefühl erinnern, als er mich das erste Mal mit dem Begriff der *Unendlichkeit* konfrontierte. »Es kann doch nicht sein, dass etwas nie aufhört. Alles hat doch irgendwo ein Ende«, dachte ich. Aber sofort tauchte die Frage auf: »Wenn es eine Grenze hat, an der es aufhört, was ist dann dahinter?« Es war mir einfach nicht möglich, aus diesem verwirrenden Hin und Her mit einer befriedigenden Lösung auszusteigen.

Sicherlich kennen sie dieses paradoxe Gefühl auch aus Ihrer Kindheit, als Sie sich über Unendlichkeit Gedanken machten. Wir wurden damals das erste Mal damit konfrontiert, dass wir etwas mit unserer Vorstellung nicht erfassen konnten. Statt an die Grenzen des Kosmos, sind wir an die Grenzen unseres Verstandes gestoßen.

Ähnlich ergeht es jedem Philosophen, der versucht, das Universum als Ganzes zu denken und die Wirkungen bis an ihre letzten Ursachen zurück zu verfolgen. Plötzlich taucht die Frage auf: *»Warum gibt es überhaupt Etwas und nicht vielmehr Nichts?«* Aber wir müssen hier letztendlich kapitulieren. Wir müssen akzeptieren, dass es eben *Etwas* gibt und nicht *Nichts*. Die Frage nach der letzten Ursache ist wie die Suche nach der Grenze der Unendlichkeit.

Ebenso ist jede objektive Physik immer Endophysik, d. h., wir können das Universum nicht verlassen um es von Außen zu betrachten und eine Exophysik aufzustellen. Daher kann es uns als Bewohner dieses Kosmos aus prinzipiellen Gründen nicht gelingen, die Ursache für diesen Kosmos zu entschlüsseln. Wir können lediglich sehen, wie er von innen betrachtet aufgebaut ist. Wenn der Kosmos durch den Urknall entstanden ist, wird es uns nicht gelingen, die Ursache dieses Urknalls zu ermitteln. Gelingt es uns aber, gehört jene Ursache zu unserem Kosmos und somit kann dieser nicht durch den Urknall entstanden sein. Es ist dieselbe paradoxe Situation wie die der Vorstellung der Unendlichkeit.

Trotzdem müssen wir das Unmöglich wagen. Das liegt in unserer Natur. Machen wir uns also auf die Suche nach den Ursachen des Kosmos.

1.5.2. Schöpfung der Welt

»Am Anfang schuf Gott Himmel und Erde«

Genesis 1.1., trad. Üb.

Wenn es uns schon nicht gelingt, uns aus dem Universum herauszuheben, um das Ganze zu überblicken, so können wir zumindest jenen Teil betrachten, der aus der Innenperspektive ersichtlich ist. Wir können Gott – oder wie immer wir den Ursprung nennen wollen, aus dem die Welt hervor ging – vielleicht nicht in vollem Umfang begreifen. Aber wir können uns die Schatten ansehen, die er in die Welt wirft. Der Kosmos beinhaltet zwingend ein Abbild seines Ursprungs. Schöpfung geschieht niemals spurlos, weil das Werk selbst die Spur seiner Erschaffung ist.

Theologische Konzepte mag es viele geben und aufgrund Ihrer Verschiedenheit bleibt uns nur der Glaube. Wir müssten uns entscheiden, ob wir diesem oder jenem Konzept folgen wollen. Ich habe mich in meiner Jugend auf einige Konzepte eingelassen und mit deren Vertretern viele Abende lang Diskussionen geführt.

Aber als aufgeklärter Europäer, für den ich mich hielt, war mir das System *»Glaube und du wirst wissen«* immer suspekt. Ich fühlte mich dabei immer ein Wenig an pathologische Wahnsysteme erinnert. Die Erfahrung zeigt: Wenn zwei verschiedene Menschen an zwei verschiedene Thesen glauben, solange, bis sie »Wissen« darüber erlangen, unterscheiden sich auch ihre Wege auf der Suche nach Informationen und die letztendlich daraus gewonnenen subjektiven Gewissheiten entsprechend von einander. Jede Glaubensrichtung gibt natürlicherweise nur diejenigen Informationen an ihre Gläubigen weiter, in denen ihre Theorie Bestätigung findet.

Wenn es jedoch tatsächlich einen Gott geben sollte, der von mir verlangt, dass ich einfach nur glauben soll, selbst wenn mir seine Lehre noch so unlogisch erscheint, dann mag ich diesen Gott nicht. Von so einem Gott möchte ich nicht erschaffen sein. Und ich bin zutiefst davon überzeugt, dass er eher eine Schöpfung menschlicher Phantasie ist, als umgekehrt.

Wollen wir etwas über Gott herausfinden, müssen wir uns sein Werk ansehen, das uns zugänglich ist. Erst wenn wir uns die Frage stellen: »Wie hat er das gemacht?«, bekommen wir vielleicht eine Ahnung davon, wer oder was er/sie/es ist.

1.5.2.1 Alle Zeit der Welt

Können wir die Basis der Wirklichkeit finden, wenn wir die Materie immer mehr teilen und ergründen, woraus sie besteht? Dringen wir so zu den Bausteinen der Welt vor? Finden wir damit das Fundament, auf dem die Welt ruht? Ist es tatsächlich im Kleinsten zu finden?

Die Überprüfung solcher Theorien könnte sich als schwierig erweisen. Weltweit wird in Teilchenbeschleunigern versucht, durch Teilung der kleinsten Teile die grundlegenden Bausteine des Universums zu finden. Aber je kleiner die zu teilenden Objekte werden, umso mehr Energie benötigen wir. Unweigerlich wird irgendwann im Bereich der Strings die zur Teilung nötige Energie das Maß der im Kosmos real vorhandenen Energie übersteigen. Aber bereits lange bevor dies geschieht, werden durch diesen Prozess neue Teilchen geschaffen, anstatt die vorhandenen zu teilen. Das bedeutet, dass wir hier an konkrete, praktische Grenzen stoßen.

Lassen wir aber vorerst diese Probleme beiseite und bleiben bei der Theorie: Können tatsächlich materielle Objekte die Bausteine sein, aus denen sich unsere Wirklichkeit zusammensetzt?

Moleküle lassen sich in Atome teilen und Atome bestehen aus Elektronen und Protonen. Protonen bestehen aus Quarks und diese – nach einigen Theoretikern – aus Strings. Ist damit das Ende erreicht? Sind Strings die Bausteine, die wir suchen? Wir kennen die Geschichte bereits: Die Welt ruht auf dem Rücken einer Schildkröte. Und worauf ruht die Schildkröte? Auf einer tieferen Schildkröte. Und diese? Es sind Schildkröten *bis ganz nach unten*!

Strings sind nicht die kleinsten Bauteile. Nach neuesten Theorien gibt es sie in verschiedenen Dimensionen; sie werden nun *n-Branen* genannt. Das *n* steht dabei für eine einzusetzende Zahl. Hiernach stellt man sich *1-Branen* fadenförmig vor, *2-Branen* flächig, *3-Branen* räumlich usw. Es wird aber noch weiter spekuliert: *Branen* könnten ihrerseits wieder aus so genannten *Partonen* bestehen und diese aus *Subpartonen*, welche infinite, fraktale Abbildungen ihrer selbst sind. Die Kette des Seins nach unten hört also nicht auf. Immer gibt es eine noch tiefere Schildkröte, auf der die vorhergehenden ruh'n.

Es sind keine unteilbaren Teilchen *vorstellbar*. Die Probleme sind nicht nur praktischer Natur. Auch in der Theorie gibt es das *a-tom*, das Unteilbare nicht.

Ein kleinstes, nicht mehr teilbares Objekt wäre punktförmig und somit ebenso unvorstellbar, wie die Unendlichkeit. Ein Punkt ist eine mathematische Abstraktion und keine objektive Realität. In einer realen Wirklichkeit kann es keine Punkte geben. Die Suche nach dem kleinsten Teilchen ist daher nur eine *unendliche Annäherung* an diesen Punkt. Was wir jedoch an den Teilungen der Objekte entdecken können, ist ein anderes Prinzip: Es ist die Komplexität, die sich mit jeder Teilung mehr und mehr verliert. Jede Teilung ist ein Schritt in Richtung Einfachheit.

1.5.2.1.1 Die Reduktion der Komplexität

Objekte können nicht die Grundstruktur des Kosmos bilden. Die Dinge der Welt bestehen nicht primär aus kleineren Dingen. Die Welt besteht aus einer Prägeometrie oder auch Grundsymmetrie. Zumindest darin sind sich heutige Physiker einig. Es muss eine Art von Mathematik geben, die all diesen Erscheinungen zugrunde liegt. Aber nicht nur das. Die Welt muss aus dieser Mathematik entstehen, ohne einen Zusatz, der außerhalb von ihr liegt. Mathematik ist nichts anderes, als eine geregelte, formale Manipulation von Informationen. Miteinander agierende Informationen prägen unsere Welt. Aber aus welchen Informationen besteht unsere Wirklichkeit? Und wo landen wir, wenn wir diese immer stärker zur Einfachheit reduzieren?

Ausgangspunkt ist unsere kosmische Realität mit all ihren Objekten. Wir können sie als reine Ansammlung von Informationen begreifen, indem wir uns vorstellen, sie wäre eine sehr realistische Computersimulation[1].

Nun subtrahieren wir von den Objekten (oder ihren Datensätzen) die Informationen über ihren jeweiligen Abstand zueinander. Was bleibt, ist immer noch eine dreidimensionale Geometrie, welche die genaue Anordnung aller Objekte im Raum aufzeigt, auch wenn sich nicht mehr feststellen lässt, in welcher Entfernung die Dinge zueinander liegen. Wir kennen aber noch die Richtung, in die wir uns wenden müssen, um von einem Teil zu einem anderen zu gelangen.

Subtrahieren wir jetzt die Information der Winkelwerte, so lässt sich noch feststellen, ob Dinge parallel zueinander verlaufen oder nicht, weil sich ihre ins Unendliche verlängert gedachten Achsen nicht schneiden.

Entfernen wir auch noch die Informationen der Parallelität, bleibt immer noch die Information über die Nachbarschaft der Dinge zueinander. Wir wissen weiterhin, wenn wir von A nach C wollen, müssen wir an B vorbei. Die Dinge sind immer noch geordnet.

Eliminieren wir nun zum Schluss auch noch diese Ordnungsinformation, bleiben nur noch Punkte, über deren Zusammenhang sich nichts mehr aussagen lässt. Was bleibt, ist eine Menge unverbundener Punkte, die nichts mehr miteinander zu tun

---

[1] Mit realistisch meine ich, dass in dieser Simulation ein Objekt nicht einfach nur ein Drahtgittermodell mit einer darüber gespannten Textur ist, sondern durch eine Simulation jener Atome aufgebaut wird, welche auch in der Realität dieses Objekt ausmachen würden.

haben. Könnten wir hiervon noch etwas entfernen? Ja, die Menge selbst. Da die Punkte keinerlei Zusammenhang untereinander haben, ist auch ihre Gesamtzahl für jeden Einzelpunkt irrelevant. Es gibt also keine Menge mehr, sondern nur noch eine unbekannte Zahl von Einzelpunkten. Da jedoch ihre Eigenschaften ursprünglich aus ihren Beziehungen mit anderen Punkten entstanden sind, unterscheiden sie sich nun nicht mehr voneinander. Es lässt sich nur noch feststellen, dass es Punkte gibt; aber es könnte genauso gut nur einer sein.

Die mathematische Basis der Einfachheit ist demnach nichts weiter als ein einzelner Punkt. Es gibt *nichts* um ihn herum; und selbst dieses »nichts« wäre schon eine räumliche Einordnung. Und den Raum haben wir bereits irgendwo auf dem Weg zur Einfachheit verloren. Es gibt keinerlei Relationen und damit auch nicht die geringsten Eigenschaften. Das darf uns natürlich nicht wundern, schließlich haben wir diese ja gerade entfernt, um zur einfachsten Einheit zu gelangen.

Unsere Vorstellung des Begriffs »Punkt« kommt aus dem Koordinatensystem von René Descartes. Danach ist ein Punkt eine Kreuzung von Maß-Linien und definiert eine Relation zu anderen Punkten. Unser Punkt aber hat keinerlei Relationen. Wie also kommen wir nun vom Punkt wieder zu einer räumlichen Welt?

Wir müssen die Eigenschaften, die wir gerade subtrahiert haben, um zu den elementaren Punkten zu gelangen, wieder erzeugen. Es muss einen formalen Algorithmus geben, der die Punkte wieder miteinander verbindet – sie also zueinander in Relation setzt – und daraus schlussendlich Raum, Zeit, Energie, Materie und Bewusstsein erzeugt.

Unsere Wirklichkeit kann als Anhäufung von Punkten beschrieben werden, die, durch bestimmte Relationen zueinander, Eigenschaften erzeugen, mit denen sie sich gegenseitig beeinflussen.

1.5.2.1.2 Raumzeit als zellulärer Automat

In der Schule wurde ich mit dem »Spiel des Lebens« bekannt gemacht. Dabei handelte es sich nicht etwa um eine pädagogisch wertvolle Unterrichtseinheit, welche Kinder spielerisch auf das Leben vorbereitet; vielmehr ist es ein Zeitvertreib, der auf einem karierten Block gespielt wird. Es lenkt also eher vom Unterricht ab oder füllt die Zeit, in der man meint, sowieso schon zu wissen, was an der Tafel unterrichtet wird. Nachdem ich schon mit vier Jahren Lesen und Schreiben konnte, kam diese Situation während meiner Schulzeit recht häufig vor. Leider trainiert man sich damit eine permanente Unaufmerksamkeit an, die dazu führt, dass man den Moment versäumt, in dem der Lehrer Dinge erklärt, die noch nicht bekannt sind. Aber das ist eine andere Geschichte.

Zurück zum Spiel: Anfänglich malt man willkürlich verschiedene Kästchen auf dem untersten Blatt des Blocks aus. Dann blättert man eine Seite weiter und malt auf das nächste Blatt die Kästchen nach folgenden Regeln:

Jedes Kästchen hat acht Nachbarn. Ist ein Kästchen auf dem darunter liegenden, dem Ursprungs-Blatt (UB) ausgemalt (es enthält eine Zelle), dann malt man es auf dem aktuellen Blatt (AB) nur dann aus, *wenn* es auf dem UB zwei oder drei ausgemalte Nachbarn hat. Hat es weniger (0 oder 1), »*stirbt*« die Zelle aus Einsamkeit und das Kästchen auf dem AB bleibt leer. Sind auf dem UB von den benachbarten Kästchen mehr als drei ausgemalt (4, 5, 6, 7 oder 8), *»stirbt«* die Zelle an Überbevölkerung und das Kästchen bleibt auf dem AB ebenfalls leer. Ein Kästchen, dass am UB leer war, bleibt am AB ebenfalls leer, außer es hat am UB exakt drei ausgemalte Nachbarn. Hat es diese aber, entsteht hier am AB eine neue Zelle.

Blättert man nun um und verfährt mit dem nächsten Blatt in derselben Weise, ergibt sich eine geregelte Veränderung von Seite zu Seite. Inzwischen ist dieses Spiel gut erforscht und es gibt einige Strukturen, die eigene Namen erhalten haben (Blinker, Uhr, Kröte, Tümmler, Oktagon, Fünfzehnkämpfer...). Im nachfolgenden Beispiel ist der *Gleiter* dargestellt, eine Struktur, welche sich über vier Phasenübergänge erneuert und dabei über das Papier gleitet:

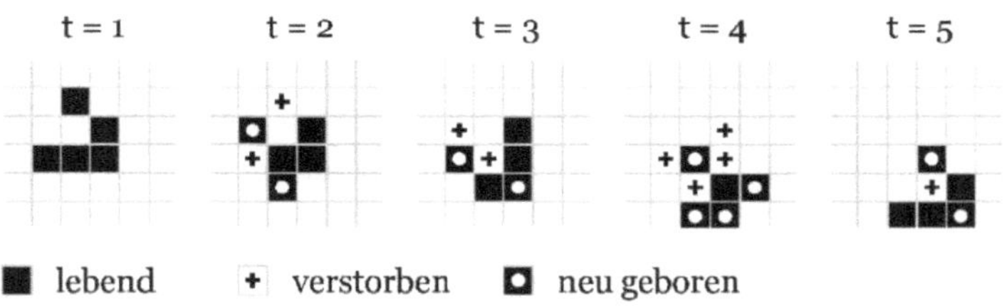

Während man sich damals mit diesem Spiel noch wunderbar die Zeit vertreiben konnte, gibt es heute Computerprogramme, welche die Veränderungen von einer Phase zur nächsten in Sekundenbruchteilen berechnen. In jedem Fall jedoch ist dieses Spiel eine fabelhafte empirische Einführung in die Welt der *zellulären Automaten.*

Was aber versteht man unter einem *zellulären Automat*? Nichts anderes, als ein Raster aus Punkten, welche Zellen genannt werden und bestimmte Zustände annehmen können. *(Im Falle unseres »Spiel des Lebens« sind die Zustände »leer oder ausgemalt«. Man könnte sie auch als »0 oder 1« bezeichnen.)* Diese Zellen verändern nach bestimmten Regeln und in Abhängigkeit von den Zuständen ihrer Nachbarn schrittweise ihre eigenen Zustände.

Mit zellulären Automaten lassen sich Computer und damit alle auf ihnen laufenden Programme simulieren. Sollte also unser Kosmos nach mathematischen Regeln funktionieren – und alles deutet darauf hin –, dann lässt sich mit Hilfe *zellulärer Automaten* ein allgemeines Prinzip beschreiben, nach dem unser Kosmos aufgebaut ist. Es bleibt lediglich die Frage nach der richtigen Formel, mit der sich die einzelnen Zellen gegenseitig beeinflussen.

Grundsätzlich gibt es vier verschiedene Prozessmuster, welche durch eine entsprechende Formel im *zellulären Automat* hervorgerufen werden können. Aus der Chaostheorie sind diese Muster als *Attraktoren* bekannt.

- *Punktattraktor* nennt man einen stabilen Zustand, der nach kurzer Zeit erreicht und nicht mehr verändert wird. Die Koordinaten der Eigenschaftsräume des Systems haben fixe Werte angenommen.
- Als *Ring-Attraktor* wird die zyklische Wiederholung desselben Musters bezeichnet, weil das System, wenn es nicht gestört wird, bis in alle Ewigkeit dem gleichen Kreislauf folgt.
- Beim *Torus-Attraktor* pendelt sich das System auf einen Zustand ein, in dem es zu einer Wiederholung ähnlicher Muster kommt, die sich zwar immer wieder gleichen, aber niemals denselben Zustand einnehmen. Das System unterliegt zwar einem Kreislauf, wie im Fall 2, die Koordinaten der Eigenschaftsräume jedoch weichen bei jedem Umlauf geringfügig voneinander ab.

- Der vierte, relativ chaotische Zustand, wird als der des *Seltsamen-Attraktors* beschrieben. In unterschiedlichen Regionen zeigen sich alle drei vorgenannten Zustände. Dadurch ergeben sich Bereiche von relativer Stabilität, die wieder zerbrechen. Es gibt zyklische Wiederholungen, die nicht endlos fortdauern und es gibt Ähnlichkeiten in den Mustern, die aber durchaus einer gleitenden Metamorphose unterliegen oder plötzlich in ganz neue Zustände transformiert werden.

Hierfür gilt natürlich eine Voraussetzungen: Das Netzwerk muss sich bis in die Unendlichkeit erstrecken. Hätte es eine endliche Anzahl von Zellen, würde sich das Muster zwangsweise wiederholen, sobald alle möglichen Kombinationen durchgespielt wären.

1.5.2.1.3 Das Problem mit der Zeit

Beim »Spiel des Lebens« stellt die Fläche des Papiers den Raum dar. Viele solcher Flächen (= die Abfolge der Blätter) bilden gemeinsam das Äquivalent zu unserer Zeit. Die Ordnung entsteht aus der räumlichen und zeitlichen Beziehung der Zellen zueinander. In unserer Realität hat der Raum eine Dimension mehr als ein 2-dimensionales Blatt Papier. Das Nebeneinander von Punkten erzeugt eine Dreiergeometrie; den 3-dimensionalen Raum. Man könnte sich ein 3-dimensionales »Spiel des Lebens« vorstellen, das nicht aus einem Raster von Quadraten, sondern aus einem Würfelgitter besteht. Die zeitliche Linie wäre dann eine Abfolge vieler solcher Würfelgitter. Die Raumzeit stellt sich in diesem Modell als ein 4D-Netzwerk dar.

Beim »Spiel des Lebens« liegen alle karierten Blätter – wenn sie einmal bemalt sind – in der dritten Dimension übereinander. Wir können die Dynamik der Entwicklung des Spiels zwar verfolgen, indem wir den Block durchblättern, aber die einzelnen Seiten sind immer *gleichzeitig* vorhanden. Diese Erkenntnis müssten wir genauso auf die gewürfelten Räume unseres Modells der Wirklichkeit umlegen. Aber ist das die Lösung? Liegt die Zeit genau so vor, wie der Raum? Wenn unser Kosmos ebensolch strengen Regeln folgt, wie das »Spiel des Lebens«, muss es genau so sein. Im Prinzip waren Augustinus und auch Einstein von dieser Vorstellung überzeugt[1]. Auch der Idee der Zeitreisen in Sci-Fi-Romanen liegt dieses Modell zugrunde. Aber darin zeigt sich auch das Paradoxe: Wir könnten z.B. in der Zeit zurückreisen und unsere Eltern töten, bevor wir selbst zur Welt gekommen sind. Dann würden wir nie geboren und könnten somit niemals in der Zeit zurückreisen, um unsere Eltern zu töten...

Die Quantenmechanik zeigt aber, dass die Regeln, nach denen unsere Welt funktioniert, nicht so geartet sind, wie die des »Spiel des Lebens«. Es gibt von einer Zeiteinheit zur nächsten immer viele Möglichkeiten, wie sich das Spiel verändern könnte. Beim »Spiel des Lebens« wäre eine solche Freiheit gegeben, wenn wir z. B. selbst entscheiden könnten, ob in einem leeren Feld auf UB mit 4 ausgemalten Nachbarn, eine neue Zelle auf dem AB geboren wird oder nicht. Auch der Quantenkollaps sucht jeweils eine der Möglichkeiten aus und lässt sie im Kosmos konkret werden. Welche der Möglichkeit im darauf folgenden Würfelgitter Realität wird, ist dabei durch keine Regel vorherbestimmt. Das bleibt ein Rätsel. Wer spielt und entscheidet das »Spiel des

---

[1] Im bisher letzten Buch von Stephen Hawkins *„Der große Entwurf: Eine neue Erklärung des Universums“*, werden die zellulären Automaten ebenfalls in dieser Form als abschließendes Erklärungsmodell angeführt.

Lebens« in unserem Kosmos, dort, wo die Regel nicht zwingt? Dieses Problem zu lösen, gibt das Viele-Welten-Modell von Hugh Everett vor. Wir müssten unser Modell nur von einem 4D-Netzwerk zu einem 5D-Netzwerk erweitern und schon könnte sich jede mögliche Zukunft realisieren. Es gäbe nun nicht nur *eine* Zeitlinie, an der sich die Raumwürfel aufreihen, sondern *unendlich viele*, die entlang einer zusätzlichen fünften Dimension nebeneinanderlägen.

Wir haben bereits im Kapitel über Quantenmechanik gesehen, dass sich dabei die Frage stellt, wer in jedem Augenblick entscheidet, welche Zukunft *wir als Subjekte* erleben dürfen und welche nicht? Selbst wenn wir diese Frage irgendwie beantworten könnten, bleibt noch eine viel grundsätzlichere offen: Wie entsteht aus einem statischen Zustand ein dynamisches Erleben?

Egal ob es nur eine Zukunft gibt oder viele. Wenn die Zukunft in einem gefrorenen, statischen Zustand vorliegt, gleich so, wie der Raum vorliegt, woher nimmt die Zeit ihre Dynamik? Wie kommt es zu einem Zeitablauf? Müssten wir dazu nicht wieder eine zusätzliche, dualistsiche Komponente einführen? Einen von der Welt unabhängigen Beobachter, der die einzelnen Raumgeometrien nacheinander betrachtet – wie ein Zuschauer im Kino, der ein Bild nach dem anderen vorgeführt bekommt – und so einen zeitlichen Eindruck erhält?

Damit wären wir nicht nur wieder beim Dualismus mit allen seinen philosophischen Problemen, wir benötigen hierfür auch eine zusätzliche Meta-Zeit, außerhalb der Raumzeit. Wir sollten uns daher überlegen, ob es nicht doch eine Alternative zu diesem Modell des 4D- oder 5D-Netzwerkes gibt.

1.5.2.1.4 *SPIN-DYNAMIK VOR DER ZEIT*

Laut der *Loop-Quantengravitation* (eine Verbindung von Quantenmechanik und Relativitätstheorie) kann die Welt als zellulärer Automat gelten, bei dem aus Zellpunkten, die sich in einem mehrdimensionalen Raster ordnen, die Raumzeit entsteht. Jeder 4D-Zellpunkt ist dabei 10^{-99} Kubikzentimer groß und umfasst einen Zeitraum von 10^{-43} Sekunden.

Wie müssen wir uns nun diese Anordnung der Zellpunkte vorstellen? Raum und Zeit gibt es erst seit der Erschaffung der Welt, da diese erst durch die Vernetzung der Punkte erzeugt werden. Es muss einen Mechanismus geben, der die bis dahin ungeordneten Punkte zu einem Raster sortiert. Ein Raster jedoch entsteht erst dann, wenn sich Nachbarpunkte verbinden. Woher weiß also ein Zellpunkt, wer sein Nachbar ist? Schließlich ist ein Zellpunkt kein Punkt *im* Raum, sondern wird erst durch die Verbindung mit all den anderen zu einem Punkt *des* Raumes.

Zunächst müssen wir klären, wie eine Punktmenge ohne Raum und Zeit überhaupt vorstellbar ist. Jeder Einzelpunkt muss von jedem anderen gleich weit entfernt sein. Wobei »entfernt« der falsche Begriff ist, denn diese Entfernung ist weder zeitlich noch räumlich. Es gibt noch keine Ordnung, welche vorgeben würde, dass sich zwischen den Zellpunkten A und C Zellpunkt B befindet und, dass sich zwischen die Zeitpunkte X und Z Zeitpunkt Y schiebt. Es fällt uns schwer, mehr als einen Punkt anzunehmen und uns diese math. Menge nicht wenigstens im Geiste geordnet vorzustellen. Eine Hilfe könnte folgendes Gleichnis sein: In jeder Stadt haben die Nummern der Telefonanschlüsse eine gleich bleibende Anzahl von Ziffern. Um zu telefonieren, müssen immer gleich viele Tasten gedrückt werden, egal ob ich mit meinem Nachbarn sprechen will, oder mit jemandem am anderen Ende der Stadt. Die räumliche Entfernung ist nicht wesentlich, lediglich der Code bestimmt, zu wem ich telefonisch Verbindung aufnehme. Gebe ich den Code eines weit entfernt wohnenden Stadtbewohners ein, bin ich ihm im Gespräch virtuell näher, als meinem Nachbarn. Informationstechnisch ist der eigene Telefonanschluss von jedem anderen in der Stadt gleich weit entfernt. Die räumliche Entfernung spielt dabei keine Rolle.

Auch Zellpunkte sind in dieser Form gleich weit von einander entfernt. Sie müssen, um die Raumzeit zu konstituieren, einen Code beinhalten, der ihnen sagt, an welcher Position der Raumzeit sie sich befinden und welche anderen Zellen damit ihre zeitlichen oder räumlichen Nachbarn sind. Wie aber bekommt der Zellpunkt seinen Code zugeordnet?

Welcher Mechanismus könnte z.B. einem Elektron – das sich in einem Wassermolekül in einem Apfel ihres Obstgartens befindet – vorschreiben, dass es bevorzugt in der Gegenwart mit den anderen neun Elektronen dieses Wassermoleküls interagieren soll und nicht mit einem Elektron im Facettenauge des Grünblasenfisches auf dem Planet Xeno-III im Andromedanebel, der erst in drei Milliarden Jahren geboren wird? Welche Identifikationsmöglichkeit hat ein Elektron innerhalb von Raum und Zeit? Woraus besteht die Trägermatrix der universellen Quantenfunktion? Wie funktioniert der Zusammenhalt der Raumzeit?

In der theoretischen Physik geht man von *Spin-Netzen* als Fundamentalstrukturen des Kosmos aus. Diese Spin-Netze entstehen, indem sich Zellpunkte durch einen quantenmechanischen Drehimpuls vernetzen und die Raumzeit des Kosmos weben.

Wenn die elementaren Einzelpunkte starr zu einem raumzeitlichen Netzwerk verbunden wären, bestünde jeder Einzelpunkt aus konkreten Informationen über Ort, Zeit und Impuls. Dies ist jedoch eine quantenmechanische Unmöglichkeit, weil viele der Informationen komplementäre Polaritäten sind. D. h., dass bereits ein einzelner Punkt eine Unschärfe beinhalten muss[1]. Wir müssen uns erinnern, dass z.B. die räumliche Unschärfe eines Teilchens keine Unkenntnis unsererseits über den Aufenthaltsort des Teilchens darstellt, sondern tatsächlich bedeutet, dass das Teilchen mit unterschiedlichen Wahrscheinlichkeiten an mehreren Orten gleichzeitig ist. Wenn also ein Einzelpunkt in allen Dimensionen Unschärfen enthält, dann heißt das, dass diese Unschärfen eine winzige, virtuell schwingende Dimensionsblase erzeugen. Über diese Schwingungen (Drehung, Spin) können die Punkte nun miteinander interagieren. Dadurch beeinflussen sie sich gegenseitig, koppeln sich aneinander und erzeugen Raum und Zeit. Durch diese Vernetzung entstehen die Nachbarschaften der Zellen und die (scheinbare) Identität einer 4D-Zelle über mehrere Zeiteinheiten hinweg.

Aber die Sache ist kompliziert. Denn wie sollte man sich die Drehung eines Punktes vorstellen, solange es Raum und Zeit nicht gibt? Wie die gegenseitige Beeinflussung von zeitlich und räumlich unverbundenen Punkten? Und wie schließlich eine

---

1 Das ist auch der Grund, warum das Vakuum nicht leer ist, wie der Casimir-Effekt zeigt = ein quantenphysikalischer Effekt, der bewirkt, dass auf zwei parallele, leitende Platten im Vakuum eine Kraft wirkt, die beide zusammendrückt.

Kopplung mehrerer Schwingungen, wenn es noch keine verbindende Raumzeit gibt? Eine Drehung oder Schwingung ist eine Bewegung und diese wird als Veränderung in Raum und Zeit definiert. Kann es eine Bewegung geben, bevor es Raum und Zeit gibt?

Wir müssen uns Zeit und Raum ähnlich vorstellen wie Temperatur: Beobachtet man die kleinsten Teile, um herauszufinden, was Wärme ist, erkennt man nur Bewegung, aber keine Temperatur. Atome haben keine Temperatur, sie haben nur kinetische Energie; sie bewegen sich im Raum. Gibt es aber viele solcher Teilchen, stoßen sie aneinander und zittern auf engstem Raum. Diese Vibrationen summieren sich auf makroskopischer Ebene zur *statistischen Erscheinung der Wärme.* Obwohl also jeder Gegenstand aus temperaturlosen Teilchen zusammengesetzt ist, hat er doch Temperatur, weil sie nichts anderes ist, als ein statistischer Mittelwert der Bewegungsenergie aller Einzelteilchen.

Genauso muss es sich mit der Raumzeit verhalten. Die einzelnen Punkte haben weder Raum noch Zeit; im Zusammenspiel jedoch erzeugen sie Raumzeit. Es gibt eine raumzeitlose Bewegung, welche in der Vernetzung zur Basis der Raumzeit wird.

Lediglich die *Bewegung* dieser 4D-Zellen muss anders definiert werden. Das Zittern der Atome ist keine Temperatur. Ebenso wenig kann der Spin des Punktes eine Drehbewegung in der Raumzeit sein. Der Spin muss anders aussehen.

Raumzeit ist eine Emergenz, eine durch die Kopplung der Einzelpunkte neu entstandene Eigenschaft, die es auf der Ebene der einzelnen Zellpunkte noch gar nicht gibt. Gerade so, wie Temperatur eine emergente Eigenschaft vieler sich bewegender Einzelteile ist.

Dieses Prinzip kennen wir bereits. Auch die chemischen Eigenschaften sind Emergenzen, die es auf der atomaren Ebene noch nicht gibt. Auch die biologischen Gesetzte sind emergente Eigenschaften, die es bei der anorganischen Chemie noch nicht gibt. Jedes SuperHolon besitzt emergente Eigenschaften, die man auf den Ebenen seiner SubHolons noch vergeblich sucht. Aber was könnte diese raumzeitlose Bewegung sein? Worin liegt der Unterschied zwischen Raum und Zeit und jenen primären Eigenschaften der Einzelpunkte, auf denen die Emergenz der Raumzeit beruht?

1.5.2.1.5 *ZITTERNDER WINDHAUCH*

In Genesis 1.2. steht laut traditioneller Übersetzung geschrieben: »Finsternis lag über dem Abgrund und der Geist Gottes schwebte über den Wassern«. In einer anderen Übersetzungsart wird aus »Geist Gottes« ein Windhauch und aus dem »Schweben« ein Zittern. Der Wind(hauch) gilt als Synonym für den Atem des Lebens. Aus dem schwebenden Geist Gottes wird »zitterndes Bewusstsein«. Sollten die Autoren der Bibel hier tatsächlich ein grundlegendes Prinzip beschrieben haben? Sehen wir uns diesen »Zitternden Windhauch« einmal näher an: Ähnlich der Quantenfluktuation[1] muss auch jeder Einzelpunkt eine Unschärfe besitzen. Jeder Punkt befindet sich in einer informa-

---

[1] Bei der Quantenfluktuation tauchen gegenpolare Teilchen aus dem Nichts auf und lösen sich sofort wieder auf, eine zwingende Konsequenz der Unschärferelation.

tiven Schwingung. D.h., sein *Informationsgehalt* ist unscharf. So wie sich die Temperatur eines makroskopischen Objekts aus Eigenschaften seiner Teile ergibt, welche selbst nicht Temperatur sind, so ergibt sich Raumzeit aus der Unschärfe der Informationen der Einzelpunkte, obwohl sie selbst nicht raumzeitlich sind. Aber welche Informationen sind hier unscharf?

Wenn ein Punkt »unscharf« ist, heißt das, dass seine Punktheit nicht genau bestimmt werden kann. Er lässt sich nicht festlegen. Mit anderen Worten, wir wissen nicht, wo er ist. In den Anfängen der Computerspiele tauchten die Spielfiguren, welche am rechten Rand des Bildschirmes verschwanden, am linken Rand wieder auf. Die beiden seitlichen Grenzen des Bildschirms waren ebenso verbunden, wie die oberen und unteren Grenzen. Dadurch ergab sich eine *endliche* aber *unbegrenzte* Spielfläche. Die Fläche war in zwei Dimensionen in sich selbst zurückgebogen wie die Oberfläche einer Kugel. So stellt man sich auch die höheren Dimensionen in der Stringtheorie vor: Winzige Schleifen, endlich, aber unbegrenzt. So wie für unsere Augen ein Seil aus der Ferne einer Linie ähnelt, während es für einen kleinen Käfer, der darauf krabbelt, eindeutig eine Fläche darstellt. Klettert der Käfer aber nicht das Seil entlang, sondern um das Seil herum, kommt er schnell wieder zu seinem Ausgangspunkt zurück. Fast so wie die Figuren der alten Computerspiele. Während sich die Länge des Seiles weitläufig erstreckt, ist die Breite innerhalb kürzester Distanz in sich zurückgebogen. Auch die Dimensionen unseres Raumes könnten in sich zurückgebogen sein, nur dass ihre Schleifen eine sehr große Ausdehnung haben. Wenn also ein Raumschiff fortwährend in eine Richtung fliegt, könnte es gut sein, dass es irgendwann, aus entgegengesetzter Richtung kommend, wieder bei seinem Ausgangspunkt landet. Wir kennen dies bereits von der Erde: Wir können mit einem Flugzeug solange

Richtung Osten fliegen, bis wir von Westen kommend unseren Ausgangspunkt wieder erreichen.

Was sagt uns das über die Unschärfe von Punkten?

> Wenn der Punkt wirklich ein Punkt wäre, würde er der Unschärferelation widersprechen. Daher ist der Punkt in jeder Dimension unscharf und leicht verschwommen, was eine „Ausdehnung" erzeugt.

Diese Ausdehnung ist in sich geschlossen, indem die Dimensionen, wie die Fläche des Computerspiels, in sich zurückgebogen sind. Jeder Punkt ist damit eine zitternde Raumzeitwahrscheinlichkeit, eine winzige, multidimensionale Schlaufe. Mehrere Schlaufen können sich verketten!

> Vier der unscharfen Informationsrichtungen dieser Kettenglieder verbinden sich über Phasenkopplungen zu jenem Gewebe, das sich uns als 4D-Raumzeit präsentiert.

Damit sich diese primären Schlaufen zum Teppich der Raumzeit verweben können, ohne in einzelne Schlaufen zu zerfallen, müssen gewisse Bedingungen erfüllt sein. Das Kettenglied der primären 4D-Zelle muss beinhalten, **wo** und **wann** es in dem großen Gewebe integriert ist. Das setzt eine Individualität jeder einzelnen Schlaufe voraus, damit sie von anderen elementaren Raumzeitpunkten als genau diese Schlaufe identifiziert werden kann.

Um ein Netzwerk bilden zu können, muss jeder Zellpunkt Informationen über seine Nachbarn enthalten. Nehmen wir als Beispiel ein Schachbrett: Die schwarzen und weißen Felder haben eindeutige Positionen, indem sie als Raster von acht mal acht Feldern waagrecht mit den Buchstaben A bis H und senkrecht mit den Ziffern 1 bis 8 gekennzeichnet sind. Jedes Feld wird durch die Kombination von Buchstabe und Ziffer identifizierbar (A1, A2, B7, H5, ...). Nehmen wir einmal an, wir könnten die einzelnen Felder durcheinander mischen und sie dann, wie Puzzlestücke, wieder zusammensetzen. Wir wüssten z.B., dass das Feld B3 genau zwischen den vier Nachbarn A3, C3, B2 und B4 zu liegen kommen muss. Dieses Feld können wir anhand der Nachbarschaft eindeutig identifizieren, da diese Informationen wie ein Code wirken. Ebenso könnten die Raumzeit-Schlaufen codiert sein. Es ist jedoch ein Code, der einen unendlichen Regress beinhaltet, weil die Nachbarn ebenfalls lediglich über deren Nachbarn identifiziert und individualisiert sind. Trotzdem kann sich ein Netzwerk in dieser Form selbst organisieren. Über diese rekursive Identifikation ist der Zusammenhalt der Schlaufen auf ihre holistische Information zurückzuführen. Jeder Punkt hat – in verschachtelten Tiefen – Informationen über den gesamten Kosmos. Der Spin jedes Punktes ist nichts anderes als sein Informationsaustausch mit allen anderen Punkten. Er stellt jenen Mechanismus dar, der die Verkettung der Punkte zum Raumzeitteppich bewirkt. Um uns genauer anzusehen, wie dieses Weben des Kosmos genau funktionieren könnte, gehen wir kurz verschiedene Raum-Zeit-Modelle durch:

1.5.2.1.6 Verschiedene Raumzeitmodelle

Stellen wir uns ein Universum vor, das komplett leer ist. Es gibt nichts als Raum und Zeit. Keine Energie, keine Materie und damit auch keine Ereignisse. Raum und Zeit wären endlich, aber grenzenlos, wie die Oberfläche einer Kugel.

Ohne markante Punkte gibt es absolut keine Möglichkeit zur Orientierung – weder zeitlich, noch räumlich. Das ginge nicht nur einem Beobachter so, der zufällig in dieses Universum hineingefallen wäre, sondern auch den elementaren Punkten. Sie wüssten nicht, wo und wann sie sich innerhalb der Raumzeit dieses leeren Universums befänden. Ihre Nachbarn wären nicht individualisiert. Es könnte sich kein Code herausbilden und auch keine Verbindung zu einem Netzwerk, weil es keine Ordnungen und keine Relationen gäbe; ebenso keine Ausdehnung und keine Dauer. Dieser Kosmos könnte aus einem einzigen Zellpunkt bestehen oder aus unendlich vielen. Dies wäre kein Unterschied. Der Teppich wäre nicht gewebt oder würde augenblicklich wieder zu einzelnen Schlaufen zerfallen. Jede Einzelne von ihnen wäre ausreichend und würde sich vom Ganzen nicht unterscheiden. Diese Raumzeit könnte nicht existieren.

Es kann kein Universum ohne Inhalt geben.
Das informative Universum erzeugt sich selbst erst *durch* seinen Inhalt.

Füllen wir also unser leeres Universum mit einer Substanz, die sich nicht bewegt und nicht verändert. Jetzt ist für die Einzelpunkte zwar feststellbar, *wo* sie sich befinden, vorausgesetzt, die Substanz ist unregelmäßig genug verteilt, aber es gibt immer noch keine Möglichkeit festzustellen, *wann* sie sich befinden. Dieser Raum wäre zeitlos. Die einzelnen Zeit-Schichten der Räume wüssten nicht, wie sie zusammenhängen. Die Reihenfolge der Raumschichten wäre unbestimmt und aufgrund der Unschärfe würden diese auch ihren räumlichen Zusammenhalt wieder verlieren. Die Verkettung der elementaren Punkte muss räumlich *und* zeitlich geschehen, um dem Gewebe einen Zu-sammenhalt zu geben. Es muss sich ein »Vorher« und ein »Nachher« feststellen lassen.

In einem existierenden Universum muss es Veränderungen geben, damit sich die verschiedenen Räume zu einer Zeitlinie ordnen können.

Bringen wir Bewegung in die Substanz. Dazu versetzen wir die Inhalte des Universums in Schwingung. Aber das bringt nicht die Lösung, weil der Anfang der Schwingung mit ihrem Ende identisch ist. Die Punkte könnten nicht feststellen, in welchem Zyklus der Schwingung sie sich befinden. Und wieder würde die Raumzeit zerfallen.

Dabei könnte es innerhalb des Universums durchaus die unterschiedlichsten Frequenzen geben und trotzdem würde dieser Kosmos nicht zeitlich sein. In einem Kosmos, dessen Inhalt nur oszillierende Prozesse enthalten würde, wäre der Zeitpfeil nicht ausgezeichnet. Daher gäbe es kein klar definierbares »Früher« und »Später«. Ein Zusammenhalt zwischen den Einzelpunkten könnte sich nicht herausbilden. Greifen wir einen beliebigen Zeitpunkt heraus, so hätte er aufgrund des 2. Hauptsatzes der Thermodynamik in jede Zeitrichtung die Tendenz, die Entropie zu verstärken. Mit andern Worten: Jeder Zeitpunkt würde für sich in Anspruch nehmen, der Zeitpunkt mit der geringsten Entropie im ganzen Kosmos zu sein. Die Folge wäre zwangsläufig der zerfall der Zeitlinie, weil sich die Einzelpunkte über ihre zeitliche Reihenfolge uneins wären. *(Die genaue Erklärung hierfür folgt im nächsten Abschnitt.)*

Einen oszillierenden Kosmos kann es aufgrund der Thermodynamik nicht geben.

Versuchen wir ein raumzeitliches Universum zu erzeugen, indem wir die Bewegungen der Substanzen zufällig, chaotisch und nicht zyklisch geordnet geschehen lassen. Bringt das die Lösung? Hält eine chaotische, ungeordnete Bewegung der Substanz die Raumzeit zusammen? Oder fallen die elementaren Schlaufen wieder auseinander?

Sie fallen auseinander. Immer noch lässt sich keine klare Richtung des Zeitpfeils erkennen. Die Thermodynamik zerbricht die Zeitlinie auch hier.

In einem chaotischen Universum können die zufälligen Bewegungen der Teile keinen zeitlichen Zusammenhalt erzeugen. Daher kann es auch dieses nicht geben.

1.5.2.1.7 Zeit als Emergenz der Emergenz

Wenn all diese Eigenschaften nicht ausreichen, um Zeit zu erzeugen, welche Bedingungen müssen erfüllt sein, damit sich durch den Spin einzelner Raumzeitunschärfen ein homogener Kosmos weben kann?

Wieder könnte es die Emergenz der Selbstorganisation sein, welche die Lösung bietet. Zeit entstünde, wenn ständig Neues, noch nie Dagewesenes aus den Prozessen der Gegenwart hervorgehen kann. Dann wäre »Vergangenheit« und »Zukunft« ebenso klar definiert, wie das räumliche Nebeneinander. Der Zusammenhalt des Kosmos wäre durch eine ständige Steigerung der Komplexität gewährleistet. Gehen wir diese Idee kurz im Detail durch:

Die Bewegungen innerhalb des Universums beeinflussen sich in diesem Modell nun gegenseitig und erzeugen durch Rückkopplungen ständig neue Muster. Sie sind nun weder linear noch chaotisch. Die Struktur ist räumlich und zeitlich nicht mehr gleichförmig. Zukunft definiert sich aus den komplexeren Mustern, die aus der Vergangenheit hervorgehen. Aber wie geschieht das, ohne umkehrbar zu sein?

Sowohl die klassischen Naturgesetze, als auch die Gleichungen der Quantenphysik sind umkehrbar. Wenn wir also einen beliebigen Zeitpunkt aus dem Geschehen des Kosmos herausgreifen und versuchen, Entwicklungen von dort aus weiter zu rechnen, kommen wir zu dem irritierenden Ergebnis, dass die Wahrscheinlichkeit eines weniger geordneten nächsten Zustandes sowohl für die Zukunft, als auch für die Vergangenheit gilt. Wir haben jedoch bereits beim zyklisch oszillierenden und beim chaotischen Kosmos gesehen, dass so keine Zeitlinie entsteht. Und auch die Erfahrung zeigt uns einen unumkehrbaren Kosmos.

Ist Ihnen schon einmal ein rohes Ei aus der Hand gefallen? Das ergibt eine ziemliche Sauerei auf dem Küchenboden und bedarf einiger Energie, es wieder in Ordnung zu bringen. Genau genommen ist es so, dass wir andernorts die Unordnung noch vergrößern müssen, um unsere Küche wieder sauber zu bekommen. So verbrauchen wir z.B. Küchentücher, die vorher geordnet aufgerollt im Regal standen und danach unordentlich im Müll landen. Bereits bei der Herstellung der Küchentücher wurde Energie verbraucht, was mit einer Zunahme der Unordnung im Kosmos einhergeht. Auch diese müssen wir nun auf das Konto unserer Reinigung des Küchenbodens verbuchen. Aber so ist es immer. Zeit scheint die Unordnung immer nur zu vergrößern. Noch nie hat sich ein zerbrochenes Ei von selbst wieder zusammengesetzt und ist vom Boden in die Hand zurückgesprungen. Der Zeitpfeil ist ein Pfeil von der Ordnung zum Chaos. Demnach müsste es am Anfang einen Zustand höchster Ordnung gegeben haben, der sich nun im Lauf der Zeit immer mehr verliert. Das nennt man Entropie.

Aber am Anfang der Zeit gab es noch kein Ei. Ein Kosmos, in dem ein Ei vorkommt, muss also ein ungeordneterer Zustand sein, als ein Kosmos ohne Ei. Auch wenn ein zerbrochenes Ei niemals von selbst wieder »entbricht«, so ist doch sicher, dass es irgendwann einmal im Lauf der Zeit aus einem weniger komplexen Zustand hervorgegangen ist. Damit der Zeitpfeil klar definiert ist, muss der Kosmos am Anfang hoch geordnet gewesen sein. Trotzdem entsteht komplexere Ordnung erst mit der Zeit. Wir sehen in unserem Kosmos sowohl Entropie (Ordnung zu Chaos) als auch Syntropie (Einfachheit zu Komplexität). Ist das ein Widerspruch? Nein, im Gegenteil. Es sind sich ergänzende und einander bedingende Eigenschaften. Obwohl die gesamte Entropie im Kosmos ständig zunimmt, führt dies in abgegrenzten Bereichen zu einer Erhöhung der Komplexität und damit zu Emergenz. Dabei sind die organisierenden Prozesse nicht umkehrbar. Wir können nicht einfach den Zeitpfeil umdrehen und den Film zurück laufen lassen. Wir würden es sofort erkennen, wenn ein zerbrochenes Ei in die Hand zurück hüpft und wieder ganz wird. Emergenz und Entropie sind zwei Seiten einer Medaille und erzeugen gemeinsam den unumkehrbaren Zeitpfeil.[1]

[1] Die Gravitation spielt beim Zeitpfeil eine entscheidende Rolle und sorgt auch durch schwarze Löcher dafür, dass Entropie auch wieder verschwindet.

Evolutionäre Komplexitätssteigerung führt zu emergentem Verhalten des Kosmos und dies ermöglicht eine eindeutige Zuordnung von Raum und Zeit. Zeit ist damit eine Emergenz der Emergenz. Erst damit erhält jeder elementare Punkt eine unverwechselbare Identität innerhalb der Raumzeit. Daher weiß das Elektron, dass es in unserem Apfel existiert und nicht im Facettenauge des Grünblasenfisches in einer weit entfernten Galaxis. Dabei bleibt die Zukunft aufgrund des Informationsverlustes beim Quantenkollaps[1] unbestimmt und offen. Trotzdem ist ein gesetzmäßiger Zusammenhang zwischen Vergangenheit, Gegenwart und Zukunft vorhanden. Die Selbstorganisation der komplexen Muster ist eine Mischung aus einem statischen und einem chaotischen Universum. Zeit ist unscharf, aber geordnet.

Die einzelnen Raumzeitschleifen der Zellpunkte weben einen geordneten Kosmos, wenn sich ihre Dynamiken zu komplexen Formen verbinden, die nicht auf ihre Einzelteile reduziert werden können. Dann brauchen die elementaren Punkte einander, um das Gewebe zu erzeugen. Der Zusammenhalt ergibt sich aus der Einordnung der Zellpunkte aufgrund ihres Codes, der ihre räumlichen und zeitlichen Nachbarn definiert. Die unverwechselbare Individualität der Punkte ist mit der Information über ihre zeitliche und räumliche Einordnung innerhalb des Gewebes der Raumzeit identisch.

Raumzeit kann demnach nur entstehen, wenn sich die elementaren Zellpunkte, die Unschärfen der virtuellen Raumzeitschleifen, so verbinden, dass ihre unverwechselbare Individualität herausgehoben wird. Und diese Individualität wird nur durch permanente Innovation entlang der Zeitlinie gewährleistet. Die

---

[1] Sie erinnern sich? Alle Informationen über Wahrscheinlichkeiten, die nicht im Kollaps verwirklicht werden, verschwinden unwiederbringlich aus dem Kosmos.

Freiheit der kleinsten Teilchen, die wir bei der Quantenphysik beobachten, ist ebenso Voraussetzung einer Entstehung der Raumzeit, wie die Kausalität im Makrokosmos.

> Der Kosmos benötigt zu seiner Entstehung: Die ***Freiheit im Kleinen***, die ***Kausalität im Großen***, die ***Entropie des Ganzen*** und die ***Emergenzen der Evolution***.

1.5.2.2 Zeitentstehung

Stellen wir uns einen elementaren Zellpunkt vor, der mit unendlich vielen seiner Art die Raumzeit webt. Physiker meinen, er sei kein Objekt, da Objekte immer teilbar sind. Er kann also kein subatomares Teilchen sein. Soviel Energie am Kernforschungszentrum CERN in der Schweiz auch aufgewendet werden mag, auf diesem Weg der Teilung werden niemals diese elementaren Zellpunkte gefunden. Die Physiker klettern nur die unendliche Reihe der Schildkröten abwärts. (Schildkröten bis ganz nach unten!)

Der Zellpunkt kann auch keine räumliche Ausdehnung im üblichen Sinn haben, denn die Raumzeit wird erst durch die Verbindung vieler solcher Punkte geschaffen. Ähnlich wie Temperatur erst durch das Zusammenwirken der kinetischen Energie vieler Teilchen geschaffen wird. Ein einzelnes Teilchen hat keine Temperatur. Ebenso hat ein einzelner Zellpunkt keine Ausdehnung in Raum und Zeit, wohl aber eine innere Dynamik, mit der er sich mit anderen Punkten zur Raumzeit verbindet. Diese Dynamik ist ein Spin, der Informationen nicht einfach nur austauscht, sondern diese erzeugt. D.h., dass der elementare Punkt eine rein informelle, also virtuelle Existenzform hat.
Physik existiert auf dieser fundamentalen Ebene des Seins lediglich als Mathematik. Das ist schwer vorstellbar. Aber wir müssen

uns vor Augen halten, dass auch Biologie eine emergente Eigenschaft der Chemie ist, also Biologisches aus Nichtbiologischem hervorgeht. Ebenso ist Chemie eine emergente Eigenschaft der Physik. Chemisches geht aus Physikalischem hervor. Durch Erhöhung der Komplexität entstehen immer neue Eigenschaften. Deshalb ist in gleicher Weise vorstellbar, dass Räumliches und Zeitliches aus Nichträumlichem und Nichtzeitlichem hervorgeht. Die Physik der Raumzeit ist eine emergente Eigenschaft der Mathematik.

Die Grundsubstanz des Kosmos ist reine Information mit mathematischer Struktur.

Wir haben uns also ein rein mathematisches »Gebilde« vorzustellen, welchem durch eine »Drehung« (Spin) ermöglicht wird, sich mit anderen seiner Art zu Raum und Zeit zusammenzuschließen. Und alles in unserem Kosmos besteht ausschließlich aus diesen mathematischen Zellpunkten.

1.5.2.2.1 *Ein Cyberspace aus Ideen*

Materie, Energie, Raum und Zeit existieren als Zusammensetzungen von elementaren, mathematischen Zellpunkten. Die Übersetzung lautet: Die Grundsubstanz der Welt ist *Information*. Die Welt ist ein Cyberspace. Die elementaren Zellpunkte sind Ideen in diesem Cyberspace. Aber wie sollte man sich diese Ideen vorstellen?

- Diese elementare Idee des Zellpunktes muss so einfach wie möglich sein. D.h., die elementare Idee ist unteilbar, weil sie nicht aus Teilen besteht, sondern ein unteilbares Ganzes ist. Ein Zellpunkt ist ein Unteilbares – ein *Individuum*.

- Damit die elementare Idee mit anderen gemeinsam den Cyberspace erzeugen kann, muss sie eine Dynamik beinhalten. Das ist der Spin, eine Drehung, welche Informationen erzeugt, indem sie diese mit anderen Punkten austauscht. Die Verbindung vieler solcher Ideen führt zu unserer räumlichen und zeitlichen Welt mit all ihren materiellen Objekten und bewussten Wesen.
- Wenn sich diese Ideen zur Raumzeit verbinden, müssen sie unverwechselbare Identitäten besitzen, ansonsten würde der Kosmos wieder in seine Einzelteile zerfallen. Sie müssen ihre eindeutigen Positionen innerhalb der Raumzeit kennen, indem sie ihre Nachbarn identifizieren können.

Wie kann eine Idee seine Nachbarideen kennen? Indem die Idee aus nichts anderem besteht, als aus einer Positionsangabe? Aber nach welchem Koordinatensystem?

Nehmen wir nochmal das Schachbrett als Beispiel und versuchen wir diese Informationsvernetzung auszuprobieren: Die schwarzen und weißen Felder auf einem Schachbrett haben eindeutige Positionen, indem sie als Raster von acht mal acht Feldern darstellbar sind, die waagrecht mit den Buchstaben A bis H und senkrecht mit den Ziffern 1 bis 8 bezeichnet sind. Jedes Feld wird also durch die Kombination von Buchstabe und Ziffer identifiziert (A1 – H8).

Was aber wäre, wenn sich die Positionen relational nur durch die Felder selbst bestimmen ließen?

Das Feld C3 wäre nicht als »C3« definiert, sondern durch seine Nachbarn. Die Definition würde also lauten:

C3 ist definiert als Nachbar von:
B3-C2-C4-D3

Ja, Sie ahnen schon was kommt. Natürlich wären diese Nachbarn auch wieder nur durch deren Nachbarn definiert. Die Idee würde sich also erweitern:

C3 ist definiert als Nachbar von:
[A3-B2-B4-C3]
[B2-C1-C3-D2]
[B4-C3-C5-D4]
[C3-D2-D4-E3]

Und wieder müssten wir die Bezeichnungen durch die Definitionen der Nachbarn ersetzen, die ihrerseits nur durch ihre Nachbarn definiert sind, ad infinitem. Dies ist ein unendlicher Regress. Jedes Einzelfeld enthält die Informationsmenge für das gesamte Schachbrett als *fraktales Informationsfeld.* Die Unterscheidung zwischen den Feldern geschieht lediglich dadurch, dass die Informationsmenge aus einer bestimmten Perspektive heraus definiert wird. Es handelt sich um informelle Spiegelungen in Spiegelungen in Spiegelungen...

Prinzipiell wäre also nicht nötig, die Information über die Positionen der 64 Felder des Schachbrettes auch 64 x abzuspeichern. Ein einziges mal würde vollkommen ausreichen, wenn man dieser Information hinzufügen könne, wie sich die subjektive Perspektive von einem Feld zum nächsten verschiebt.

Wenn wir diese Überlegung auf den Kosmos und seine elementaren Zellpunkte übertragen, erkennen wir, dass es eigentlich nur einen einzigen Zellpunkt mit einer Informationsmatrix geben muss, in der die Informationen für alle Zellpunkte enthalten ist. Die Dynamik, mit welcher der Kosmos gewebt wird, ist dabei die Information über die jeweilige Verschiebung der Perspektive. Es gibt gar keine Menge von unverbundenen Zellpunkten, die sich zur Raumzeit verbinden, sondern nur eine allumfassende Informationsmatrix, welche sich virtuell zur Raumzeit *aufspaltet*. Jeder elementare Zellpunkt ist die Idee des Ganzen aus einer individuellen Perspektive. D.h., indem der vorhandenen Informationsmenge der Einheit eine individuelle Perspektive *hinzugefügt* wird, ergeben sich die elementaren Zellpunkte.

Jeder Zellpunkt hat Zugriff auf dasselbe Informationsfeld und erhält seine Individualität über die unverwechselbare Perspektive *seiner* Position darin.

1.5.2.2.2 Das Spektrum der Individualität

Nach dieser Erkenntnis muss es ein Koordinatensystem innerhalb des Informationsraumes geben, welches die Informationen strukturiert. Dies muss aber ebenfalls mit Informationen geschehen. Gibt es also im einzelnen Zellpunkt Informationen, die im Ganzen nicht vorhanden sind und die bestimmen, aus welcher Perspektive er die Ganzheit sieht? Dann wäre das Teil größer als das Ganze. Also muss es umgekehrt sein. Um ihn zu individualisieren, müssen dem einzelnen Zellpunkt Informationen des Ganzen *vorenthalten* werden. Ein elementarer Zellpunkt löst sich nicht aus der Ganzheit heraus, weil er *zusätzliche* Informationen besitzt, die ihm zeigen, wo und wer er ist, sondern *weil ihm nur eine individualisierte Informationsmenge aus der Ganzheit zugänglich ist.*

Wenn wir die Punktmenge im Hinblick auf die *Identität von Sein und Bewusstsein* betrachten – die sich notwendig aus den Überlegungen von Materie und Geist im ersten Abschnitt ergeben hat –, wird klar, welche Einteilung im individuellen Einzelpunkt entstehen muss: *Die Differenzierung zwischen Identifikation und Projektion*. D.h., die Unterscheidung zwischen *ICH* und *DU (=NICHT-ICH)* – mit anderen Worten: *Subjekt* und *Objekt*.

Teile des Ganzen müssen als *Selbst* identifiziert werden und der Rest muss als *Welt* projiziert werden. Diese Einteilung bleibt über mehrere Zeitschritte hinweg erhalten, damit die Zeitlinie nicht in isolierte Räume zerfallen kann. Dies gelingt – wie wir gesehen haben – nur durch Komplexitätssteigerung, durch Emergenz. Das sind die Vorbedingungen für die Existenz der Raumzeit und – wie im letzten Kapitel besprochen – gleichzeitig ausreichende Grundbedingungen für die Existenz von Bewusstsein innerhalb von Zeit und Raum.

Also ziehen wir hieraus den zwingenden Schluss:

Es gibt keine Raumzeit ohne sich evolutionär entwickelndes Bewusstsein, weil die notwendigen Bedingungen des einen (Raumzeit), ausreichende Bedingungen des anderen (Bewusstsein) sind.

Die Ganzheit teilt sich – ähnlich dem weißen Licht bei der Entstehung des Regenbogens – in ein Spektrum von unterschiedlichen Subjekten. Sowohl beim Licht, als auch beim Informationsraum wird dafür ein Teil verdeckt, um den anderen Teil als Einzelelement des Spektrums in Erscheinung treten zu lassen.

> *Die Welt entsteht aus einer Ganzheit, indem sich diese Ganzheit in ein Spektrum von Individualitäten aufteilt.*

1.5.2.2.3 *ZELLPUNKTE + HOLONS = HOLOZELLEN*

Um die Raumzeit zu strukturieren ist es also nötig, dass elementare Zellpunkte den Informationsraum in *Subjekt* und *Objekt* aufspalten und damit ihre informelle, individuelle Struktur erhalten. Damit ähneln sie dem, was wir bereits als *Holon* kennengelernt haben. Auch ein Holon ist eine nicht materielle Struktur, welche die Ganzheit in Subjekt und Objekt teilt.

Wenden wir uns daher nochmals kurz dem Holon zu: Ein Holon kann aus vier Perspektiven beschrieben werden, welche zur Verdeutlichung als vier Quadranten dargestellt werden:

- Das Holon als *Subjekt*, wie es sich selbst wahrnimmt (QOL).
- Das Holon als *Objekt*, wie es als System von allen anderen gesehen wird (QOR).
- Der *materielle Kontext* des Holons, aus dem es hervorgeht und der es erhält (QUR).
- Der *kulturelle Kontext* des Holons, durch den es sozialisiert wurde und der das Selbstverständnis des Holons prägt (QUL).

Man sieht hier, dass zur Erklärung bzw. Definition des Holons durch die Quadranten zwischen verschiedenen Perspektiven hin und her gesprungen werden muss. Diese Perspektiven sind rein theoretische Modelle in folgender Form:

- *Wir stellen uns vor,* wie es ist, ein System zu sein – bei uns selbst ist dies Empirie.
- Wir beobachten *andere* Systeme von Außen und...
- ...ihre Wirkungen aufeinander. Aber diese Beobachtungen sind Wahrnehmungen und, wie wir bereits gesehen haben, sind Wahrnehmungen nach Außen projizierte Veränderungen des eigenen Seins.
- *Wir stellen uns vor*, welcher kulturelle Kontext uns – oder ein anderes zu betrachtendes System – geprägt hat. Das können wir aber nur, soweit diese Informationen innerhalb unserer Individualität zugänglich sind.

Auch wenn wir in der Theorie den Blickwinkel verändern um ein Holon aus der Sicht der vier Quadranten zu beschreiben, steht uns in Wahrheit immer nur unsere eigene Perspektive zur Verfügung. So verhält es sich auch mit jedem elementaren Zellpunkt. Wenn wir verstehen wollen, wie der Informationsraum eines elementaren Zellpunktes strukturiert ist, müssen wir uns dieser *perspektivischen Gebundenheit* aller Holons bewusst sein.

Jedes Holon ist auf die Perspektive System/Innen (QOL) beschränkt. Aber alle vier Quadranten spiegeln sich in dieser einen Perspektive (*Phänomenologie*).

Wir leben in Raum und Zeit. Aber als subjektives Bewusstsein sind diese Kategorien keine mathematischen Konstrukte

mit Länge, Breite, Höhe und Dauer. Es handelt sich vielmehr um die Erfahrung, dass sich die Wahrnehmung einerseits in *»Ich-«* und *»Welt-«* Hälften spalten lässt und andererseits in *»Vergangenheit« (Erinnerung)* und *»Zukunft« (Erwartung)*. Da sich diese Aufteilungen überlagern, gibt es ein *»Vergangenheits-Ich«* und ein *»Zukunfts-Ich«,* sowie eine *»Vergangenheits-Welt«* und eine *»Zukunfts-Welt«*. Zudem ergibt der Kreuzungspunkt der

Trennlinien einen Bereich, der das *Hier&Jetzt* repräsentiert. Dies sind die *phänomenalen Quadranten des Evolutionären Idealismus* (EIQ). Diese Quadranten befinden sich jedoch alle im QOL (Einteilung nach Wilber), also im Inneren unserer Wahrnehmung. Erst in der Interpretation werden sie nach Außen projiziert:

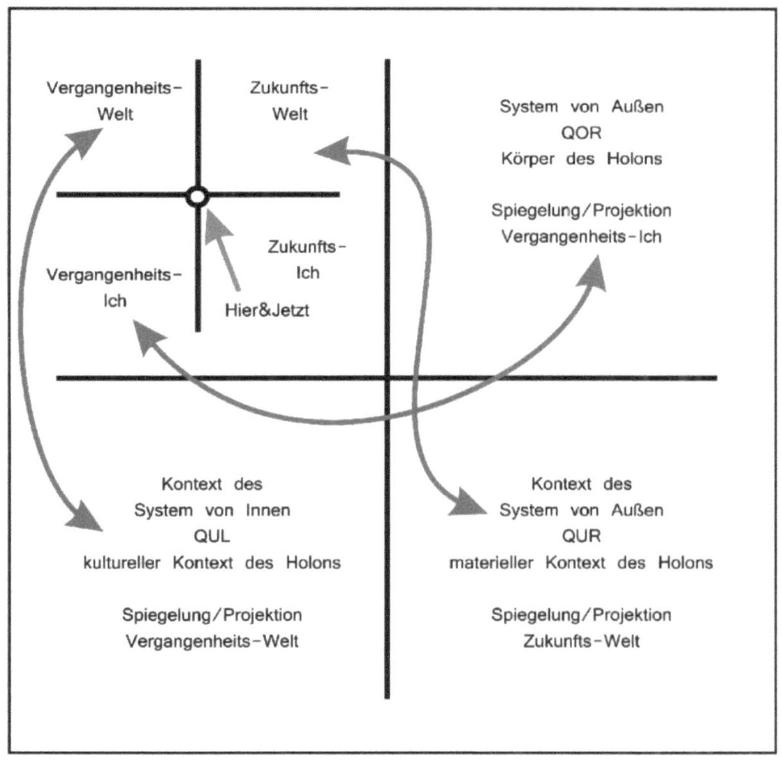

Bei den Holons ergibt sich die theoretische Einteilung der Quadranten (Wilbers Integrale Quadranten = WIQ) über die jeweilige Perspektive:
Innen ↔ Außen / System ↔ Kontext

Bei den Zellpunkten gibt es nur ihre eigene, phänomenale Wirklichkeit. Somit ist lediglich die Einteilung der phänomenalen Quadranten des EvId (EIQ) relevant. Diese Einteilung der Informationen erzeugt ihre unverwechselbare Identität und webt daraus die Raumzeit:
Vergangenheit ↔ Zukunft / Ich ↔ Umwelt

Beide Quadranten-Systeme, WIQ und EIQ, sind ineinander enthalten und ineinander überführbar. Im Unterschied zum WIQ-System, bei dem verschiedene Perspektiven eingenommen werden, um dasselbe Holon zu beschreiben, werden beim EIQ-System die Quadranten *immer aus der Perspektive des Holons* oder elementaren Einzelpunktes selbst beschrieben. Die Perspektive wird *nicht* gewechselt.

Bei beiden Systemen gibt es einen Bereich der Ganzheit, der für das Holon bzw. den elementaren Zellpunkt unzugänglich bleibt. Diese partielle Unzugänglichkeit ist primär für die Individualität sowohl von Holon, als auch elementaren Zellpunkt verantwortlich. Besser gesagt, diese partielle Unzugänglichkeit der Informationen der Ganzheit *ist mit der Individualität identisch.* Die Individualität und die Identität eines Holons und eines elementaren Einzelpunktes *ergeben sich* aus der Unzugänglichkeit ganz bestimmter Informationen. Damit zeigt sich, dass die Beschreibungen von Holon und Einzelpunkt prinzipiell identisch sind.

> *Ein elementarer Einzelpunkt ist ein Holon*, daher nennen wir ihn nun ***Holozelle***.

1.5.2.2.4 *QUADRANTEN DES EVID*

Für das weitere Verständnis ist es wichtig, dass wir die Struktur der phänomenalen Quadranten des EVOLUTIONÄREN IDEALISMUS (EIQ) präsent haben. Daher sehen wir uns diese nochmals im Detail an:

Zunächst gibt es eine Trennung der Informationen zwischen Identifikation und Projektion, die zum *Selbst* und dem *Rest der Welt* führt:

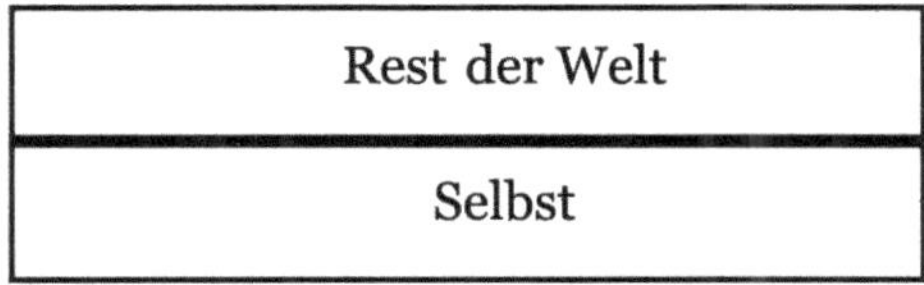

Man nennt diese Bereiche auch *Subjekt* und *Objekt*. Die eine Seite wird vom Holon von Innen wahrgenommen (Subjekt) und die andere Seite von Außen (Objekte).

Als zweite Aufteilung kommt die zeitliche Orientierung hinzu. Die Ganzheit der Informationen wird in Vergangenheit und Zukunft gesplittet:

Vergangenheit Rest der Welt	Zukunft Rest der Welt
Vergangenheit Selbst	Zukunft Selbst

Wir erinnern uns: Das Holon ist *das Ganze* und *die Perspektive.* Der Kreuzungspunkt der Trennlinien bildet den Hier&Jetzt-Punkt, der die Perspektive auf das Weltganze herstellt und damit das Holon individualisiert. Die Perspektive ergibt sich aus den Trennlinien zwischen »Figur und Hintergrund«.

Wenn wir jetzt ein komplexes Holon unter den Gesichtspunkten dieses Schemas betrachten – etwa einen Menschen –, können wir feststellen, dass das gegenwärtige Erleben genau in diesem Zentrum verortet ist. Auch wenn der gesamte Bereich unterhalb der horizontalen Linie als »zu mir gehörend« gedeutet wird, so geschieht jedes Erleben doch immer an der Grenze zwischen »Ich« und »Nicht-Ich«. Ebenso wird auch nur die Grenzlinie zwischen Vergangenheit und Zukunft erlebt. Das zeichnet die Gegenwart schließlich aus, dass sie die zeitliche Grenze zwischen Gewesenem und noch Kommendem bildet. ***Hier & Jetzt*** bezeichnet genau das Zentrum dieses Rasters. Allein hier sitzt das beobachtende Bewusstsein. Und nachdem wir bereits in den ersten Kapiteln des Buches gesehen haben, dass die grundlegende Eigenschaft des Bewusstseins in jeder Materie von Anfang an beheimatet sein muss, können wir jetzt folgendes sagen: Bei jedem Holon sitzt die Eigenschaft des Bewusstseins im Hier & Jetzt-Punkt. Aus dieser Sicht wird verständlich, was es heißt, dass jedes Holon die *ganze Welt aus einer bestimmten Perspektive* ist. Das Zentrum dieses Schemas ist der POV *(PointOf-View = Beobachtungspunkt dieser Perspektive).*

Was bedeutet das nun konkret? Sehen wir uns zunächst jenen Teil an, der unterhalb des Horizonts liegt: das Subjekt.

Von Außen betrachtet bin ich als Mensch ein Organismus, der aus Zellen besteht. Ein Organismus ist ein Holon. Ein Holon ist immer aus Holons niedrigerer Integrationsstufen aufgebaut – in diesem Fall, den Zellen. Aber wir haben auch gesagt, dass diese Holons niedrigerer Integrationsebenen austauschbar sind. Tatsächlich besteht ein Mensch aus ca. 10^{14} (100.000.000.000.000) Zellen, von denen jeden Tag ca. 10^{12} (1.000.000.000.000) Zellen sterben und durch neue ersetzt werden. Ein System ist nicht mit seinen Systembestandteilen identisch, sondern mit dem ***Muster***, nach dem diese angeordnet sind. SubHolons können also ausgetauscht werden. Wenn das grundlegende *Muster der Organisation* des SuperHolons identisch bleibt, bewahrt sich das SuperHolon trotz des Austauschs seiner Teile seine Identität.

Die Zellen, aus denen mein *Körper* gegenwärtig besteht, sind in der *Vergangenheit* in dieses Muster integriert worden. Demnach müssen wir den materiellen Körper des Menschen nicht nur auf der Seite des Subjekts einordnen, sondern dort auch komplett in den Quadranten [*Vergangenheit des Subjekts = EIQUL*]. Daraus ergibt sich die Verbindung bzw. Spiegelung von EIQUL mit WIQOR (= Körper des Holons).

In den Quadranten [*Zukunft des Subjekts = EIQUR*] müssen wir dagegen jene Dinge einordnen, welche zwar *innerhalb* des Subjekts sind, aber noch nicht realisiert. Dies sind alle Motivationen, die mich künftig zu Handlungen bringen könnten. Das Subjekt teilt sich also nochmal in einen Teil, der von Außen sichtbar ist und einen Teil, der nur von Innen erlebt werden kann. Was von Außen sichtbar ist, sind die *Früchte der Vergangenheit*. Hier finden sich auch alle SubHolons, die meine Körperlichkeit konstituieren. Was dagegen von Außen nicht sichtbar ist, sind die *Samen der Zukunft,* das subjektive Innenleben, die erlebte Gestimmtheit. Natürlich sind diese zwei Bereiche nicht unverbunden. Genau betrachtet wird eine seelische Gestimmtheit auch in körperlichen Konstitutionen erkennbar sein, wie z.B in bestimmten Endorphinen im Gehirn usw. Aber diese Verbindung ist nicht kausal und diese Perspektiven lassen sich nicht aufeinander reduzieren. Die Verbindung ist perspektivisch. Das ist auch genau das, was wir bereits sowohl bei den Quadranten nach Wilber gesehen haben (*Jedes Detail der Wirklichkeit hat in allen Quadranten seine Entsprechnung*), als auch bei Suche nach einer Antwort auf das Geist-Körper-Problem (*Bewusstsein ist Materie von Innen*).

Wie verhält es sich nun mit dem Bereich oberhalb des Horizonts? Auf den ersten Blick könnte man meinen, die Einteilung sei hier die gleiche, da der Rest der Welt ebenfalls aus Holons besteht: Damit wäre das Ergebnis der Vergangenheit sichtbar und das Innenleben der anderen Holons, welches auf die Zukunft ausgerichtet ist, unsichtbar. Aber diese Interpretation würde eine objektive Sicht auf die Welt voraussetzen. Wir betrachten jedoch die phänomenale Wirklichkeit des Holons. Dies entspricht WIQOL, also dem Innenleben des Ich's. Wir analysieren hier die Perspektive einer bestimmten Holozelle auf *ihre* Welt. Es geht also um eine *Phänomenologie*. Deswegen stellt sich die Sache anders dar.

Der materielle Aspekt der Dinge bildet jenen Teil vom Rest der Welt, welcher die Zukunft des Holons bestimmt. Wir müssen bedenken, dass es sich dabei nicht um eine reale Zukunft handelt, sondern lediglich um eine Zukunfts*projektion*; eine *Erwartungshaltung,* ebenso wie es sich im Inneren des Subjekts nicht um eine reale Zukunft handelt, sondern um Handlungsmotivationen. Die Gegenstände der Außenwelt sind jene Dinge, die für die Erreichung bestimmter Ziele manipuliert werden müssen. Also bestimmt die materielle Seite der Außenwelt die Zukunft.

Dagegen ist das Feststehende der Außenwelt nicht die Materie, sondern die gemeinsamen Faktoren der Innenwelt aller Holons des Kontextes. Die Innenwelten aller Du-Holons, welche unserem Holon nur zum Teil zugänglich sind, bestimmen die Vergangenheits-Außenwelt. Wir müssen uns immer vor Augen halten, dass es sich hier um eine rein gegenwärtige Informationssammlung der einen, individuellen Holozelle handelt (Hier&Jetzt-Punkt), die in die vier Quadranten (EIQ) projiziert wird. Die Phänomenologie einer Holozelle sieht also folgendermaßen aus:

Welt-Innen	Welt-Außen
System-Außen	Sytem-Innen

1.5.2.2.5 Quantenkollaps & Info-Spin

Die elementaren Zellpunkte der physikalischen Spin-Netzwerke sind also Holons und somit Holozellen. Das bedeutet nun nicht automatisch, dass in der Umkehrung auch alle Holons elementare Zellpunkte sein müssen. Jeder Hund z.B. ist ein Holon, ohne dass damit gilt, dass alle Holons zwangsläufig auch Hunde sind. Um jedoch herauszufinden, was die *vorzeitliche* und *außerräumliche* Bewegung des Spins ist, der die Einzelpunkte zur Raumzeit verwebt, ist es hilfreich, uns einem anderen Holon und seinen Eigenschaften zuzuwenden: Dem Quantenkollaps eines Elektrons.

Wir müssen verstehen, wie der Quantenkollaps abläuft, ohne den Informationsraum zu verändern. Schließlich bleibt die Ganzheit unverändert, während das Teil aus ihr heraustritt, kurzfristig ein eigenständiges Dasein führt und anschließend wieder in sie eintritt. Dies ist die Schlaufe im Gewebe des Kosmos.

Bedenken wir dabei: Bewusstsein ist eine grundlegende Eigenschaft der Materie. *Bewusstsein* ist *Materie von innen!* Das war die Erkenntnis vom ersten Teil dieses Buches. Demnach müssen wir dem Elektron zugestehen, den Quantenkollaps zu *erleben* – wenn auch nicht selbstreflektiv, wie ein Mensch seine Welt erlebt.

Ist ein Elektron durch den Kollaps des Wahrscheinlichkeitsfeldes zu einem Faktum in der Raumzeit geworden, gibt es ein genau definiertes Raster, in das die Informationen der Ganzheit eingeordnet sein müssen. Es ist dies das phänomenale Raster der EIQ, das wir gerade kennen gelernt haben und das eine Abwandlung der Quadranten nach Wilber darstellt. Diese Einteilung stellt die Individualität des Holons her. Aber diese Individualität muss erst aus der Ganzheit entwickelt und wenn sich das Elektron wieder in Quantenrauch auflöst, wieder abgebaut werden.

Dies geschieht in fünf Phasen, in denen die Informationsmenge durch perspektivische Verzerrungen in unterschiedliche Teilmengen gruppiert wird, welche der oben genannten Aufteilung entsprechen. Diese Phasen lassen sich in der Praxis nicht wirklich zeitlich auflösen. Sie sind als inhärente Struktur immer schon vorhanden. Trotzdem müssen wir sie als aufeinander folgende Phasen beschreiben, weil sie in dieser Reihenfolge untereinander gekoppelt sind. Es ist, als würde man ein Haus erklären, indem man zuerst den ersten Stock, dann das Erdgeschoss und schließlich den Keller beschreibt, obwohl jeder weiß, dass dies keine chronologische Struktur ist, sondern gleichzeitig vorhanden. Lediglich in der Beschreibung gehen wir sie nacheinander durch. Die fünf Phasen sind folgende:

1. Das Elektron ist mit der Ganzheit identisch (nicht individualisiert in der Raumzeit – nichtlokal).

2. Der Augenblick der »Entstehung« des Elektrons. Das Elektron wird durch *Dekohärenz* innerhalb der bestehenden Welt aus der Ganzheit *abgerufen* und identifiziert sich mit der Wahrscheinlichkeitswolke.

3. Die Existenz des Elektrons als *Faktum* in der Raumzeit. So erleben wir das Elektron innerhalb unserer Welt.

4. Der Augenblick des »Vergehens« des Elektrons. Das Elektron löst sich in eine Wolke aus Quantenwahrscheinlichkeit auf.

5. Das Elektron ist wieder mit der Ganzheit identisch (nicht individualisiert in der Raumzeit – nichtlokal).

In der Praxis sind beim Quantenkollaps Phase 1 und Phase 5 identisch und werden nur durch einen kurzen Augenblick, welcher die Phasen 2 bis 4 enthält, unterbrochen.

Das von uns gefundene Raster der Informationsaufteilung mit den vier Quadranten scheint aber zunächst nur für Phase 3 zu gelten. Wie entsteht also diese Phase 3 über Phase 2 aus Phase 1 und wie wird aus Phase 3 über Phase 4 wieder Phase 5? Was ist dieser Spin, der mit dem Quantenkollaps identisch sein muss? Welche Art von Drehung erzeugt aus einer Wolke von Wahrscheinlichkeiten ein Faktum in der Raumzeit?

Gehen wir die Phasen einzeln durch:

<u>Phase 1:</u>

In Phase 1 unterscheidet sich das Elektron nicht vom Hintergrund. Es ist mit der Ganzheit unauflöslich verwoben. Damit gibt es auch diese Einteilung von Identität und Projektion nicht. Das »Individuum« Elektron ist mit der Ganzheit identisch. Nichts davon bleibt zur Projektion übrig. Das Elektron befindet sich außerhalb von Raum und Zeit. Die Informationsmenge, die Raum und Zeit konstituieren könnte, bildet eine ungeteilte Einheit. Der Kosmos existiert in dieser Phase nicht[1].

Elektron und Ganzheit sind identisch

Nun tritt in der wirklichen Welt an einem bestimmten Ort und zu einer bestimmten Zeit das Phänomen der Dekohärenz auf. Eine Wahrscheinlichkeitswelle nähert sich ihrem Kollaps. Die Welt der Erscheinungen erzwingt durch komplexe Interaktion eine Entscheidung zwischen den vorhandenen Möglichkeiten.

<u>Phase 2:</u>

Nun teilt das Elektron die Informationen der Ganzheit – induziert von der gegenwärtigen, faktischen Welt – in ein zeitliches Vorher und Nachher. D.h., es kommt in der Gegenwart an. Die Einheit der Informationsmenge wird aus dem entstehenden Zentrum des Hier&Jetzt des Holons perspektivisch verzerrt. Dies geschieht, indem es zu einer Identifikation mit den Wahrscheinlichkeiten kommt, die aus der Vergangenheit in die Gegenwart

---

[1] Dies ist nicht ganz korrekt, da er durch die Notwendigkeit der Unschärfe als Latenz vorhanden ist.

reichen. Die Wahrscheinlichkeitswolke der Quantenfunktion ist Repräsentant der Vergangenheit und in Phase 2 die Identität des Elektrons. Das Elektron ***ist*** diese aus der Vergangenheit hervorragende Wahrscheinlichkeitswolke. Die Entscheidung, welche der verschiedenen Wahrscheinlichkeiten verwirklicht wird, ist in dieser Phase noch nicht getroffen. Jede Realisierung eines bestimmten Faktums aus dem Potenzial der Möglichkeiten würde zur Löschung aller anderen Wahrscheinlichkeiten führen. Dies geschieht jedoch erst in Phase drei. In Phase 2 ist das ganze Potenzial als Identität des Teilchens noch vorhanden. D.h., das Elektron ist zwar gegenwärtig, aber noch immer nichtlokal. Also ist die Zeit festgelegt, aber noch nicht der Ort.

Für jedes mögliche Faktum, das sich aus dem Möglichkeitsraum der Quantenfunktion realisieren könnte, gibt es eine neue Wahrscheinlichkeitswelle, die sich – bei Realisierung des entsprechenden Faktums – in die Zukunft ausbreiten würde. Diese vielen möglichen zukünftigen Wahrscheinlichkeitswolken stellen in dieser Phase 2 die Projektion dar. Das ist das Außen des Elektrons. Man könnte es so formulieren: Das Elektron identifiziert sich in Phase 2 mit der Vergangenheit und *ent*identifiziert sich – um sich von der Ganzheit zu lösen – von der Zukunft. Das Elektron ist somit in dieser Phase mit der Vergangenheit identisch und erfährt die vielen möglichen Wahrscheinlichkeiten der Zukunft als Projektion im Außen. Die Einheit der Informationsmenge wird in die Teilmengen *Vergangenheit* und *Zukunft* gesplittet. Aber was aus unserer Perspektive Vergangenheit ist, ist aus der Perspektive des Elektrons in dieser Phase 2 es *Selbst*. Und was aus unserer Perspektive die Zukunft darstellt, ist für das Elektron in dieser Phase der *Rest der Welt*.

Wirklichkeit des Elektrons in Phase 2

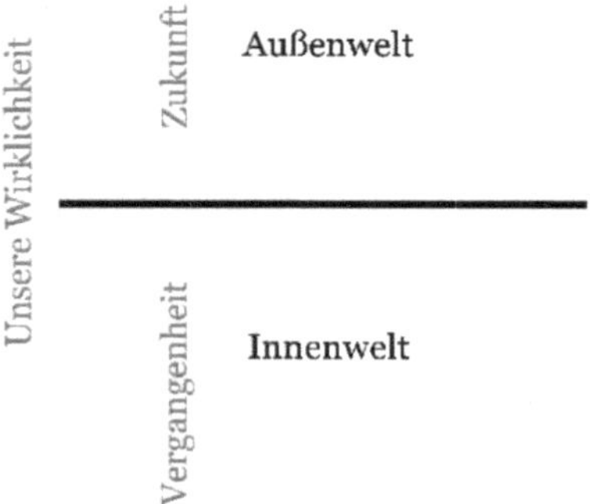

Unsere Grenzlinie zwischen Vergangenheit
und Zukunft ist für das Elektron
die Grenzlinie zwischen Innen und Außen

Das Elektron »entscheidet sich« nun für eine dieser möglichen Wahrscheinlichkeiten, indem es zwischen den verschiedenen zukünftigen Wolken von Möglichkeiten eine einzige *auswählt.* Das ist in der physikalischen Sichtweise auf den Quantenkollaps der *Zufall*. Aber genau durch diese *Affinität* zu einer bestimmten zukünftigen Wahrscheinlichkeitswolke tritt das Elektron in Phase 3 ein und löst damit den Quantenkollaps aus.

Diese Erklärung ist sehr wichtig und um dies besser zu verstehen, müssen wir diese Situation mit menschlichen Begriffen beschreiben: Die *Identität* des Elektrons ist die Wahrscheinlichkeitswolke vor dem Kollaps mit ihrem gesamten Potential. Die *Aufmerksamkeit* des Elektrons, welche auf das Außen – also die potenzielle Zukunft jedes möglichen Kollaps – gerichtet ist, entwickelt eine Affinität zu einem bestimmten Detail dieser Außenwelt. Woher die *Sympathie* des Elektrons für diese bestimmte Auswahl kommt, soll später noch geklärt werden. Aber die *Kraft dieser Aufmerksamkeit* bestimmt die *Wahl* einer einzigen von vielen möglichen Wirklichkeiten. Eine einzige Möglichkeit wird damit zur Wirklichkeit. Dabei »erlebt« das Elektron den Kollaps von der Nichtlokalität zur Lokalität und damit die Realisierung einer Möglichkeit und die Elimination aller unnötigen Informationen der Quantenfunktion als *zeitlichen Ablauf.* Was für uns Außenraum des Elektrons ist (der Raum, den die Nichtlokalität einnimmt), ist für das Elektron Vergangenheit. Seine Lokalität, wie sie sich für uns präsentiert, ist in Phase 2 für das Elektron identisch mit seiner Zukunft.

Phase 3:

In Phase 3 ist das Elektron von einer Wahrscheinlichkeitswolke zum konkreten Faktum in Raum und Zeit geworden. Es ist mit sich selbst – so wie wir es erleben – identisch und erfährt den Rest des Informationsraumes als Projektion. Gleichzeitig ist die Quantenfunktion, aus der es hervorgegangen ist, seine Vergangenheit und jene Quantenfunktion, die es für die Zukunft verursacht, seine Zukunft.

Vergangene Außenwelt	Zukünftige Außenwelt
Vergangene Innenwelt	Zukünftige Innenwelt

Dies ist die Situation, wie wir sie als Beobachter ebenfalls erleben. Das ist unsere Realität. Das Elektron als materielles Faktum im Raum, mit einer Vergangenheit, welche das Faktum verursacht hat und einer wahrscheinlichen Zukunft, die ihrerseits vom Faktum des Elektrons verursacht wird. So erleben wir den Quantenkollaps des Elektrons, wenn es z.B. mit dem Bildschirm interagiert: Als konkretes Faktum in Raum und Zeit. Das Elektron ist in unserer Welt angekommen.

Aber diese Phase dauert nicht an. Das Elektron tritt in Phase 4 ein und verschwindet damit wieder aus unserer Realität um sich mit der Ganzheit wieder unauflöslich zu verweben und für uns zu einer neuen Wahrscheinlichkeitswolke zu werden.

Phase 4:

Nachdem sich das Elektron in Phase 2 aus der Ganzheit gelöst hat und durch die Löschung aller Informationen der ausgeschlossenen Wahrscheinlichkeiten in Phase 3 zu einem Faktum in der Welt geworden ist, muss es den genau entgegengesetzten Weg wieder zurück zur Ganzheit gehen. Dazu ist es notwendig, diese Einseitigkeit der Faktizität aufzulösen. Um das zu erreichen, muss es sich nun von der eigenen Existenz *ent*identifizieren. Dies geschieht durch eine *Identifikation* mit dem Möglichkeitsfeld, welches das Elektron in die Zukunft entlässt und durch die gleichzeitige *Projektion* dessen, was das Elektron als Faktum ausgemacht hat.

Für uns Vergangenheit = Außenwelt des Elektrons	Für uns Zukunft = Identität des Elektrons

Dadurch wird die subjektive Perspektive des Elektrons aufgelöst und es vereint sich wieder mit der Ganzheit.

Phase 5:

Phase 5 ist mit Phase 1 (fast) identisch. Hat sich zu Phase 1 etwas verändert? Ja und Nein. Der Informationsraum der Ganzheit ist weiterhin unberührt von Zeit und Raum. Aber die Latenz *innerhalb des Kosmos* hat sich gewandelt. Das Elektron hat eine Veränderung der Wahrscheinlichkeiten bewirkt.

Dieser Prozess des Quantenkollaps, ist also tatsächlich eine Drehung, ein Spin innerhalb des Informationsraumes. Er stellt jedoch keine echte Drehung dar. Es wird dabei nichts im Kreis bewegt. Lediglich die Richtung von Identität und Projektion des Elektrons läuft entgegen dem Uhrzeigersinn durch unsere EIQ.

Dieser Info-Spin des Elektrons zeigt beispielhaft, wie die Raumzeit gewebt wird. Er beschreibt, wie die Informationen der elementaren Einzelpunkte sich untereinander vernetzen:

Jeder Punkt beinhaltet alle Informationen, weil es primär nur einen einzigen Punkt gibt. Die Informationen sind strukturiert. Besser gesagt ist diese inhärente Struktur selbst die Information. Sie ist einerseits homogen (Homogenität bedeutet Gleichförmigkeit und damit ein Minimum an Information), andererseits ist sie unbestimmt und unscharf, was bedeutet, dass ALLE möglichen Strukturierungen gleichzeitig enthalten sind.

Dies lässt sich am besten mit einer schwingenden Saite beschreiben. Jede Saite schwingt in überlagerten Zuständen, deren Frequenzen ganzzahligen Vielfachen der Grundfrequenz entsprechen. Dadurch entstehen virtuelle Knoten entlang der Saite. Diese Knoten sind bereits vorgegeben, bevor die Saite schwingt.

Mathematische Strukturierung einer schwingenden Saite

In gleicher Weise ist die Strukturierung des Informationsraumes aufgrund bestimmter Gesetze vorgegeben. Diese Gesetze betreffen die Verbindung der Informationen, was der Verkettung der elementaren Einzelpunkte entspricht.

> Der Teppich der Raumzeit webt sich, indem eine zeitlose Bewegung – ähnlich der Quantenfluktuation des Vakuums – die Einzelpunkte aus der Ganzheit herauslöst und wieder einbindet. Durch diesen *Info-Spin* entstehen virtuelle Schlaufen, die aus der Ganzheit „heraushängen“ und sich untereinander zur Raumzeit verbinden.

1.5.2.2.6 *Noch einmal Info-Spin*

Versuchen wir die Vorgänge noch einmal von einer anderen Seite zu betrachten. Stellen wir uns vor, das Elektron hätte Bewusstsein, ähnlich uns Menschen. Wie würde es den Quantenkollaps erleben? Wie würde sich der Spin der Identifikation aus der Innenperspektive darstellen?

Während der *Informationsraum selbst stabil* bleibt, *dreht sich die Identifikation* des Holons. Durch diesen Spin wird der Informationsraum vernetzt und strukturiert:

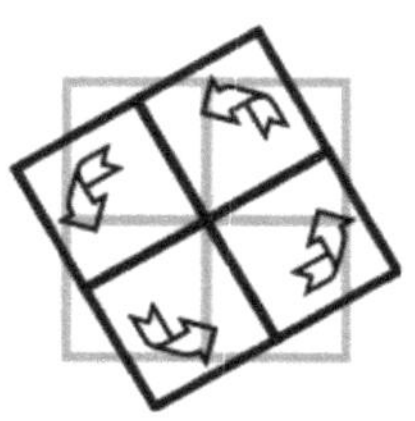

Wir müssen uns dabei vor Augen halten, dass im Informationsraum selbst Zeit und Raum noch nicht definiert sind. Wenn wir den Cyberspace gedanklich betrachten, um diese Abfolgen zu verstehen, bringen wir zwangsläufig *unsere* Zeit und *unseren* Raum in die Betrachtung mit ein. Eine Beobachtung erfordert eine bereits strukturierte Raumzeit. Wir befinden uns – während wir hier den Info-Spin analysieren – immer innerhalb der Welt, also immer in Phase 3. Aber das Elektron kommt in unsere Welt herein und verschwindet wieder aus ihr. *Das Erleben von Raum und Zeit muss für das Elektron deshalb nicht mit unserem Erleben von Raum und Zeit identisch sein.* Wir haben zwischen *unserer Beobachter-Raumzeit* und der *Erlebnis-Raumzeit des Elektrons* zu unterscheiden, auch wenn das Elektron *nicht in einer anderen Raumzeit* existiert. Lediglich die Interpretationen von Raum und Zeit sind unterschiedlich.

Das Subjekt, also in diesem Fall unser Elektron, fühlt sich in Phase 1 und Phase 5 mit der Ganzheit identisch. Denn die Trennung zwischen *Selbst* und *Rest der Welt* verläuft in diesen Phasen so, dass das *Selbst* alles ist, während der *Rest der Welt* nichts[1] ist. In Phase 1 ist also das *Selbst* alles, während der *Rest der Welt* nicht existent ist. Ebenso wenig existieren Zeit und Raum.

In Phase 3 ist die Situation gegenüber Phase 1 auf den Kopf gestellt. Der Spin der Aufmerksamkeit hat sich um 180° gedreht. Aus der Ganzheit ist ein Holon entstanden. Nun ist das *Selbst* aus unserem Raster mit dem kleinen Faktum des Elektrons – an

---

1 Oder besser scheinbar nichts, denn die Unschärfe gestattet kein Nichts - und wenn es keinerlei Außenprojektion gäbe, gäbe es auch keine Ganzheit, mit der das Elektron identifiziert wäre. Die Ganzheit muss zwangsläufig eine Dynamik beinhalten, welche zeit- und raumlos die Ganzheit erzittern lässt. Aber diese winzige Fluktuation ist der Keim des Spins, der die gesamte Welt hervorbringt.

einem konkreten Ort und zu einer konkreten Zeit – identisch und in ein unendliches Meer vom *Rest der Welt* zwischen *Vergangenheit* und *Zukunft* eingebunden. Das Elektron ist nun (fast) nichts und der Rest der Welt ist alles.

Das ist die Situation unserer Wirklichkeit. So sehen auch wir die Welt. Das Elektron, mit dem angenommenen menschlichen Bewusstsein, befindet sich mit seiner Aufmerksamkeit im Hier und Jetzt und ist umgeben von *Innen* und *Außen* und von *Vergangenheit* und *Zukunft*. Gerade so wie wir auch. Auch wir befinden uns immer im Hier und Jetzt[1]. Jede subjektiven Perspektive innerhalb der Welt stellt sich so dar. Wenn sich das Elektron in Phase 3 befindet, ist sein Erleben von Raum und Zeit mit unserem identisch. Seine Vergangenheit ist auch unsere Vergangenheit und seine Zukunft auch unsere Zukunft. Das, was das Elektron als sein Innen, sein Selbst betrachtet, erleben auch wir als *sein* Innen. Nur erleben wir das von Außen; wir sind nicht das Elektron und teilen daher seine spezielle Innenperspektive nicht. Wichtig ist aber festzustellen, dass wir uns in der*selben* Raumzeit erleben, wenn sich das Elektron in Phase 3 befindet. Der Quantenkollaps hat stattgefunden und das Elektron ist in unserer Wirklichkeit real geworden.

Was aber würde das Elektron mit einem menschlichen Bewusstsein in den Phasen 2 und 4 erleben? Fakt ist, dass in Phase 2 ein Übergang zwischen Phase 1 und 3 stattfinden muss. Das *Selbst* wird von der Ganzheit zum Elektron und der *Rest der Welt* vom (fast) Nichts zu (fast) allem – aus einer bestimmten

[1] Auch wenn wir mit unserer Aufmerksamkeit in Erinnerungen schwelgen, sind diese Erinnerungen im Hier und Jetzt. Aber wir projizieren sie in die Vergangenheit. Ebenso wie wir in die Zukunft projizieren, wenn wir uns auf ein bevorstehendes Ereignis freuen oder davor Angst haben. Es sind Erwartungen, die sich im Hier und Jetzt befinden.

Perspektive. Für diesen Übergang dreht sich der Spin der Aufmerksamkeit in Phase 2 um 90°. Das, was wir als *Vergangenheit* des Elektrons erleben, ist dessen *Selbst*. Was wir als *Zukunft* des Elektrons erleben, ist dessen *Außenwelt*.

> *Was wir als Zeit erleben, erlebt das Elektron in Phase 2 als phänomenalen* (Innen- und Außen-) *Raum*. Raum und Zeit werden ausgetauscht.

Damit wird gewährleistet, dass sich die *Vergangenheit* mit der Gegenwart verbindet. Denn die Wahrscheinlichkeitswolke der Quantenfunktion reicht nur über diese Identifikation des Elektrons in Phase 2 aus der *Vergangenheit* in die Gegenwart herein. Diese Informationsübertragung ist die wesentliche Eigenschaft, die bei den elementaren Zellpunkten dafür sorgt, dass sie sich tatsächlich zu einer Raumzeit verketten können. Der Code des Zellpunktes enthält die Position seiner zeitlichen und räumlichen Nachbarn. Andernfalls gäbe es keinen Kosmos. Aber nicht nur die Holons der elementaren Zellpunkte verketten sich durch diese Identifikation mit der *Vergangenheit*, auch das Elektron sorgt durch seine Identifikation mit der Vergangenheit (vergangener Kollaps als Ursache der Wahrscheinlichkeitswolke) in Phase 2 des Info-Spins für eine Verkettung der Zeit.

Und der Raum? Natürlich muss sich auch die restliche Interpretation des Informationsraumes dementsprechend verschieben. Was wir als »Innenraum«, also als *Selbst* des Elektrons wahrnehmen – und in Phase 3 auch tatsächlich der Innenraum des Elektrons sein wird – wird vom Elektron in Phase 2 als *Zukunft* wahrgenommen. Während das, was wir für den *Rest der Welt* des Elektrons halten, vom Elektron selbst in Phase 2 als seine *Vergangenheit* erlebt wird.

Was wir als (Innen- und Außen-) *Raum des Elektrons sehen, ist in Phase 2 aus der Sicht des Elektrons seine zeitliche Entwicklung von der Ganzheit herab zur Individualität. Dies ist die Funktion der Involution: Eine De-Identifikation von der Ganzheit.*

Aufgrund der zunehmenden Identifikation mit der (unserer) *Vergangenheit* zieht sich die Aufmerksamkeit des Elektrons ausgehend von der Ganzheit zu seiner raumzeitlichen Existenz zusammen. Das Elektron verliert zunehmend das unbestimmte Bewusstsein von der Ganzheit und driftet über eine zeitlich erlebte Entwicklung zum konkreten Erleben des Faktums seiner Existenz als Elektron. Die Identifikation fällt von den *»räumlichen und zeitlichen Rändern des Kosmos«* ins Zentrum des *Hier und Jetzt.* Sein Bewusstsein reduziert sich in einem von ihm selbst als zeitlich erlebtem Prozess von *allumfassend* zum *Subjekt.* Aus unserer Sicht auf das Elektron bedarf dieser Vorgang keinerlei Zeit, aber viel Raum (der gesamte Raum der Nichtlokalität der Wahrscheinlichkeitswolke). Dieser Raum wird im Zusammenbruch der Quantenfunktion deutlich, wenn sich die unendlichen Wahrscheinlichkeiten (Nichtlokalität) augenblicklich auf einen Punkt reduzieren (Kollaps). Andererseits ist das, was in unseren Augen Zeit beansprucht, nämlich die Entwicklung der Quantenfunktion über die Zeit bis zum Zusammenbruch (Quantenkollaps) für das Elektron augenblicklich und gleichzeitig vorhanden. Nur, dass es das, was wir als Vergangenheit sehen, als sein Selbst, seine Identität erlebt. Genauso ist die zeitliche Existenz innerhalb unseres Kosmos, die wir als seine Zukunft interpretieren, für das Teilchen gegenwärtiger Außenraum, auf den es zu reagieren hat, während es vom Ganzen zum Elektron wird.

Solange wir diesen Austausch von Raum und Zeit nicht verstehen, bleibt uns auch verborgen, wie letztendlich die Entscheidung getroffen wird, *welche* der vielen Möglichkeiten beim Kollaps zur konkreten Realität wird: *Die Affinität des Elektrons zu einer bestimmten Zukunft.*

Ebenso, nur mit umgekehrten Vorzeichen, verhält es sich, wenn sich der Spin der Aufmerksamkeit in Phase 4 um 270° gegenüber der Anfangsganzheit gedreht hat. Dann erlebt das Elektron das, was es in Phase 3 als sein *Selbst* erfahren hat, als *Vergangenheit* und das, was den *Rest der Welt* darstellte, als *Zukunft.* Der Austausch von Zeit und Raum findet erneut statt. Damit verliert das Bewusstsein des Elektrons in einem zeitlich erlebten Prozess die Beschränkungen der subjektiven Perspektive und erkennt sich selbst als Ganzheit wieder.

Die eigene *Vergangenheit* aus Phase 3 wird in Phase 4 zur *Außenwelt*, um sich davon zu entflechten und das in Phase 4 vom Elektron erlebte *Selbst* ist nichts anderes, als die *Zukunft* aus Phase 3. Die *Zukunft* der vom Elektron verursachten neuen Wahrscheinlichkeitswolke. Die Gegenwart wird mit der Zukunft verwoben.

Damit wird das Holon des Elektrons zu einen Kettenglied der Raumzeit. Die Aufmerksamkeit des Holons nimmt die Information der Vergangenheit in sich auf (Phase 2), lebt sie aus (Phase 3) und strahlt sie verändert an die Zukunft wieder ab (Phase 4). Eine Umdrehung des Spins ist vollendet und die aus der Ganzheit »heraushängende« Schlaufe hat sich mit seinen raumzeitlichen Nachbarn zu dem Teppich verwoben, aus dem der Kosmos ist; aus *Aufmerksamkeits-Schlaufen temporär von der Ganzheit getrennter Subjekte.*

1.5.2.3 Elementarer Einzelpunkt als Holopixel

Nun ist der Mechanismus gefunden, der die elementaren Einzelpunkte zur Raumzeit verwebt. Das Zittern Gottes. Es ist eine vorzeitliche und außerräumliche Dynamik einer sich drehenden Identifikation, durch die es zu einer Veränderung der Zugänglichkeit des Informationsraumes kommt. Und die Informationen dieses Cyberspaces bestehen letztlich aus nichts anderem, als diesen perspektivischen Verzerrungen der Informationen selbst.

Solch eine Datenspeicherung ist in der modernen Technik nicht unbekannt. Sie ist charakteristisch für die Holographie: Jeder Punkt enthält ein perspektivisch verzerrtes Abbild des Ganzen. Jeder Punkt *ist* das Ganze aus einer subjektiven Perspektive. Gemeinsam ergibt sich daraus das ganze Bild ohne Verzerrung.

Im Unterschied zur Holographie erzeugt die Summe der elementaren Punkte kein 2D-Fenster, hinter dem ein 3D-Abbild zu sehen ist, sondern einen 4D-Cyberspace. Ein Pixel dieses Cyberspace ist wie eine reflektierende Kugel: In ihr ist die *gesamte Welt* perspektivisch relativiert gespiegelt. Je näher etwas ist, umso größer erscheint es; je weiter weg, umso kleiner wirkt es in Relation zu seiner tatsächlichen Größe.

Ein elementarer Einzelpunkt erzeugt in genau dieser Form eine Verzerrung des Informationsraumes, die nur für den Punkt selbst und seine subjektive Sichtweise auf die Welt Gültigkeit hat. Da die Welt aber aus nichts anderem besteht, als aus elementaren Einzelpunkten, ist jeder von ihnen ein Pixel eines Hologramms, ein *Holopixel.*

Aber weder erzeugen die einzelnen Pixel das Hologramm noch erzeugt das Ganze die einzelnen Pixel. Vielmehr handelt es sich dabei um einen zirkulären Prozess von gegenseitiger Abhängigkeit. Die Dynamik des Spins, der die Raumzeit webt, erzeugt einerseits die Welt aus einem einheitlichen Informationsraum als Hologramm (*Information erzeugt den Kosmos*), andererseits erzeugt die Welt selbst den Informationsraum, weil ihre Einzelpunkte die Welt projizieren (*Kosmos erzeugt die Information*). Spiegelung und Projektion sind identisch.

> ***Die Welt erzeugt sich selbst:***
> *Die Welt ist eine fraktale Spiegelung/Projektion ihrer selbst. Durch das Zittern der Unschärfe webt sich der Kosmos als unendliche, fraktale Spiegelprojektion des eigenen Zitterns.*

1.5.2.3.1 DIE PRIMÄRE EIGENSCHAFT DES KOSMOS

Bleibt die Frage, welche primäre Eigenschaft die Dynamik hervorbringt, die den Schwung zwischen Ganzheit und Einzelpunkten in Gang hält. Es muss einen primären Faktor geben, der sowohl in den Punkten, als auch in der Ganzheit unverändert vorhanden und erkennbar ist.

Wir haben die Spin-Dynamik des Einzelpunktes (Holozelle) anhand eines Elektrons betrachtet. Wir wissen jedoch auch, dass ein elementarer Einzelpunkt kein materielles Teilchen sein kann, denn er muss unteilbar sein, in *Individuum*. Eine Bedingung, die ein materielles Teilchen niemals erfüllen kann. Wir müssen also davon ausgehen, dass etwas anderes *an dem* Teilchen dieser Einzelpunkt ist. Ein Teilchen ist kein kompaktes Kügelchen sondern ein Holon und wir wissen, ein solches kann und muss aus vier Perspektiven betrachtet werden, um es umfassend zu beschreiben. Der materielle Aspekt des Teilchens ist nur eine

Seite, die Innenperspektive ist die andere. Ist also ein Holon mit seiner Innenperspektive ein elementarer Einzelpunkt? Dann wäre jedes Holon und damit auch der Mensch ein elementarer Einzelpunkt (Holon, Holozelle, Holopixel, Monade,...). Ist diese Annahme sinnvoll?

Es ergeben sich zwei grundlegende Fragen:

- Lässt sich eine primäre Eigenschaft im menschlichen Bewusstsein finden, die auch als Schwung für den gesamten Kosmos gelten könnte?
- Kann überhaupt jedes Holon als elementarer Einzelpunkt gelten? Schließlich haben wir gesehen, dass ein Holon immer aus SubHolons zusammengesetzt ist. Ein Einzelpunkt sollte aber unteilbar sein. Kann etwas, das aus Teilen zusammengesetzt erscheint, selbst eine unteilbare Einheit sein?

Zu Frage 1:

Bei genauerer Betrachtung sehen wir, dass wir die erste Frage schon längst beantwortet haben: Das gesamte Buch kreist um diese Antwort. Die primäre Eigenschaft des Kosmos ist Bewusstsein (= die Innenperspektive = die *Qualia*). Diese Eigenschaft können wir nur in unserem eigenen Inneren finden, weil sie uns in der objektiven Welt nicht zugänglich ist. Trotzdem müssen wir zwingend davon ausgehen – wie wir bereits in den ersten Teilen dieses Buches festgestellt haben –, dass dieses Merkmal eine grundlegende Eigenschaft jeglicher Materie sein *muss (*trotzdem es der objektiven Physik verborgen bleibt*)*. Jedes Holon hat eine Innenperspektive. Demnach ist die prinzipielle Erlebnisfähigkeit in allen Dingen enthalten. *Form* ist immer eine *Form von Bewusstsein* oder, wie Plotin sagte: »*Allem wohnt ein Schauen inne!*«

Die primäre Eigenschaft des Kosmos *ist* Bewusstsein!

Wenn ich einen Regenbogen sehe, ist der Regenbogen nur der *Inhalt* meines Bewusstseins, nicht das Bewusstsein selbst. Was also ist reines Bewusstsein? In der modernen Philosophie nennt man es den »Zeugen«. Dieser ist mit keinem Inhalt einer Erfahrung identisch, bildet aber gleichzeitig die unverzichtbare Basis jeglicher Erfahrung. Er ist unberührt von Bewusstseinsinhalten. Wie dieser Zeuge jedoch zur Grunddynamik des sich entwickelnden Kosmos wird, damit beschäftigen wir uns im nächsten Abschnitt des Buches, wenn es darum geht, aus dem bisher Dargelegten den »EVOLUTIONÄREN IDEALISMUS« zu entwickeln.

Zu Frage 2:

Kann etwas, das aus Teilen zusammengesetzt erscheint, selbst eine unteilbare Einheit sein?

Um diese Frage zu klären, müssen wir uns in Erinnerung rufen, was wir über den Unterschied zwischen *Holon*, *Artefakt* und *Haufen* festgestellt haben:

- Ein ***Haufen*** ist eine zufällig angeordnete Ansammlung von Dingen, die Holons sein *können*, aber auch Artefakte, andere Haufen oder eine Kombination von allem. In keinem Fall aber hat ein Haufen ein strukturierendes Muster.
- Ein ***Artefakt*** ist eine Ganzheit, die zwar ein strukturierendes Muster aufweist, dieses jedoch nicht aus sich selbst heraus, sondern von außen erhalten hat.
- Ein ***Holon*** ist ein ganzheitliches Muster, welches aus sich selbst heraus entsteht. Es ist ein autopoietisches, sich selbst erschaffendes System.

Betrachten wir den Unterschied zwischen einem Holon und einem Artefakt im Bezug auf ihre Teile:

Beide sind aus Teilen zusammengesetzt. Vergrößern wir jedoch ein Artefakt – z.B. eine Armbanduhr – so weit, sodass wir zwischen den Zahnrädern umher laufen können, erkennen wir, dass sich in den Teilen das Ganze nicht spiegelt. Wenn wir einen einzelnen Zahn betrachten, sehen wir nichts weiter als ein Stück Metall und es ist nicht erkennbar, dass er Teil eines sinnvollen Ganzen ist. Die Teile eines Artefakts werden ab einem gewissen Maßstab zu Haufen.

Die Basisteile eines Artefakts sind Haufen.

Ganz anders verhält sich die Sache bei einem Holon. Wenn wir die Teile eines Organismus im Einzelnen betrachten, spiegelt sich immer die sinnhafte Ordnung des Ganzen darin. Jedes Sub-Holon ist in seiner Organisation und seinen Aktionen als Teil eines größeren Ganzen erkennbar.

Die Basisteile eines Holons sind selbst Holons.

Was sagt uns das über die Unteilbarkeit der Innenperspektive eines Holons?

Man kann einen Hund nicht zerschneiden, um zwei Hunde zu erhalten. Teilt man ein Holon, so zerstört man es. Was zurückbleibt sind im günstigsten Fall jene Holons, welche das SuperHolon gerade »in Gebrauch« hatte, um seine individuelle Struktur zu verwirklichen. *Die Innenperspektive ist der Schlüssel zum Verständnis dieser Unteilbarkeit.*

Auf das Beispiel des Menschen übertragen bedeutet das, dass jede Zelle unseres Körpers ihre eigene individuelle Innenperspektive hat. Jeder Mensch ist ein Kollektivwesen aus Milliarden Individuen. Aber auch diese Einzelzellen sind Kollektivwesen aus Milliarden Individuen auf der molekularen und atomaren Ebene. Jedes Holon hat seine eigene Innenperspektive. Und jede Innenperspektive ist eine Spiegelung des ganzen Kosmos aus einem unverwechselbaren, subjektiven Blickwinkel.

Aber es gibt einen viel wichtigeren Grund, warum ein Holon – und damit auch der Mensch – gleichzeitig ein elementarer Einzelpunkt, ein Holopixel ist: *Der illusionäre Charakter der Materie!*

1.5.3. Materie = Bewusstsein von außen

Wir sehen uns selbst von innen und den Rest der Welt von außen. Was zunächst wie eine Banalität klingt, wird erst dann interessant, wenn wir uns jenem Bereich der Wirklichkeit zuwenden, in dem sich diese Perspektiven offensichtlich überschneiden: Was sehen wir im Spiegel, wenn wir uns selbst betrachten? Was nehmen wir wahr, wenn wir an uns selbst herab blicken? Sehen wir uns in diesem Fall selbst von außen und widerspricht das nicht obiger Aussage?

Die Antwort ist ebenso einfach, wie verblüffend: Wir sehen uns *nicht* selbst. Was wir sehen, sind jene SubHolons, die sich an dem Muster unseres Holons anlagern. Wir sehen Zellen, Moleküle und Atome, aber wir sehen nicht *uns selbst.* Ebenso wie wir nicht das Magnetfeld sehen, wenn wir Eisenfeilspäne betrachten, die sich die Magnetfeldlinien entlang aufreihen. Wir sehen die Eisenfeilspäne, welche das Magnetfeld *sichtbar machen*, aber nicht das Feld selbst. Auch das Muster unseres Selbst wird durch die Zellen, Moleküle und Atome nur sichtbar gemacht.

Stellt sich die Frage, warum sollten wir *uns selbst* nicht sehen, alles andere jedoch schon? Nun, die wirkliche Überraschung ist, dass wir in Wahrheit auch alles andere *nicht* sehen.

Nehmen wir die Zellen als Beispiel: Sehen wir sie? Nein, wir sehen lediglich ihre SubHolons, nämlich die Moleküle und Atome, die sich am Muster der Zellen anlagern. Genaugenommen sind es immer nur SubHolons und Sub-SubHolons, die sich an Mustern und SubMustern anlagern. Wie bereits bei der Frage nach den kleinsten Bausteinen der Materie müssen wir in immer kleinere Bereiche abtauchen und kommen doch nie an ein Ende. Alles ist letztendlich nur ein fraktales Informationsmuster: »Schildkröten, bis ganz nach unten«.

Ein Holon ist daher tatsächlich eine unteilbare Einheit, weil es nicht aus seinen SubHolons zusammengesetzt ist wie ein Artefakt, sondern (Sub-)Holons zu einem SuperHolon organisiert. Es erfüllt alle Bedingungen eines elementaren Einzelpunktes und kann als Unschärfe-Schlaufe aus der raum- und zeitlosen Ganzheit des Kosmos heraushängend, mit eben diesem beschriebenen Aufmerksamkeitsspin, die Raumzeit des Kosmos erzeugen. Jeder Einzelne von uns webt am Kosmos mit.

Das ist die Erkenntnis, die wir in den nächsten Abschnitt des Buches mitnehmen:

Jedes Holon ist eine Holozelle des Kosmos und unterliegt dem Info-Spin.

Die überlagerte Summe der Info-Spins aller Holozellen führt zur Erschaffung des Kosmos.

2 Der evolutionäre Idealismus

»Hat man erst begriffen,
wie eine Sache (Kosmos) funktioniert,
versteht man auch die verschiedenen
Betriebsanleitungen (Religionen).«

Wenn wir uns nun der Idee des EVOLUTIONÄREN IDEALISMUS zuwenden und damit die Welt von einer anderen Seite betrachten, sollten wir uns auch einer anderen Terminologie bedienen. Sprechen wir nicht mehr von *Holons, Holozellen* oder *Holopixel*. Sprechen wir von *Seelen*.

Denn genau das ist damit gemeint:

> ***Die***
> (durch eine bestimmte Perspektive individualisierte)
> ***Aufmerksamkeit Gottes, der göttliche Funke,***
> (welcher hierdurch ein Muster
> zur Organisation von SubHolons erzeugt),
> ***ist die Seele.***

2.1 Der Traum Brahmas

2.1.1. Materialismus – Idealismus

EVOLUTIONÄRER IDEALISMUS geht von der Vorstellung aus, dass die Dinge der Welt Realitäten und zugleich Ideen in einem Bewusstsein sind. Es handelt sich um eine integrale Verbindung von *Materialismus* und *Idealismus*. Rekapitulieren wir, wie das vereinbar ist.

Jede Wahrnehmung, die wir von der Außenwelt haben, ist ein Wissen um unsere eigene körperliche Konstitution. Unser *Bewusstsein* ist nichts anderes, als die *Form* unseres Körpers aus einer *anderen Perspektive*. Wir *wissen* z.B. um die chemische Veränderung auf der Netzhaut und den davon ausgelösten Impulsen im Sehnerv, *weil wir die Netzhaut und der Sehnerv sind*. Wir interpretieren dieses Wissen als Gegenstand im Außen. Was wir wahrnehmen, sind die Veränderungen unseres eigenen Körpers. Das Bild in unserem Bewusstsein ist nicht das Objekt im Außen. Es ist lediglich eine Repräsentation, die wir uns erschaffen haben. Wie können wir also sicher sein, dass es das Objekt tatsächlich gibt?

Evolutionäre Erkenntnistheorie liefert dafür eine beruhigende Erklärung: *Wir sind im Laufe der Evolution in ständigem Kontakt mit der Außenwelt geformt worden. Die Repräsentation in unserem Inneren stimmt mit der tatsächlichen Welt derart überein, dass wir in dieser Welt überleben können.* In aller Regel dürfen wir unseren Repräsentationen also vertrauen. Aber es gibt Ausnahmen: Halluzinationen, Täuschungen, Illusionen, mystische Erfahrungen, Intuitionen usw. Es kommt vor, dass sich imaginäre Bilder in unserem Bewusstsein manifestieren. Bilder, die nur wir sehen können und sonst niemand. In der Vergangenheit führte diese Diskrepanz im intersubjektiven Abgleich zu einem Streit der Philosophen darüber, was Realität sei, das Bild im Bewusstsein oder der Gegenstand im Außen. Die Extrempositionen hiervon bilden der *Materialismus* auf der einen Seite und der *Idealismus* auf der anderen.

In der Praxis hat sich eine Mischung dieser beiden Positionen als sinnvollste Anschauung erwiesen: Wir müssen davon ausgehen, dass die Bilder in unserem Bewusstsein eine Ursache im Außen haben. Diese Repräsentationen sind jedoch keine 1:1 Abbildungen. Vorstellungen sind Konstruktionen und können durchaus falsch sein. Diese Sichtweise stärkte jedoch im Endeffekt den Materialismus, der die Welt als gegeben annimmt und das Bewusstsein als Sekundärerscheinung deklariert. »Bewusstsein entsteht zufällig nach langer Entwicklung aus einem unbewussten, materiellen Kosmos und kann sich nur in Ansätzen an die Natur herantasten, durch die es hervorgebracht wurde«, so das Credo der Naturwissenschaft. Wir haben jedoch festgestellt: Das Leib-Seele-Problem ist damit nicht gelöst. Bewusstsein muss eine primäre Eigenschaft der Materie sein, es kann nicht erst durch komplexe Gehirne entstehen.

Gottfried Wilhelm Leibniz hatte hierzu einen Vorschlag anzubieten: *Wir müssten uns das Bewusstsein als hierarchisch aufgeteilt vorstellen. Auf der einen Seite steht unser individuelles Bewusstsein, welches versucht, die materielle Außenwelt im Inneren nachzubilden. Auf der anderen Seite steht ein übergeordnetes Bewusstsein, welches diese Außenwelt als Idee in sich trägt und die ganze Welt durchdringt.* Jedes materielle Teilchen ist demnach eine Idee im übergeordneten Bewusstsein. Da wir selbst aus diesen Teilchen bestehen, sind wir ebenfalls nichts weiter als solche Ideen.

Im Hinduismus wird diese Sicht auf die Welt seit Jahrtausenden gelehrt. Das übergeordnete Bewusstsein ist der träumende Gott *Brahma*. In seiner individuellen Erscheinung innerhalb des Traumes wird dieser Gott *Atman* genannt. *Atman* ist die Seele in jedem Individuum. Aber im erwachten Zustand erkennt *Atman* schließlich seine Identität mit *Brahma*.

Alle Wesen dieser Welt (*Atman*) sind Ideen im übergeordneten Bewusstsein (*Brahma*) und somit Teile davon. Damit können ihre Vorstellungen der Außenwelt dieses Weltbewusstsein beeinflussen und verändern. Anders gesagt: Jede Veränderung einer individuellen Idee ist eine Veränderung der Welt, weil es keine Trennung gibt. Die individuellen Ideen von der Welt können – über den Umweg über dieses kollektive Bewusstsein – die *Welt als Zusammensetzung kollektiver Ideen* einer permanenten Metamorphose unterwerfen.

Wir haben damit einen Regelkreis, in dem sich Idealismus und Materialismus gleichberechtigt gegenseitig beinhalten: Kollektives Bewusstsein erzeugt Materie → Materie erzeugt individuelles Bewusstsein → individuelles Bewusstsein ist Teil des kollektiven Bewusstseins → kollektives Bewusstsein erzeugt Materie → ...

Das funktioniert, wenn man die Welt prinzipiell als lebendig und bewusst ansieht. Bewusstsein und Materie (oder Raumzeit) sind von Anfang an zwei unverzichtbare Pole unserer Wirklichkeit. Zwei Seiten derselben Münze. Und die primäre Essenz dieser Welt ist ein allumfassendes Bewusstsein, welches diesen materiell/bewussten Kosmos als Idee in sich trägt. Gott erschafft die Welt, indem er sie erträumt.

Aber warum träumt Gott?

2.1.2. Gott als Weltbewusstsein

Wenn wir uns heute Gott vorstellen, wie würde er wohl aussehen? Ein alter Mann mit langem Bart? Wohl kaum. Selbst fundamentalistische Kleriker nehmen das mit dem *Mensch als Ebenbild Gottes* kaum mehr wörtlich. Er ist sicherlich nicht männlich, ja nicht einmal menschlich. Was ist also geblieben von der Vorstellung Gottes? Seine Attribute? **Allmächtig**, **allwissend**, **allgegenwärtig**, **all-liebend**?

Aber aus diesen Attributen ergab sich das philosophische und theologische Problem der *Theodizee.* Es besteht in der Frage, wie die Existenz eines Gottes mit der Existenz des Übels in der Welt vereinbar ist.

- Wenn Gott *all-liebend* ist, kann er mit dem Übel in dieser Welt nicht einverstanden sein.
- Wenn er es trotzdem nicht beseitigt, weiß er vielleicht nichts davon – dann kann er jedoch nicht *allwissend* sein.
- Oder aber er kann nichts dagegen tun – dann kann er nicht *allmächtig* sein.
- Wenn er jedoch *allmächtig* ist, kann er nicht gleichzeitig all-liebend *und* allwissend sein, sonst würde er dieses Übel nicht zulassen.

Vielleicht sollten wir unsere Frage erweitern: Warum träumt Gott *nichts Schöneres*?

Überprüfen wir das Problem der Theodizee anhand der göttlichen Attribute in Verbindung mit der Idee von G. W. Leibniz:

2.1.2.1 Allwissenheit

Ein bewusstloser Gott ist unvorstellbar. Er wäre lediglich eine Art von blindem Naturgesetz, gleichwertig mit dem Gesetz der Schwerkraft oder der elektrischen Ladung. Gott muss sich also der Welt bewusst sein. *»Kein Sperling fällt vom Himmel, ohne dass Gott davon weiß.«* Dies kennt man als Metapher für die Allwissenheit Gottes. Gott weiß über alles in der Welt Bescheid. Aber ist die Kenntnis aller Fakten Allwissenheit?

Wie sieht es mit Informationen aus, die nicht von dieser Welt sind? Kennt Gott sich selbst? Der Begriff *Allwissenheit* schließt auf jeden Fall Selbstbewusstheit ein. Wenn sich Gott absolut allem bewusst ist, kann er nicht selbst davon ausgeschlossen sein. Ein Gott, der sich zwar der Welt, nicht aber sich selbst bewusst ist, ist unvorstellbar. Aber das Wort *allwissend* erzeugt in uns zunächst nur die Vorstellung, dass Gott über alles *in der Welt* Bescheid weiß. *»Kein Sperling fällt vom Himmel, ohne dass Gott davon weiß.«* Gott kennt auch unsere geheimen Gedanken und Wünsche, unsere Verfehlungen und Sünden. Er weiß, was-wann-wo auf der Welt geschieht. Wenn man daran wirklich glaubt, kann dies zu einer Art Verfolgungswahn werden. Gott wird zum beobachtenden Übervater, zum *spirituellen Big Brother.* Diese paranoide Vorstellung fixiert uns so sehr auf uns selbst, dass wir gar nicht mehr auf die Idee kommen, diese Allwissenheit auch auf Gott auszudehnen. Aber Allwissenheit schließt absolutes Selbstbewusstsein zwingend mit ein. Gott kennt sich selbst in all seinen Details.

Gott ist sich nicht nur der Welt, sondern auch seiner selbst absolut bewusst.

Aber wie macht er das? Wenn ich von einem Gegenstand Kenntnis erlangen will, muss ich mich ihm gegenüber stellen und ihn reflektieren. Bei der Selbstreflexion zerfällt das Selbst *temporär* in Subjekt und Objekt. Steht Gott sich demnach selbst gegenüber? Allwissenheit ist nur durch eine Aufspaltung von Gott vorstellbar, indem er sich selbst als Subjekt und Objekt gegenüber steht. Gott muss sich selbst als Spiegel und Spiegelung ins Auge blicken, um sich selbst zu kennen.

Aber welche Eingenschaft könnte Gott an sich wahrnehmen? Ein Objekt, das unendlich in der Ausdehnung, zeit- und raumlos ist und in sich homogen, hat keine Eigenschaften. Wenn Eigenschaftslosigkeit reflektiert wird, ist auch die Reflexion eigenschaftslos. Das Objekt der Betrachtung muss eine Struktur besitzen. Eine Struktur, die sich beim Akt der Beobachtung im Subjekt reflektiert. Wie könnte eine solche Struktur beschaffen sein?

2.1.2.2 Allmacht

Allmacht umfasst ein unendliches Potential. Nichts ist Gott unmöglich. Wie sollten wir uns dieses Potential vorstellen, wenn es zunächst außer ihm nichts gibt? Mit der Ableitung aus allwissend ergibt sich Folgendes:

> *Allmacht beinhaltet jede mögliche Subjekt-Objekt-Spaltung als Potential.* Gottes Bewusstsein betrachtet sich selbst aus unendlich vielen Perspektiven. Was er dabei sieht, sind die unendlich vielen Augen, mit denen er sich betrachtet.

Alles, was getan werden kann, wird von Gott getan, weil er alles ist. Alles sichtbare ist Teil Gottes und wird von Gott gesehen. Alles Erfahrbare ist Gott und wird von Gott erfahren.

Ein buddhistischer Spruch lautet: »*Schön ist es, die Dinge zu betrachten, nicht aber, die Dinge zu sein!*« Nun wird klar, dass es kein Ding zu betrachten gäbe, wenn nicht gleichzeitig ein Teil Gottes sich bereit fände, dieses Ding zu sein.

Hier wird der Fehler der Quantenmystiker nochmals deutlich: Sie glauben, dass wir die Welt mit unseren Vorstellungen erschaffen. Aber es gäbe nicht das kleinste Atom ohne der Bereitschaft Gottes, dieses kleinste Atom zu sein. Alles, was uns im Außen begegnet, wird von einem Teil Gottes beseelt. Wir können diese Teile der Außenwelt nicht mit unserer Vorstellung erschaffen. Sie sind selbständig und von uns unabhängig. Wir können sie im Höchstfall manipulieren, aber erschaffen können wir sie nicht. Sie erschaffen sich selbst von innen heraus, indem sie göttliche Aufmerksamkeit sind.

Jenes Auge Gottes, dessen Schatten wir im Zentrum des Regenbogens sehen können, sieht lediglich die anderen unendlich vielen Augen Gottes als Schatten von außen – als Objekte. Zur Erinnerung: Alles besteht aus *Holons*. Jedes *Holon* ist eine *Holozelle* und jede *Holozelle* ist ein durch den Info-Spin aus der Einheit herausgelöster *Teil der göttlichen Aufmerksamkeit.* Mit anderen Worten: *Alles ist beseelt*.

Diese unendlich vielen Teile sind nicht unverbunden. Jede Teilung ist eine Illusion, die durch einen Verlust von Informationen entsteht. Ein Teil Gottes wird bei der Teilung ausgeblendet. Es kommt zur De-Identifikation und zur Projektion. Die »Technik« dieser Abspaltung haben wir im letzten Abschnitt als

Info-Spin beschrieben. Und dieser Info-Spin bewirkt die Informationsvernetzung aller Teile und erzeugt das Gewebe eines *Cyberspace* als raumzeitliches Kontinuum des Kosmos. Die beiden Attribute *Allmacht* und *Allwissend* ergeben zusammen für jede mögliche Subjekt/Objekt-Teilung eine komplexe Strukturierung des Informationsraumes. Holons in Holons bis ganz nach unten – Holons in Holons bis ganz nach oben. Oder – wie wir es nun ausdrücken können:

> Seelen in Seelen bis ganz nach unten – Seelen in Seelen bis ganz nach oben.

2.1.2.3 Allgegenwart – Allliebe

Konsequent weitergeführt folgen daraus weitere göttliche Attribute: Die *Allgegenwart* Gottes ergibt sich zwangsläufig, da jeder Teil der Welt ein Funken göttlicher Aufmerksamkeit ist. *Allliebe* ergibt sich, weil jeder Teil der Welt ein Teil Gottes ist.

> *Allgegenwart: Sein* bedeutet *innerhalb des göttlichen Bewusstseins zu sein.*
>
> *Allliebe:* Die Teilhabe aller Seelen an der Seele Gottes ist synonym für Gottes Liebe.

Damit erweist sich die Frage nach der Theodizee als Scheinproblem. *Wem sollte Gott durch die Schöpfung Leid zufügen (der ihm das vorwerfen könnte), wenn es außer Gott niemanden gibt? Gott ist die einzige Wirklichkeit.* Gott leidet an sich, aber dieses Leid *ist göttliches Selbst-Bewusstsein.*

Ist damit die Welt – und mit ihr das Leid – eine Illusion? Wenn ich etwas als Illusion bezeichne, setze ich voraus, dass es jemanden gibt, der wirklich existiert und eine Wahrnehmung hat, die illusorisch ist. Ein wirkliches Subjekt nimmt ein unwirkliches Objekt wahr. Der Begriff Illusion bedingt eine Spaltung in relative Wirklichkeit und relative Unwirklichkeit, wobei das Wahrgenommene weniger wirklich ist, als der Wahrnehmende. In unserem Fall aber ist die Wahrnehmung bzw. das Wahrgenommene exakt so real, wie derjenige, der wahrnimmt. Wenn ich die Welt wahrnehme, ist *die Welt* in derselben Weise wirklich, wie *ich* es bin. Lediglich die Trennung von Gott, die ich als Einzelindividuum empfinde, ist illusorisch, weil es keine Trennung gibt. Wenn *ich die Welt* wahrnehme, sieht *Gott sich selbst*. Das Bewusstsein, welches durch meine Augen auf die Welt blickt, ist Gottes Bewusstsein. Und die Welt, welche dabei betrachtet wird, ist eine Manifestation von Gottes Geist. Wenn also meine Welt eine Illusion ist, bin ich ebenso eine Illusion.

Es gibt keine Trennung zwischen dem *Zeugen in mir* und jenem GEIST, der die Welt in jedem Augenblick neu erschafft. Wir jedoch wissen nicht um diese Identität. Die Frage ist: *Warum* wissen wir es nicht? Würde uns dieses Wissen nicht viel Leid ersparen? Kann die Argumentation der Theodizee also in veränderter Form trotzdem vorgebracht werden? Auch wenn Gott *nur sich selbst* Leid zufügt, wäre es ihm nicht möglich, Seelen, deren Bewusstsein komplex genug ist, um zu leiden, um ihre Identität mit ihm wissen zu lassen? Dies würde das Leid relativieren.

2.1.3. Genesis des Bewusstseins

Der Mathematiker Roger Penrose hat berechnet, dass die Gerichtetheit der Zeit, die wir wahrnehmen – der unumkehrbare Fluss der Geschehnisse von der Vergangenheit zur Zukunft – nur erklärbar ist, wenn am Anfang der Zeit der Kosmos absolut geordnet und symmetrisch war (siehe Kapitel 1.5.2.1.7 »*Zeit als Emergenz*«).

Genau das ist zu erwarten, wenn sich die aus der göttlichen Einheit heraushängenden Schlaufen der Holopixel über den Info-Spin zu einer Raumzeit verweben. Die Affinitäten von Identifikation und Projektion versammeln unstrukturierte – und damit homogen symmetrische – Subjekt-Objekt-Trennungen am »Anfang der Zeit«, während die komplexeren Holons weiter in der Zukunft liegen. Holopixel ordnen sich automatisch nach ihrer Komplexität zu einer zeitlichen Linie, wie sich eine Öl-Wasser-Emulsion aufgrund des unterschiedlichen spezifischen Gewichts langsam in Schichten trennt. Das ist der Grund, warum es am Anfang der Zeit nur Energie gab, danach Elementarteilchen entstanden, welche sich später zu Atomen und Molekülen verbanden und erst nach Sonnen und Planeten komplexes Leben entstehen konnte.

Die Affinitäten des Info-Spins in den Phasen 2 und 4 erzeugen eine zeitliche Kette von zueinander gehörenden Holons, die sich wie eine Perlenschnur durch die Zeit zieht. Ein Beispiel hierfür auf niedriger Komplexitätsebene ist der permanente Wechsel zwischen Quantenkollaps und Wahrscheinlichkeitswolke bei den Elementarteilchen. Durch evolutionäre Komplexitätssteigerung und Emergenz ergibt sich eine eindeutige Zuordnung der Holopixel zu einer Raumzeitposition. Dies geschieht ebenso automatisch, wie ein Öltropfen im Wasser nach oben strebt. Die Struktur der Raumzeit entsteht durch permanente, graduelle Komplexitätssteigerungen, welche ihrerseits durch die Affinitäten der Holopixel bedingt und erzeugt werden. Der Zeitpfeil entsteht durch Evolution.

Aufgrund der Identität zwischen Form und Bewusstsein können Holons mit flacher innerer Struktur kein tiefes Bewusstsein haben. Individuelles Bewusstsein konnte am Beginn des Kosmos lediglich Polaritäten widerspiegeln. Erst mit zunehmender Emergenz wird die äußerlich erkennbare Struktur und damit das subjektive Bewusstsein der Holons komplexer. Am Anfang gab es wenig inhärentes Bewusstsein (*Atman*). Die Hierarchien der ineinander verschachtelten Seelen bekamen erst im Laufe der Zeit mehr Ebenen und das individuelle Bewusstsein wurde dadurch tiefer. Heute kann der Mensch erkennen, ***dass** er erkennt* und, *dass **er** es ist, der erkennt*. Das heißt: Bewusstsein als individuelle Erscheinung ist selbstreflektiv geworden. Was bedeutet das?

Jeder Akt der Wahrnehmung ist eine vom wahrgenommenen Gegenstand induzierte Veränderung in der körperlichen Organisation des Wahrnehmenden. Jede Wahrnehmung verweist den Wahrnehmenden auf das Wahrgenommene. Die *Bedeutung* liegt außerhalb des Aktes. Wahrnehmung ist somit mit einem Pfeil vergleichbar, der auf etwas anderes hinweist.

Wahrnehmung ist jener Teil des Wahrnehmenden, durch den ein Teil der Außenwelt in Form einer *Bedeutung (Bedeutungspfeil)* im Wahrnehmenden präsent (repräsentiert) wird.

Bei Atomen wird, wenn sie molekulare Bindungen eingehen, eine Veränderung der Umlaufbahn der Elektronen zu einem Bedeutungspfeil, der auf ein Superholon (Molekül) hinweist. Bei Molekülen ändert sich beim Auftauchen geeigneter Reaktionspartner das elektrische Potential. Bei Makromolekülen wird die Veränderung des Faltverhaltens zum Bedeutungspfeil. Bei Zellen sind es viele Einzelerscheinungen, die in Summe eine Wahrnehmung der Umgebung erzeugen. Viele solcher Bedeutungspfeile erzeugen die jeweilige innere Repräsentation der Außenwelt. Auch beim Menschen gibt es diese Bedeutungspfeile und ihr hochkomplexes Muster lässt uns die Welt um uns herum wahrnehmen. Jedoch verweisen nicht alle Pfeile auf die Außenwelt. Um eine Selbstwahrnehmung zu ermöglichen, muss durch solche Pfeile viel von uns selbst repräsentiert werden. Das hat noch nichts mit Selbstreflexion zu tun, es ist zunächst reine Körperwahrnehmung, die notwendig ist, um als Organismus agieren zu können. Im fortgeschrittenen Stadium beginnt sich das dichter werdende Netz aus Bedeutungspfeilen um ein Zentrum zu gruppieren. Dieses Zentrum ist der Wahrnehmende selbst. Daraus entsteht Identifikation und schließlich Ich-Bewusstsein.

Das Ich ist ein rekursives Netzwerk aus Bedeutungspfeilen.

Anfänglich weisen die Pfeile noch auf den eigenen Körper oder die eigenen Gefühle. Nach dem Auftauchen des Ich-Begriffs jedoch erscheint das innerste Zentrum dieser Identität immer mehr als leerer Bereich. Die Pfeile, welche die Bedeutung des Ich's erzeugen, weisen in ein zentrales Nichts, nämlich auf den wahrnehmenden Zeugen. Das Zentrum aller Wahrnehmung kann nicht wahrgenommen werden. Das Auge kann sich selbst nicht sehen.

Die Identifikation des Zeugen mit den Wahrnehmungen ist eine Illusion. Aber erst wenn das interne Netz vom Abbild der Welt dicht genug gewebt und dadurch ein hoher Grad an Bewusstheit erlangt ist, wird dieses Nichts im Zentrum der Repräsentation erkennbar. Der Schatten der Identifikation mit dem individuellen Wesen muss erst stark und komplex genug sein, um das Licht des Zeugen abzugrenzen und auffällig zu machen. Dann wird erkennbar: Ich bin nicht mein Körper, obwohl mein Körper die Basis meines individuellen Wesens bildet. Ich bin nicht meine Gefühle, obwohl sie den Rahmen meiner individuellen Persönlichkeit bilden. Ich bin nicht meine Gedanken und doch sind sie die Voraussetzung meiner individuellen Erkenntnis. Ich bin der *Beobachter* meines Körpers, meiner Gefühle und meiner Gedanken.

Ich bin das Nichts im Zentrum aller Wahrnehmungen.

Der Zeuge wird sich seiner selbst nur indirekt bewusst, indem eine genügend dichte Repräsentation vorhanden ist, von der er sich ent-identifizieren kann. Erst dann wird die traumhafte Natur der Welt wahrgenommen. Die Welt ist das kosmische Spiel Gottes, mit dem er sich seiner selbst bewusst wird. Gott ist Eins und erscheint als Viele. Bereits in den Upanishaden heißt es dazu: »*Er ist begrenzt und unbegrenzt, Eines ohne ein Zweites, was auch immer wahrgenommen wird, ist Er. Die manifeste Welt ist ein Spiel Seines Bewusstseins in Seinem unendlichen Aspekt und als solches wahr. Alles ist Gott.*«

Gott als Einzelwesen – der Zeuge als *Atman* – muss innerhalb der Welt leiden. Denn das ist der einzige Weg, sich seiner selbst bewusst zu werden. Und das ist der Sinn dieser Welt. Gott ist überall und jedes Einzelwesen ist in seiner scheinbar gesonderten Individualität nichts als *ER (SIE/ES)*. Aber ein abgegrenztes und leidensfähiges Ich ist ein notwendiges Stadium, welches auf dem Weg der Bewusstwerdung durchlaufen wird. Dieses Stadium lässt sich nicht überspringen. Die anfänglich gestellte Frage *(wäre es Gott nicht möglich, Seelen, deren Bewusstsein komplex genug ist, um zu leiden, um ihre Identität mit ihm wissen zu lassen)* muss also verneint werden.

Gott und die Welt – in ihrer gesamten zeitlichen und räumlichen Ausdehnung – sind identisch. Gleichzeitig sind die Welt und Gott aber auch verschieden, weil Gott als Potenzial aller möglichen Welten über die real existierende Welt weit hinaus geht.

- Gott ist der *unbewegte Beweger*, der Schöpfer der Raumzeit und in diesem Aspekt **zeitlos**. In der hinduistischen Mythologie entspricht dieser Aspekt dem träumenden Gott *Brahma*.
- Die Welt ist nichts anderes als Gott. Die Welt ist der Traum Gottes. Damit ist Gott – oder das göttliche Prinzip hinter jedem Bewusstsein – sowohl persönliches als auch unpersönliches Sein. Dieses lebendige und bewusste Prinzip, der Zeuge, ist das allem Sein innewohnende Auge. Gott ist immer und überall *gegenwärtig* und in diesem Aspekt **ewig**. Dieser Aspekt entspricht dem Gott *Vishnu* und der Funktion *Atman*.
- Selbst weit über der Welt stehend, transzendiert Gott das evolvierende Universum. Die zeitliche Evolution des Kosmos ist der Prozess der Transzendierung. Gott ist das Prinzip der Evolution und der Transformation und in diesem Aspekt **immerwährend**. Entspricht dem Wandler *Shiva* und der *Akasha*.

Der Zeuge in seinem universalen Aspekt – der Zeuge als Gottes Bewusstsein – ist der Ursprung und das Ziel von allem.

2.2 Die Perlen Indras

In Bezug auf den Info-Spin spreche ich immer von Affinitäten, welche die Kette des Seins bilden und den Teppich des Kosmos weben. Aber was hat man sich darunter vorzustellen? Was sind diese Affinitäten und wie webt sich daraus ein Kosmos?

2.2.1. Ein kollektives Kunstwerk

Ich beneide Musiker immer, wenn sie gemeinsam auf der Bühne stehen und improvisieren. Zuerst spielt der eine sein Solo und die anderen nehmen sich zurück um den Rahmen zu bilden, dann spielt ein anderer sein Solo und der Rest der Truppe tritt zurück, um die tragende musikalische Basis zu bilden. Dadurch entsteht ein Musikstück als kollektives Kunstwerk. Jeder hat seinen Anteil daran und wird von den anderen unterstützt.

Als bildender Künstler ist mir eine derartige Zusammenarbeit immer verwehrt. Ich habe in meinen Anfangsjahren durchaus probiert, mit anderen Malern gemeinsam an einem Bild zu arbeiten, aber am Ende kam nichts dabei heraus, was auszustellen wert gewesen wäre. Natürlich bleibt die Möglichkeit von Gemeinschaftsausstellungen. Aber selbst, wenn eine übergreifende Thematik dargestellt und verdeutlicht wird, bleiben die einzelnen Bilder von einander getrennte Kunstwerke und treten in gewisser Weise auch zueinander in Konkurrenz. Als Maler ist und bleibt man ein einsamer Streiter.

Aber mittlerweile gibt es eine technische Möglichkeit, die eine simultane Zusammenarbeit von bildenden Künstlern erlauben würde. Stellen Sie sich eine Halle mit vielen Computern an vielen Tischen vor. Ähnlich den Events von Game-Conventions, nur, dass sich keine Spieler treffen um dort gegeneinander Egoshooter zu spielen, sondern Künstler, um miteinander zu malen. Nun stellen Sie sich weiter vor, die Künstler bekommen den Auftrag, am Bildschirm ein Portrait zu malen. Wobei sie jedoch davon ausgehen, dass es bereits ein Bild gibt, welches sie mittels ihrer Pinselstriche ausarbeiten sollen. Jeder ihrer Striche verblasst nach kurzer Zeit wieder, wenn er nicht dem vorhandenen Bild entspricht. In Wahrheit gibt es gar kein vorgegebenes Bild. Vielmehr verrechnet ein Programm die Striche *aller* Künstler miteinander und nur die Summe aller Arbeiten wird auf den Bildschirmen präsentiert. Farbe bleibt also dann am Schirm stabil erhalten, wenn viele an dieselbe Position Farbe aufgetragen haben. Nach einer Zeit ergeben sich blasse Striche und sanfte Flecken, weil genügend Künstler ihre elektronischen Pinsel über die gleichen Positionen geführt haben. Anhand dieser ersten Indizien werden nun alle versuchen, das scheinbar vorhandene Bild zu erkennen. Sie werden in ihren Erinnerungen kramen und all ihre Erfahrungen einbringen, um das Bild, das bisher nur schemenhaft zu erkennen ist, zu identifizieren. Sie werden malen, was sie zu erkennen glauben. Nicht immer wird es zum Erfolg führen, aber das Bild wird langsam deutlicher werden und einige werden erkennen, dass sie mit ihrer Vermutung recht hatten. Andere werden feststellen, dass sie sich geirrt haben und das »vorgegebene Bild« doch ein wenig anders aussieht, als in ihrer Vorstellung. Am Ende wird es ein Portrait auf den Bildschirmen der Künstler geben und alle werden denken, sie hätten es gemeinsam ***gefunden***. Was sie nicht wissen ist, dass sie es gemeinsam ***erfunden*** haben. Am Anfang stand kein vorgegebenes Bild, sondern nur der *Glaube* daran.

Das Bild ist erst durch ein »Schwarmverhalten« der Künstler entstanden. Sie haben sich – mit Hilfe der Software – gegenseitig so beeinflusst, dass am Ende ein gemeinschaftliches Bild entstand. Dies nennt man eine Co-Kreation. Genauso, wie durch die gegenseitige Beeinflussung von Fischen oder Vögeln ein gemeinsames Schwimm- bzw. Flugverhalten des gesamten Schwarms entsteht. Die Frage, wer eigentlich die Richtung vorgegeben hat, die der Schwarm einschlägt, ist sinnlos. Ebenso ist es sinnlos zu fragen, wer das Portrait denn nun eigentlich gemalt hat. Eine Co-Kreation ist immer das Werk aller.

2.2.2. Das himmlische Netz

Der buddhistischen Schutzgott Indra hat ein himmlisches Netz, in das in jedem Knoten eine Kristallperle eingewoben ist. In jeder dieser Perlen spiegelt sich das ganze Netz mit allen anderen Perlen. Damit spiegelt sich jede Perle in jeder anderen. Beim Blick in eine Perle ist das ganze unendliche Netz zu sehen.

Dies ist eine Metapher für die Seelen dieser Welt: Jede ist eine solche Perle. Jede Holozelle ist die ganze Welt (und gleichzeitig ihre Spiegelung) aus einer individuellen Perspektive.

Aber eine Seele spiegelt nicht, wie eine Perle, den Rest des Kosmos passiv. Jede Seele projiziert auch den Kosmos, den sie spiegelt. Damit kommen wir zu unserem *Künstlerschwarm* zurück: Die eigentliche Ursache des Kosmos ist nicht die physikalische Wirklichkeit, sondern eine Überblendung der Erwartungshaltungen aller Seelen.

Jede Seele ist Generator einer – scheinbar von ihr unabhängigen – Wirklichkeit, während sie selbst von dieser Wirklichkeit erzeugt wird. Der Kosmos wird von allen in ihm inkarnierten Seelen co-kreiert.

2.2.3. Spiegelung von Bedeutung

Als ich Mitte Zwanzig war, begann ich ein Traumtagebuch zu führen. Anfänglich war es etwas mühsam und der Enthusiasmus verflog rasch, denn die Sache erzielte nicht den von mir erwarteten Effekt. Jedes mal, wenn ich aus einem Traum erwachte, dachte ich, er wäre so banal und irrelevant, dass ich ihn gar nicht aufzuschreiben brauche. Trotzdem – weil ich es mir vorgenommen hatte, und nur deswegen – schrieb ich ihn auf.

Tatsächlich war jeder einzelne Traum so unwichtig, wie ein einzelner Bildpunkt auf einem Bildschirm. Aber auch ebenso wichtig: zwar enthält ein einzelner Bildpunkt kaum Informationen, die Summe all dieser »Unwichtigkeiten« ergibt jedoch ein sinnvolles Bild. Diese übergeordnete Bedeutung zeigt sich erst im Zusammenspiel aller Details. Ein einzelner Punkt ist nichts, aber ohne einen einzigen Punkt ist alles nichts.

Mit der Zeit gelang es mir, einzelne Traumsequenzen zu Bereichen zu gruppieren und sie zu benennen. So konnte ich beim Aufwachen aus einem Traum schon angeben *»dieser Traum spielte sich im HAUS DES SÜDENS ab«* oder *»heute war ich wieder im NORDTUNNEL«*. Obwohl sich die einzelnen Bereiche meiner seelischen Topologie in immer neue und vorher unbekannte Gewänder kleideten, erkannte ich sie an ihrer unverwechselbaren Stimmung wieder. Wobei *Stimmung* das falsche Wort ist. Es handelte sich dabei nicht um eine Gefühlslage, auch diese variierte ständig. Es war eher eine Art von intuitivem und absolut sicherem Wissen darüber, um welchen Bereich es sich handelte. So war das HAUS DES SÜDENS keineswegs immer ein Haus. Aber in den ersten Träumen erschien es mir wie eines. Daher gab ich ihm diesen Namen. Später war es ein Strand am Meer oder eine Stadt. Aber immer kam es mir wie »im Süden meiner Seele« vor und das Gemeinsame war ein manchmal mehr, manchmal weniger steiles Gefälle des Geländes, das an einer unüberwindlichen Grenze endete. Der NORDTUNNEL erschien nur während eines Traumes als Tunnel. In anderen Träumen erschien er als eine Stadt auf einem Bergrücken, ein Markt, ein Einkaufszentrum, ein Weinkeller usw. Aber in allen Träumen handelte es sich immer um eine Sackgasse mit nur einem Eingang, der gleichzeitig auch Ausgang war. Diese Sackgasse verlief parallel zu einer Grenze, die einmal eine Schlucht, ein anderes Mal eine unüberwindliche Straße oder ein tiefes Flussbett sein konnte.

All diese Essenzen aus meinen Traumszenerien führten zu einer Landkarte meiner Seele, in der sich Zusammenhänge offenbarten, die mir vorher nicht klar waren. Dann kamen Verbindungswege hinzu, die sich manchmal als Autobahnen und manchmal als Flusssystem darstellten. Während sich meine Traumarbeit immer mehr in *geometrische Bereiche* bewegte und sich die luziden Träume mehrten, stellte sich im realen Leben ein zusätzlicher Effekt ein: Ich konnte Erlebnisse und Situationen – wie bereits vorher im Traum – in meine Landkarte einordnen.

Ich erkannte dadurch, dass ich – wenn ich auch in einer materiellen Welt der objektiven Gegenstände existiere – mit meiner Aufmerksamkeit und meiner jeweiligen Handlungsreaktion die Wirklichkeit in **meine** subjektiven Bedeutungen einordnete. Ich war den Ursachen meiner Wirklichkeit auf der Spur. Es sind nicht die realen Gegenstände, denen wir in der Außenwelt begegnen, auf die es ankommt, es sind die dahinter liegenden Bedeutungen.

Auf das Netz Indras übertragen heißt das, dass Projektionen und Spiegelungen nicht reale Objekte betreffen, sondern unsere Erwartungen an deren Bedeutungen für uns. Daher erscheint es uns, als würden bestimmte Situationen in unserem Leben immer wieder auftauchen, nur in neuen Verkleidungen. So erkennen wir z.B. unsren Vater im Chef wieder und unsere Schwester in einer Arbeitskollegin.

Haben wir diese Zusammenhänge durchschaut, neigen wir dazu, anzunehmen, allein durch die Kontrolle unserer Erwartungen an unsere Umwelt hätten wir das Steuerrad unseres Lebens voll in der Hand.

2.2.4. Sturheit der Mechanik

Um zu untersuchen, wie Fische sich in Schwärmen organisieren, wurde ein mechanischer Fisch in ein Aquarium mit Schwarmfischen eingesetzt. Die Bewegungen des Fisches steuerte ein Magnet unterhalb des Aquariums. Das Überraschende war, dass der mechanische Fisch binnen kürzester Zeit den Schwarm diktierte. Da er nie auf die Bewegungsänderungen der anderen Fische reagierte, reagierten schließlich alle anderen auf ihn.

In tropischen Gebieten gibt es eine Glühwürmchenart, die sich nachts in Schwärmen auf Bäumen versammelt und in synchronem Rhythmus blinkt. Die Taktfrequenz ist nicht festgelegt. Sie ergibt sich durch Selbstorganisation. Für einen Test setzten Verhaltensforscher ein kleines Lämpchen in den Baum. Während der Schwarm der kleinen Leuchtkäfer blinkte, ließ man das Lämpchen in einem anderen Rhythmus aufleuchten. Nach einer kurzen Zeit der Irritationen hatte sich der Schwarm neu organisiert und blinkte wieder gleichmäßig – diesmal im vom Lämpchen vorgegebenen Rhythmus.

Fordert man eine Gruppe Menschen auf, rhythmisch zu Klatschen, ohne den Takt vorzugeben, wird dies zu einem Chaos führen, bis sich die Gruppe auf einen bestimmten Rhythmus geeinigt hat. Dann aber funktioniert die Sache in der Regel ganz gut. Stellen Sie sich nun vor, Sie seien Teil dieser Gruppe und neben Ihnen sitzt jemand, der in einem ganz anderen Rhythmus klatscht. Sie können versuchen ihn zu ignorieren. Aber das funktioniert nicht lange. Es ist anstrengend und verdirbt Ihnen den Spaß an der Sache. Sie werden sich bald über ihn und sein mangelndes Rhythmusgefühl ärgern und das kostet Kraft und Aufmerksamkeit. Das geht nicht nur Ihnen so, sondern allen in seiner Umgebung. Sie können natürlich jederzeit mit dem Klatschen aufhören, wenn es keinen Spaß mehr macht. Wenn aber das gemeinsame Klatschen für das Überleben notwendig wäre, so wie das Schwarmverhalten bei Fischen oder das gemeinschaftliche Blinken der Leuchtkäfer, können Sie das nicht. In diesem Fall muss die Gruppendynamik dafür sorgen, dass in jenem Rhythmus geklatscht wird, der in Summe am wenigsten Energie verbraucht. Wenn alle im gleichen Rhythmus klatschen, *erhalten* alle Kraft durch die Gemeinschaft.

Bewusst gesteuerte Rhythmen gleichen sich *mechanisch vorgegebenen Rhythmen* an.

Bei unserem Beispiel mit den digitalen Malern wäre es eine vergleichbare Situation, wenn tatsächlich ein Portrait vorgegeben wäre. Alle am Endprodukt mitwirkenden Künstler verändern laufend ihren Input ins System, nur ein Input bleibt gleich: Das vorgegebene Portrait. Somit stabilisiert sich der Output des Systems bei dieser Vorgabe.

Kehren wir zurück zum projektiven und reflektiven System des Perlennetzes von Indra: Gibt es auch in der rekursiven Projektion der Wirklichkeit solche starren Erwartungshaltungen, welche verhindern, dass wir unsere Wirklichkeit zu 100% selbst gestalten können?

Ja. Der Unterschied des EVOLUTIONÄREN IDEALISMUS zum historsichen Idealismus oder zur esoterischen Quantenmystik ist der, dass die Evolution des Kosmos mitbedacht wird. *Zuerst* gibt es Elementarteilchen, *dann* Atome, *dann* Moleküle usw. Das Bewusstsein des Menschen setzt sich aus den Entitäten der unteren Ebenen zusammen.

Die Einflussmöglichkeiten unserer Erwartungshaltungen sind durch die Hierarchie der Seelen – *also dadurch, dass komplexe Seelen (SuperHolons) einfachere Seelen (SubHolons) in ihrem Zusammenspiel koordinieren* – determiniert und eingeschränkt.

Die Seelen der untersten Ebene sind sehr einfach in ihrer inneren Struktur. Sie bestehen lediglich aus einigen wenigen Erwartungen bezüglich ihrer Außenwelt. Diese bedingen auch die möglichen Interaktionen des Teilchens mit der Umwelt. Die phänomenale Wirklichkeit von Elementarteilchen besteht aus Polaritäten. Daraus ergeben sich Erwartungshaltungen, welche die Welt der Atomphysik erzeugen.

Die phänomenale Welt der Atome ist wesentlich komplexer, da diese aus einer Kombination von Elementarteilchen bestehen und somit mehr Informationen codieren können. Mit der Komplexität der inneren Struktur steigt auch deren Erwartungshaltung an eine Außenwelt. Aber gleichzeitig sind die Realisierungsmöglichkeiten eingeschränkt, weil sie keinen Zugriff auf die durch die Erwartungshaltungen der Elementarteilchen erzeugten Wirklichkeit mehr haben.

Diese Struktur von hierarchischer Kompetenz setzt sich nach oben hin fort: Einerseits werden die möglichen Erwartungshaltungen, welche kollektiv die Wirklichkeit als Projektion manifestieren, immer komplexer. Andererseits werden die Möglichkeiten eingeschränkt, weil die Manifestationen der unteren Ebenen bereits feststehen. Daraus ergeben sich die stabilen Naturgesetze:

- Atome bilden die Gesetze der Physik, sind aber an die Vorgaben der Quanten gebunden.
- Moleküle bilden die Gesetze der Chemie, müssen sich aber an die Vorgaben der physikalischen Gesetze halten.
- Zellen bilden die Strukturen des Lebens, sind aber auf die Vorgaben der Chemie angewiesen.
- Organismen bilden das System der Biosphäre, können aber nur jene Bedingungen nutzen, welche durch Zellen ermöglicht werden.
- Menschen erzeugen Kultur, werden aber mit ihr untergehen, wenn sie sich nicht an die Gesetze der Biosphäre halten.

Seelen haben mit ihren Erwartungshaltungen immer nur Einfluss auf jene hierarchische Ebene, der sie angehören.

Wäre das nicht so, würde es ausreichen, dass z.B. alle Menschen daran glauben, die Erde sei eine Scheibe und Columbus wäre mit seinen Schiffen an ihrem Rand in den Abgrund gestürzt. Aber die Erde war immer schon eine Kugel, egal was die Menschen über sie dachten. Darauf hat das Denken der Menschen keinen Einfluss, weil es nicht auf ihrer hierarchischen Ebene liegt.

2.2.5. Willensfreiheit?

Wie sieht es mit der Freiheit unseres Willens aus? Sind wir frei zu denken, was wir wollen? Schließlich fußt unser Denken auf Prozessen, die auf den unteren hierarchischen Ebenen liegen, auf die wir keinen Einfluss haben. Wenn unser Denken auf den elektrochemischen Prozessen unseres Gehirns basiert, wir aber keinen Einfluss auf diese Ebenen haben, dann können wir doch auch in unserem Denken nicht frei sein – oder?

Um diese Frage zu klären, müssen wir uns an das Kapitel »Dekohärenz« dieses Buches erinnern. Dort wird gezeigt, dass der Quantenkollaps so etwas wie eine Änderung des Aggregatzustandes darstellt. Quantenwahrscheinlichkeit kondensiert zum konkreten Quantenereignis und löscht damit alle nicht benötigten Informationen aus dem Kosmos. Wir konnten jedoch nicht herausfinden, was der Kondensationskeim dafür ist. Wir konnten auch nicht feststellen, wer oder was dafür verantwortlich ist, welche Informationen gelöscht und welche realisiert werden. Später, im Kapitel »Quantenkollaps & Info-Spin« haben wir beim Abschnitt über die Phase 2 des Info-Spins gesehen, dass ein Elektron eine *Sympathie* gegenüber einer bestimmten Zukunft hatte und daraufhin die Entscheidung traf, welche Wahrscheinlichkeit durch den Kollaps verwirklicht werden sollte. In diesem Kapitel geht es um die Projektion und Reflexion des Kosmos als

Summe aller Erwartungshaltungen der Holozellen. Und damit haben wir den Kondensationskeim gefunden, der Ursache für die Sympathie des Elektrons ist: Die kollektive Erwartungshaltung aller im Kosmos realisierten Holozellen trifft die Entscheidung. Aber diese kollektive Projektion ist einer Hierarchie unterworfen, welche die Stabilität des Kosmos garantiert. Die Seele des Menschen hat keinen Einfluss darauf, wie die Gesetze der Biochemie oder der Chemie ablaufen. Aber die Seele hat Einfluss darauf, welche Quantenwahrscheinlichkeit die größere Chance erhält, sich zu realisieren. Und ein Gedanke, eine Entscheidung zu JA oder NEIN, kann vom Kollaps einiger weniger Elektronen abhängen.[1] Damit ist der Mensch in seinem Denken (und Entscheiden) *prinzipiell* frei, auch wenn die Bedingungen des Lebens diese Freiheit beschränken.

2.2.6. Starrheit der Persönlichkeit

Wir können also denken, was wir wollen. Aber schon Schopenhauer meinte, »*wir sind frei (zu denken) ... was wir wollen. Aber wir sind nicht frei zu wollen, was wir nicht wollen.*« Woher kommt also die Richtung unseres Willens? Wenn wir in unserem Denken und Handeln frei sind, wenn wir – im Rahmen der von den unteren Hierarchien vorgegebenen Naturgesetze – tun können was wir wollen, ist es dann Freiheit, wenn wir andererseits gar nicht wollen können was wir wollen?

Woher kommen unsere Willensmotivationen? Wo liegen die unbekannten Wurzeln unserer Persönlichkeit? Wie tief wir auch in unserer Psyche forschen, es findet sich kein endgültiger Grund für unsere persönlichen Erwartungshaltungen. Zwar können wir

[1] Die Gesetze des deterministischen Chaos besagen, dass komplexe Systeme äußerst sensibel auf winzigste Abweichungen der Anfangsbedingungen reagieren. Kein bekanntes System im Universum ist komplexer als das menschliche Gehirn.

viel erkennen und beeinflussen, aber die letzten Ursachen finden wir niemals. Wir haben auf unserer menschlichen Ebene nicht die Macht, unsere unbewussten Erwartungshaltungen vollständig und restlos unseren bewussten Wünschen gemäß zu manipulieren.

2.3 »Was Ist Materie?« 2.0

Was ist Materie? Rekapitulieren wir hier noch einmal kurz die Ergebnisse des ersten Teils, bevor wir weiter nach den Wurzeln unseres Wollens graben.

Was wir in der Welt zu sehen bekommen ist immer die Außenseite anderer Holozellen, die sich an dem kollektiv erzeugten Muster der Erwartungsprojektionen anlagern. Wenn wir z.B. unseren eigenen Körper betrachten, sehen wir biologische Zellen, die sich an jenem Teil unseres seelischen Musters anlagern, den wir als innen und Vergangenheit empfinden (*erinnern wir uns an die Quadranten-Aufteilung der Holozellen im Abschnitt »Quantenkollaps & Info-Spin«*). Aber woraus bestehen diese Zellen? Aus Materie? Sie bestehen aus Molekülen, die ihrerseits wieder Holozellen sind, die sich am Muster der Zellen anlagern. Moleküle wiederum bestehen aus Holozellen, welche uns als Atome erscheinen usw. Diese Hierarchie der »Schildkröten« (*bis ganz nach unten*) hatten wir schon bei der Analyse der Materie (Abschn. *»Alle Zeit der Welt«*). Immer ist die materielle Welt eine Ansammlung von Holozellen, die wir von Außen betrachten. Was immer wir in der Welt sehen, es besteht aus der Außenperspektive auf Holozellen, welche nichts anderes sind, als ein individueller, subjektiver Blick auf das kollektive Erwartungsmuster. Es sind Seelen, Augen Gottes, welche wir nur von Außen betrachten können, weil wir diese Seelen nicht selbst sind. Ihre räumliche und zeitliche Position innerhalb der Welt ist dabei ihre ureigene Perspektive innerhalb ihres Erwartungsmusters. Nun wird offensichtlich, dass die Welt nur aus einer einzigen Substanz besteht: aus lebendigem Bewusstsein, dass wir aus zwei Perspektiven wahrnehmen können: Aus der Innenperspektive, wenn es um unser eigenes Bewusstsein geht und aus der Außenperspektive, wenn es um das Bewusstsein der anderen Seelen geht.

Selbst das Muster unseres eigenen Körpers können wir nur deshalb wahrnehmen, weil es von den Sub-Holozellen besetzt ist (wie ein Magnetfeld von Eisenfeilspänen), die wir von außen betrachten. Die materielle Welt ist eine zwangsläufige Erscheinung der Abspaltung von der Einheit Gottes. Es ist überhaupt keine andere phänomenale Wirklichkeit denkbar, in der sich die Trennung Gottes in Einzelindividuen zeigen könnte. Die Schöpfung des materiellen Kosmos ist eine unumgängliche Notwendigkeit dieser perspektivischen Aufteilung. Sobald sich Gott in Einzelwesen teilt, sieht sich jedes Wesen selbst von innen und alle anderen Seelen von außen. Das ist das exakte Erscheinungsbild unserer Welt.

Es ist die eigentliche Integration der 4 philosophischen Richtungen *Materialismus, Idealismus, Dualismus* und *Panpsychismus*. Mit diesem Bild wird es offensichtlich, dass es keine Widersprüche zwischen diesen Weltsichten gibt:

Gott IST! Aber sein Sein ist unendliches Potential. Dadurch ist er Quelle des Bewusstseins für viele Bewusstseins-Entitäten, die durch teilweise »Abschattung« der Ganzheit entstehen. Die Einheit verbindet sie weiterhin, aber dies liegt außerhalb ihres Blickfeldes und führt dazu, dass sich ihr Sein in gegenseitigen Erwartungen zu einer Wahrscheinlichkeitsmatrix überlagert. Dadurch können sie sich gegenseitig wahrnehmen. Aber eben nur von Außen. Dies erzeugt die materielle Welt, welche durch hierarchische Stufung – trotz der Tatsache, dass sie lediglich eine flexible Projektion der Erwartungen der Entitäten ist – als relativ stabil erscheint. Aber die Entitäten leiden unter dem Zustand, von Gott getrennt zu sein und suchen in einer individuellen Entwicklung ihren Weg zurück zur Einheit. Dazu ordnet sich jedes Wesen in die Matrix der kollektiven Erwartungen ein und besetzt eine konkrete Position in Raum und Zeit, aus der heraus es die Welt betrachtet. Die gegenseitigen Erwartungen erzeugen die

Hierarchien der Gesetze und generieren die Wirklichkeit der bewussten Wesen, in der sie im Endeffekt leben müssen. Das ist die Essenz der Philosophie des *EVOLUTIONÄREN IDEALISMUS*.

Mit diesem Wissen im Hinterkopf wenden wir uns nun wieder den Fragen zu: »Wo liegen die unbekannten Wurzeln unserer Persönlichkeit? Wie frei sind wir, wenn wir nicht wollen können, was wir nicht wollen?«

2.4 Der Weg Buddhas

Wenn jede Holozelle ihre Wirklichkeit selbst generiert[1], ergibt sich durch die Projektion der Bedeutungserwartung, dass wir unsere Welt relativ frei und selbstbestimmt gestalten können. Warum gelingt es uns dann nicht, uns all unsere Wünsche zu erfüllen? Warum gibt es trotzdem soviel Leid auf der Welt und warum funktioniert das mit den »Bestellungen beim Universum« nicht so gut, wie reißerische Buchtitel versprechen?

Der Grund ist, dass wir eine bestimmte Persönlichkeit besitzen. Wir können unsere Erwartungen nicht einfach umschalten, wie ein Fernsehprogramm. Es ist unsere Individualität, die unsere Erwartungen determiniert. Aber wie kommen wir zu dieser Persönlichkeit?

Die vier Quadranten[2] geben uns einen Hinweis darauf:

- Als Erstes ist unsere körperliche Konditionierung eine Wurzel unserer Persönlichkeit. Unsere Gene und unser Gesundheitszustand wirkt sich auf unser Weltbild aus.
- Das Zweite sind die materiellen Umstände unseres bisherigen Lebens, welche den Körper zu dem gemacht haben, was er heute ist.
- Die dritte Wurzel liegt in unserer kulturellen Prägung und in unserer Sozialisation.

---

1 Wenn sie auch den Vorgaben der unteren Hierarchien folgen muss und auf der eigenen hierarchischen Ebene nicht allein entscheidet, sondern, wie unsere digitalen Maler, die Wirklichkeit als kollektives Kunstwerk erschafft.

2 In diesem Fall sind sowohl das Quadranten-System von Wilber (WIQ) als auch das Quadranten-System des EVOLUTIONÄREN IDEALISMUS (EIQ) gemeint.

- Und als vierte Wurzel bleibt unsere mentale Entscheidung, über all diese Dinge so oder anders zu denken.

Diese vier Wurzeln sind durch Zeit, Raum und die Umstände unserer Geburt weitestgehend vorgegeben. Wir werden also in unsere Persönlichkeit hineingeboren. Nun könnte man es dabei belassen, wenn wir nicht bereits festgestellt hätten, dass all diese Dinge in einem EVOLUTIONÄREN IDEALISMUS eingebettet sind. Diese vier Wurzeln sind demnach nicht der Beginn der Geschichte. Wie kommt es zu diesen vier Wurzeln? Worauf gründen sie?

Nochmal von Anfang an: Wir wissen, dass Geburt und Tod stringente Konsequenzen aus der Drehung des Info-Spins der Seelen sind. Dieser ist seinerseits wieder eine notwendige Voraussetzung für die Kontinuität des Kosmos. Denn nur über den Info-Spin der Seelen webt sich seine Raumzeitstruktur. So ergibt sich aus der allumfassenden Einheit und Allwissenheit Gottes eine direkte Linie zu den Jenseitsvorstellungen verschiedener Religionen wie z.B. Buddhismus und Christentum. Sehen wir uns das genauer an:

Gott ist allumfassendes Bewusstsein. Um sich zu kennen, muss er sich selbst gegenüber stehen und sich betrachten. Dies ist eine zwingende Notwendigkeit der Allmacht und führt zu einer Quantenunschärfe[1]. Dies geschieht aber nicht nur einmal, sondern unendlich oft. Gott *IST* diese unendlichfache, perspektivische Selbstbetrachtung. Die Einzelteile verlieren dadurch temporär ihre Ganzheitlichkeit, indem sie sich aus der Ganzheit herausdrehen und erhalten sie zurück, wenn sie sich in Phase 4 des Info-Spins wieder in sie integrieren. Diese partielle Separa-

---

[1] Diese Unschärfe ergibt sich zwangsläufig aus der Tatsache, dass Informationen immer einer Teilung bedürfen: Einerseits die Information selbst und andererseits den informationsverarbeitenden Teil. Immer gibt es diese Teilung Subjekt-Objekt.

tion ist gleichbedeutend mit einer unscharfen Ausdehnung des Informationsraumes, der die Selbstreflexion ermöglicht; es entsteht eine kleine Raumzeitblase, angetrieben durch die Liebe der göttlichen Ganzheit zur Schöpfung (*Agape*). Die *Sehnsucht nach Ganzheit* (=Kohäsionskraft Gottes) sorgt dabei nicht nur für eine Rückdrehung in Gott (Phase 4 des Info-Spins), sondern auch für eine Verbindung der unendlichen Raumzeitblasen zur Raumzeit unseres Kosmos. Das ist die welterschaffende Kraft des *Eros*.

Schöpfung – Erhaltung – Zerstörung – all diese Kräfte finden ihren Ursprung in der Kohäsionskraft der göttlichen Einheit.

2.4.1. Geburt

Aus unserer Perspektive ist Phase 2 des Info-Spins gleichzusetzen mit einer *Geburt* innerhalb des Kosmos.

Weshalb verwende ich hier den Begriff *Geburt*? Zunächst beschrieb ich den Info-Spin lediglich anhand der Raumzeitpixel und diese elementaren Holopixel sind die Bausteine des Kosmos. Sie haben also keine räumliche Ausdehnung und keine zeitliche Dauer. Erst die Verkettung dieser Primärseelen ergibt die Raumzeit. Wie also könnten sie geboren werden? Wie oben erwähnt bewirkt die Sehnsucht zur Ganzheit nicht nur die Verkettung der winzigen Primärseelen zum Raumzeitgewebe des Kosmos, sie bewirkt auch die virtuelle Verschmelzung mehrerer Seelen zu übergeordneten Ganzheiten. Dies ist *Eros*, die Kohäsionskraft der göttlichen Einheit *innerhalb* des Kosmos. Übergeordnete Ganzheiten innerhalb der Raumzeit sind zusammenhängende Informationssysteme, was nichts anderes bedeutet, als dass es sich ebenfalls um Seelen handelt. Seelen, die mehr Zeit und mehr Raum einnehmen als ein Raumzeitpixel und daher mehrere von ihnen als SubHolons umschließen bzw. mehrere Primärseelen zu einer größeren Ganzheit, einem SuperHolon, organisieren. Bei Holozellen der atomaren Ebene bewirkt die »Geburt« (Phase 2 des Info-Spins) den Quantenkollaps – die Manifestation des Teilchens in der Raumzeit bei gleichzeitiger Löschung der nicht manifest gewordenen Möglichkeiten. Wenn sich Holozellen auf der biologischen Ebene durch den Info-Spin aus der Ganzheit herausdrehen, dann erst ist der Begriff *Geburt* gerechtfertigt. Aber das Prinzip der Geburt (das Herausdrehen der Seele aus der Ganzheit durch den Info-Spin) ist bereits bei den Primärseelen der Raumzeitpixel dasselbe, wie bei den komplexen Seelen. Daher werden auch Raumzeitpixel *geboren*.

Betrachten wir noch einmal kurz diesen Zeitpunkt der Geburt (Phase 2 des Info-Spins): Das Gewebe des Kosmos hat sich zu diesem Zeitpunkt so entwickelt, dass die entsprechende Seele aus der Ganzheit abgerufen wird. Diese dreht sich aus der Ganzheit heraus und in diesen Punkt der Raumzeit hinein. Dabei »vergisst« die Seele ihre Identität mit der Ganzheit – d.h., es findet eine Ent-Identifikation mit bestimmten Informationen statt. Gleichzeitig kommt es zur Identifikation mit der Vergangenheit dieses Geburts-Zeitpunktes. Die Vergangenheit ist nun der Innenraum der Seele. Die Seele wird identisch mit ihren zeitlichen Voraussetzungen. Zeit erlebt sie wie ein Herabstürzen aus der göttlichen Einheit auf die Welt – es ist dies die Phase der Involution, bei der der Zeuge mit der Vergangenheit der individuellen Seele verstrickt und in die Raumzeit eingefaltet wird. Dieser Individualisierungsprozess nimmt aus der Perspektive der Welt keinerlei Zeit, aber den gesamten Raum des Kosmos in Anspruch. Die Seele stürzt zum Zeitpunkt ihrer Geburt aus den »Rändern des Kosmos« in ihr individuelles Zentrum und identifiziert sich mit ihrer individuellen Vergangenheit. Sie sieht alle aus dieser Vergangenheit möglichen zukünftigen Entwicklungen als Außenwelt vor sich und entwickelt Affinitäten zu bestimmten Möglichkeiten.

Danach vollendet sie die halbe Drehung und identifiziert sich mit ihrer materiellen und intentionalen Substanz, während die Vergangenheit des komischen Zeitpunkts nun auch zu ihrer Vergangenheit wird. Die Raumzeit des Kosmos und die Raumzeit der Seele haben nun identische Ausrichtungen. Die Involution ist abgeschlossen, der Info-Spin wandelt sich zu Phase-3, die Seele ist in die Welt hinein geboren.

2.4.2. Leben

Wenn sich Seelen aus der Einheit herausdrehen, um in Zeit und Raum manifest zu werden, beanspruchen sie ein gewisses Raum- und Zeitvolumen. Dazu ist es notwendig, dass sie auf weniger komplexen Seelen (SubHolons) aufbauen.

Ein manifestes Atom besteht aus Elementarteilchen, die sich in der Zeit der realen Existenz des Atoms immer wieder in Wahrscheinlichkeitswolken auflösen und – eine bestimmte Wahrscheinlichkeit forcierend – wieder kollabieren. Auch das Atom kann sich in Quantenrauch auflösen und wieder erscheinen. Wie wir bereits im Kapitel »*Was ist Materie?*« gesehen haben, ist Materie auf diese Weise eine stroboskopartig aufleuchtende Sekundärerscheinung im übergeordneten Informations-raum. Dort heißt es:

Nicht die Materie ist real und löst sich kurzzeitig in Rauch auf, sondern das Möglichkeitsfeld ist real und erzeugt durch Informationsreduktion kurzzeitig materielle Abbilder.

Die Informationsreduktion geschieht dabei in Phase-2 des Info-Spins durch Affinitäten zu bestimmten Möglichkeiten. Wie aber sieht es nun mit komplexeren Seelen aus?

Eine Seele höherer Ordnung (SuperHolon) kann sich nur an Raumzeitpunkten in die Welt hinein drehen, in denen ihr bereits alle Seelen niedrigerer Ordnung als SubHolons zu Verfügung stehen, welche die Struktur des SuperHolons, also das Muster der Seele, ausfüllen und damit manifestieren können. Nur dort, wo die Welt in dieser Weise vorbereitet ist, kann die Dekohärenz für komplexere Seelen stattfinden. Auf uns Menschen bezogen heißt das, wir entstehen nicht aus dem Nichts. Es benötigt viele Voraussetzungen, um einen Menschen in diesen Kosmos hinein zu gebären – nicht nur Eltern. Erst die richtige Situation, in der alle erforderlichen Umstände zusammenkommen, kann eine Seele aus der Einheit abrufen.

Während der gesamten Lebensspanne eines SuperHolons werden die SubHolons ständig ausgetauscht, entstehen und vergehen. Mit anderen Worten, während der gesamten Phase 3 einer Seele werden ihre SubHolons permanent geboren (Ph2), leben (Ph3) und sterben (Ph4). Über diese Drehung des Info-Spins seiner SubHolons ist die Seele immer mit der Einheit verbunden. Aber das dürfte uns nicht überraschen. Schließlich geschieht das schon durch das stroboskopartige Flimmern jeglicher Materie. Jedes kleinste Teilchen fällt permanent aus der Einheit heraus (Involution), manifestiert sich im Hier und Jetzt und wird danach von der Einheit wieder aufgenommen (Exvolution). Für uns Menschen bedeutet das, dass während unseres Lebens sämtliche SubHolons, aus denen unser Organismus besteht, eigene Holozellen sind, die es uns als Holozelle (Seele) erlauben, uns materiell zu manifestieren. In unserem Inneren geschehen nicht nur jeden Augenblick milliardenfache Geburten, sondern auch milliardenfacher Tod. Unsere Zellen werden geboren und sterben, Moleküle werden generiert und wieder aufgelöst und Atome und atomare Teilchen lösen sich in Quantenrauch auf und kollabieren wieder zu konkreter Existenz. Jeder Augenblick ist erfüllt mit unzähligen Drehungen des Info-Spins, der durch permantente Involution den gesamten manifesten Kosmos in engem Kontakt mit der göttlichen Einheit hält. Involution bzw. Schöpfung geschah nicht irgendwann vor 15 Milliarden Jahren – es geschieht jeden Augenblick neu. Wie die Fontäne eines Springbrunnens nur erhalten wird, indem permanent neues Wasser in die gleiche Form gepumpt wird, so erhält jede Seele – und damit der gesamte materielle Kosmos – ihre Kontinuität durch den permaneten Kreislauf von Geburt und Tod. Involution und Exvolution jedes einzelnen Teilchens durchströmt sein Muster und füllt es aus.

2.4.3. Tod

Und weiter geht die Reise des Info-Spins der Seele zu Phase-4. Wieder dreht sich die Ausrichtung der Raumzeitkoordinaten orthogonal zur Raumzeit des Kosmos. Was im Kosmos den gesamten Raum ausfüllt, aber in einem Augenblick passiert, nämlich die Wiederintegration der individuellen Seele in die göttliche Ganzheit, nimmt aus der Sicht dieser Seele eine gewisse Zeit in Anspruch. Die Zeit des Kosmos erweist sich für die betroffene Seele dabei als räumliche Ausdehnung. Der Todeszeitpunkt ist die Grenze zwischen Innenraum und Außenraum. Nun aber genau umgekehrt wie beim Geburtszeitpunkt: Die Zukunft des Kosmos ist nun Innen- und seine Vergangenheit Außenraum.

Wieder blickt die Seele auf ihre Lebenszeit, nur handelt es sich diesmal nicht um das Potenzial der Möglichkeiten aus der Perspektive der Geburt, sondern um das gelebte Leben aus der Perspektive des Todes. Das Innere der Seele wird – über die Entidentifikation während der Wiederintegration in die Ganzheit als Möglichkeits- oder Wahrscheinlichkeitswolke – in die Zukunft des Kosmos abgestrahlt.

2.4.4. Reinkarnation

So dreht sich der Info-Spin des Elektrons: Vom Quantenkollaps (Ph2) über die Aktivität im Kosmos (Ph3) zur Auflösung in die Quantenwahrscheinlichkeit (Ph4).

In gleicher Weise dreht sich der Info-Spin des Atoms im Molekül, der Info-Spin des Moleküls in der Zelle, der Info-Spin der Zelle im Organismus usw. Jedes Holon, jede Holozelle ist eine Seele, ein Funken göttlicher Aufmerksamkeit, der sich aus der Einheit Gottes herausdreht, um seinen Part im kosmischen Spiel zu erfüllen und sich dann im Anschluss wieder mit Gott zu vereinen.

Dabei wird die individuelle Lebensspanne wie von einer Klammer umfasst:

- Bei der Geburt der Seele liegt ihre zukünftige Lebensspanne als Möglichkeitsfeld im Außenraum. Aufgrund der Vergangenheit dieses Geburtszeitpunktes (= der Innenraum der Seele in Phase 2 des Info-Spins) entwickelt sie eine Affinität und damit bestimmte Handlungsmotivationen.

- Beim Tod (= Phase 4 des Info-Spins) liegt die vergangene Lebenspanne ebenfalls im Außenraum der Holozelle, diesmal aber als unveränderliche Tatsache. Lediglich die emotionale Bewertung dieses äußeren Raumes führt zu Möglichkeitsimpulsen im Innenraum der Seele. Dieser Innenraum stellt jedoch innerhalb des Kosmos die Zukunft des Todeszeitpunktes dar.

Die Lebenspanne wird somit von Geburt und Tod in der Weise eingegrenzt, dass die Welt aus jeder Phase des Infospins den Außenraum der Seele darstellt.

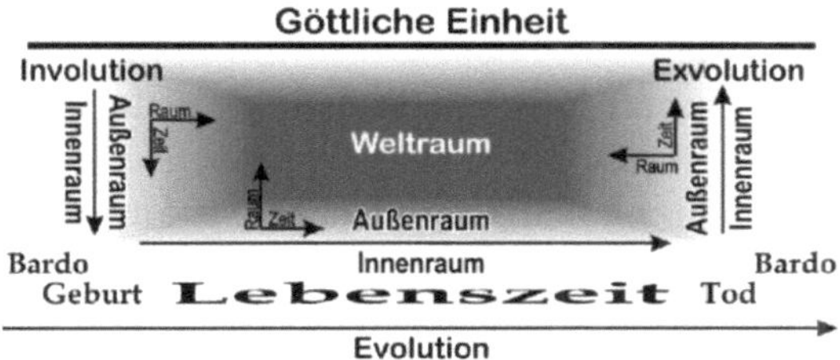

Was geschieht nun mit diesen in die Zukunft abgestrahlten Wahrscheinlichkeiten, nachdem sich die individuelle Seele in die göttliche Ganzheit integriert hat?

Die Spur der Wahrscheinlichkeiten zwischen den Manifestationen ist derzeit nur auf der Quantenebene berechenbar. Ein Elektron löst sich in Wahrscheinlichkeiten auf und wird später, durch eine Interaktion mit der Welt, die den Kollaps bewirkt, wieder zu einem konkreten Elektron. Wobei eine bestimmte Wahrscheinlichkeit verwirklicht wird, während die anderen Informationen durch die Dekohärenz ausgelöscht werden. Es lässt sich nicht sagen, wo die Informationen der Wahrscheinlichkeiten zwischen den Manifestationen gespeichert sind. Sie sind nichts weiter als energetische Potenziale in der Raumzeit. Bei den Quanten wissen wir davon, weil sie sehr einfach und linear zu berechnen sind.

Bei komplexeren Holozellen sind diese Potenziale nicht mehr mathematisch berechenbar. Trotzdem müssen diese Potenziale als Wellen-Verschränkung (Soliton[1]) vorhanden sein. Diese Soliton-Verschränkung bleibt so lange im Wahrscheinlichkeitsraum, bis sie durch die raumzeitlichen Ereignisse wieder in den Kosmos zurückgerufen wird. Mit anderen Worten ist diese Soliton-Verschränkung die Bardo-Seele, die nicht inkarnierte Seele zwischen den Leben. Wird die Bardo-Seele wieder in den Kosmos zurückgerufen, dreht sich der Zeuge aus der göttlichen Einheit heraus und identifiziert sich – in Phase 2 des Info-Spins – mit der Bardo-Seele (= Involution). Somit verhält es sich bei komplexen Holozellen nicht anders, als bei elementaren Holozellen. Geburt ist mit einem Quantenkollaps vergleichbar. Informationen, die in Phase 4 des Info-Spins als Soliton in die Zukunft abgestrahlt werden, werden von einer zukünftigen Seele in Phase 2 ihres Info-Spins wieder aufgenommen und in Phase 3 manifestiert. Auch dies geschieht in gleicher Weise, wie sich Primärseelen zur Raumzeit verketten.

2.4.5. Karma

Es gibt also eine Art von Identität, welche in dieser Kette von einer Seele zur nächsten übertragen wird. Das bedeutet jedoch nicht, dass es die*selbe* Seele ist, die bei der nächsten Drehung des Info-Spins innerhalb der Welt erscheint. Wir haben dieses Prob-

---

1 Zur Erklärung: Ein *Soliton* ist eine stabile Welle, die von andern Wellen überlagert werden kann, ohne ihre Identität = Informationen zu verlieren.

lem der Identität bereits im Kapitel »*Was ist Materie?*« bei der Identität der Elektronen besprochen.

Sind wir, wenn wir am Morgen erwachen, der*selbe* Mensch, der am Abend eingeschlafen ist? Nein, aber wir sind der *gleiche* Mensch. Wir gleichen dem Menschen vom Abend zuvor. Unser Identitätsgefühl entspringt der Kontinuität unserer Erinnerung. Jeder Organismus tauscht seine Materie fortwährend aus. Somit kann die Identität einer Holozelle nicht von der Identität seiner SubHolons abhängen. Identität bedeutet lediglich, dass die Organisationsstruktur gleich bleibt, welche die Informationen und Erinnerungen codiert. Nun ist es jedoch so, dass genau diese Struktur in Phase 4 – während der Entidentifikation des Zeugen von den individuellen Abschattungen der Ganzheit – als Wahrscheinlichkeits-Soliton in die Zukunft abgestrahlt wird. Wenn nun in Phase 2 einer neuen Holozelle genau dieses Wahrscheinlichkeits-Soliton wieder aufgenommen wird, gleichen sich die beiden Seelen; sie haben die *gleiche* Identität.

Es gibt also eine Verkettung von Seelen über die Zeit und eine individuelle Evolution, ein Voranschreiten der Komplexität einzelner Seelen über viele Inkarnationen hinweg. Natürlich stellt sich die Frage, wo der Ursprung und wo das Ziel einer solchen Entwicklung liegt. Beide Endpunkte befinden sich jedoch nicht innerhalb unseres Beobachtungsrahmens. Wir sehen nur einen kleinen Ausschnitt des gesamten Ablaufs. Und dieser zeigt uns eine Komplexitätssteigerung durch die Ausweitung der Repräsentation der Außenwelt im Inneren.

Bereits im Kapitel »*Was ist die Innenperspektive?*« haben wir gesehen, dass jedes Wissen um die Verhältnisse der Außenwelt eigentlich nichts anderes ist, als ein Wissen um die eigene Körperlichkeit. Diese wird jedoch von den Botschaften der Außenwelt durchwirkt und beeinflusst. Nur aus diesem Grund kennen wir die Außenwelt, weil sie als Spiegelung in uns selbst vorhanden ist. Jede Steigerung der Komplexität führt damit auch zu einer gesteigerten Fähigkeit, die Außenwelt zu reflektieren. Sehen wir uns ein Elementarteilchen an, ist klar, dass die Kenntnisse dieser Miniseele über ihre Außenwelt sehr beschränkt sein müssen. Es gibt nicht viele Möglichkeiten, Informationen über die Außenwelt im Inneren dieser Holozelle zu codieren. Je höher wir jedoch steigen, desto komplexer wird die innere Struktur der Seele und ihr Wissen um eine Außenwelt daher immer größer. Die Tendenz zu höherer Komplexität ist somit eine Tendenz zu besserer Fähigkeit der Welt-, Selbst- und Gotteserkenntnis. Interpolieren wir diese Tendenz zu den Endpunkten, führt diese individuelle Spur der karmischen Evolution ausgehend vom *Nichts* über ein *Etwas* zu *Allem*. Auch hier zeigt sich die Anziehungskraft (*Eros*) der Einheit als bestimmend.

Aber diese Tendenz lässt sich nicht einfach linear verwirklichen, weil *in* der einzelnen Seele dieses Ziel nicht codiert ist. Vielmehr wird es über die Dynamik der Interaktionen zwischen den Seelen angestrebt. Es ist die *Dynamik der Co-Kreation* des Kosmos durch alle inkarnierten Seelen und ihre *Allverbundenheit*, welche diese Spur vom *Nichts* zu *Allem* vorgibt. All diese Kräfte haben einen Ursprung: Die Kohäsionskraft der Einheit (*Eros*). Diese wirkt sich in vier Richtungen mit absteigender Priorität aus:

1. Verkettung der elementaren Holozellen zur Raumzeit bzw. bei komplexeren Seelen als karmische Reinkarnation des Solitons (Bardo-Seele).

2. Anziehung durch bewusste oder unbewusste Erkenntnis der Selbstheit (Göttlichkeit) im Gegenüber (Liebe / Sexualität).

3. Trend zu höherer Komplexität (Selbstorganisation, Evolution, Emergenz als Zeitpfeil), um immer mehr Außenraum in den Innenraum aufzunehmen.

4. Rückdrehung des Info-Spins (Ph4/Tod) zur Einheit.

Die einzelnen Holozellen verändern dabei ihre Strukturen immer nur schrittweise und erkennen den Sog der Kohärenzkraft anhand der Prioritäten: Zeitliche Nähe wirkt primär stärker als Liebe und Sexualität; Liebe und Sexualität wirken stärker als Evolution usw. Dadurch kommt es zu vielen Verzweigungen auf dem Weg vom Nichts zur Einheit. Die Grundmotivation aller Existenz tritt in milliardenfacher Verkleidung auf. Aber es geht immer und überall nur darum, zur Einheit zurückzukehren.

Auch im Alltag spaltet sich jedes Ziel in tausende Zwischenziele. Ein Ziel, z.B. Sicherheit, kann nicht auf direktem Weg angesteuert werden und wird aufgeteilt; es entsteht der Wunsch nach einem Haus und dafür lohnt es sich zu arbeiten und Karriere zu machen. Sollte nun ein Kollege dieser Karriere im Wege stehen, kann das ursprüngliches Bedürfnis nach Sicherheit zur Ursache für eventuelle Mobbingattacken werden. Motivationen verästeln sich bis zu ihrer Unkenntlichkeit. Das Endziel jeder Existenz ist jedoch immer die Wiedervereinigung mit der göttlichen Einheit. Daraus resultiert alles Schöne ebenso, wie alles Hässliche. Motivationen für diese Zwischenziele werden als Bedeutungskomplexe zwischen den einzelnen Manifestationen der Seelen weitergegeben; von Phase 4 der einen Holozelle zur Phase 2 der nächsten. Das nennt man *Karma*.

2.4.6. Nirwana

Die Fähigkeit zur Reflexion der Wirklichkeit wird durch individuelle Evolution immer mehr gesteigert. Die Intentionen der Seele sind dabei der Motor der Entwicklung. Das, worauf die Aufmerksamkeit gerichtet wird, egal, ob aus Begierde oder Furcht, wird im Bedeutungskomplex mit Energie versorgt und kann sich in der Gesamtstruktur der Seele stärker vernetzen. Zudem wird es über die kollektive Projektion auch im Außen gestärkt.

Im Kapitel »Genesis des Bewusstseins« haben wir gesehen: *Die Pfeile, welche die Bedeutung des Ich's erzeugen, weisen in ein zentrales Nichts, nämlich auf den wahrnehmenden Zeugen. Das Zentrum aller Wahrnehmung kann nicht wahrgenommen werden. Das Auge kann sich selbst nicht sehen.* Und später: *Ich bin das Nichts im Zentrum aller Wahrnehmungen.*

Wenn die Seele sich weit genug strukturiert hat, um dieses Nichts im eigenen Zentrum zu erkennen, kann sie sich auch dafür entscheiden, ihre Intention auf dieses Nichts auszurichten. Ist dies einmal geschehen, kommt es zu einer Selbstverstärkung: Die bewusste Aufmerksamkeit richtet sich auf sich selbst, was jene Bedeutungsstrukturen verstärkt, die auf das zentrale Nichts verweisen. Nun gelingt es immer besser, alle Identifikationen auf dieses Zentrum zu fokusieren.

Alle individuellen Bedürfnisse werden weiterhin wahrgenommen und, um die Funktion des Organismus aufrecht zu erhalten, werden sie auch weiterhin befriedigt. Lediglich die Prioritäten werden neu gesetzt. Das Ego hat nicht mehr die Macht, alle Intentionen den eigenen Bedürfnissen unterzuordnen, da die Identifikation der Seele nun auf dem Zentrum der Bewusstheit ruht und erkennt, dass dieses Zentrum die Quelle *allen* Seins ist. Die Identifikationsbeschränkung auf eine singuläre Identität wird aufgehoben und die Seele erkennt sich selbst in jedem Gegenüber. Die Welt wird weiterhin aus einer individuellen Perspektive in Zeit und Raum beobachtet. Aber dieser Punkt verliert seine ausschließliche Wichtigkeit. Das *Ich der individuellen Seele* weitet sich und wird zum *Ich der ganzen Welt*.

Jetzt ist die Seele in Phase 3 des Info-Spins zu einem Fenster geworden, durch das die göttliche Einheit innerhalb von Zeit und Raum erstrahlt. An diesem Entwicklungspunkt gibt es nur noch *ein einziges Ich*, welches die gesamte Welt durchströmt.

*

Und im Zentrum jedes Regenbogens sieht die Seele den Schatten Gottes. Denn der Schatten im Zentrum ist gleichzusetzen mit dem Schatten des eigenen Auges; es ist der Schatten der eigenen Aufmerksamkeit und diese ist mit der Aufmerksamkeit Gottes identisch.

2.5 Die Liebe Jesu

In diesem Zustand der Egoauflösung – bei gleichzeitiger Beibehaltung der Perspektive innerhalb der Raumzeit – ist die individuelle Seele zwar an das Kreuz der materiellen Welt im Hier und Jetzt genagelt, trotzdem ist sie von der Separation mit der göttlichen Einheit erlöst: *Es gibt nur einen einzigen Zeugen.* Dieses eine Bewusstsein sieht durch alle individuellen Augen auf die Welt und besitzt alle individuellen Erinnerungen.

Für die Struktur der menschlichen Persönlichkeit bedeutet dies, dass sie in gleicher Weise wie der Körper existiert. So, wie der Körper nicht ewig währt, so währt auch die Psyche nicht ewig. Allein die Grundsubstanz, der Beobachter, der Zeuge der Veränderungen, ist stabil und gleichzeitig mit Gott identisch. Wir sind alle ***dasselbe Wesen.*** Im Kern sind wir daher alle unsterblich, weil derjenige, der wir wirklich sind und durch unsere Augen auf die Welt blickt, ewig und unveränderlich ist.

2.5.1. Ich bin der Weg...

Es ist kein Geheimnis, dass Hinduismus und Buddhismus keine Schwierigkeiten haben, die christlichen Religionen zu integrieren. In deren Augen war Jesus einer von vielen Erleuchteten. Ein grundlegender Stolperstein für eine Zusammenführung der Religionen zu einer weltweit übergreifenden, quasi anthropischen Ökumene[1] ist jedoch die Umkehrung: Das Dogma der Christenheit, dass Jesus Gottes *einziger* Sohn sei. Dies widerspricht den religiösen Lehren des Ostens. Grundlage dieser Vorstellung ist ein Zitat im Evangelium des Johannes, Kapitel 14,

[1] Im Gegensatz zur Abrahamitischen Ökumene, die nur die drei monotheistischen Religionen Judentum, Christentum und Islam mit einschließt.

Vers 6: *»Jesus spricht zu ihm: Ich bin der Weg und die Wahrheit und das Leben; niemand kommt zum Vater denn durch mich.«* So wird es auch verständlich, dass christliche Missionare im Bestreben möglichst viele Seelen zu retten, mit relativ skrupelloser Gewaltanwendung, aber nach bestem Wissen und Gewissen, versuchten, Menschen zum Christentum zu bekehren.

Ist es also unmöglich, die monotheistischen Religionen in den *EVOLUTIONÄREN IDEALISMUS* zu integrieren?

Der Irrtum – und damit gleichzeitig der Ausweg – wird innerhalb der überlieferten Schriften deutlich: Im selben Evangelium nämlich steht in Kapitel 8, Vers 58: *»Jesus sprach zu ihnen: Wahrlich, wahrlich ich sage euch: Ehe denn Abraham ward, bin ich.«* Die historische Person Jesus von Nazareth kann damit nicht gemeint sein. Vielmehr muss Jesus innerhalb der Raumzeit ein göttliches Prinzip verkörpern, welches auch zu Abrahams Zeiten und bereits davor die Quelle allen Seins war. Dies ist die innerhalb der theologischen Lehren unumstrittenen Identität von Vater und Sohn. Warum also sollte in Kapitel 14 nicht ebenfalls dieses göttliche Prinzip gemeint sein?

Jesus hat jenes ewige Zentrum des Zeugen in seinem Inneren gefunden und sich nur noch mit diesem identifiziert und nicht mehr mit dem materiellen Auge, durch das er blickte. Wenn Jesus in der Überlieferung von sich spricht, dann nicht von dem historischen Menschen, sondern von eben diesem Zeugen. Er ist in jedem Teil des Kosmos der*selbe*. Einen weiteren Hinweis darauf finden wir im Evangelium nach Matthäus Kapitel 25, Vers 40: *»Wahrlich ich sage euch: Was ihr getan habt einem unter diesen meinen geringsten Brüdern, das habt ihr mir getan.«*

Wie also ist nun der Satz »*Ich bin der Weg und die Wahrheit und das Leben; niemand kommt zum Vater denn durch mich*« zu interpretieren?

In Jesus Worten stellt sich die Bewusstheit der kosmischen Einheit als eine Dreiheit dar: Der *Weg*, die *Wahrheit* und das *Leben*. Diese sind nichts anderes als Synonyme für die göttliche Trinität:

2.5.2. Dreifaltigkeit

Dreifaltigkeit bezeichnet die Wesens-Einheit von *Gott Vater*, *Gott Sohn* und *Gott Heiliger Geist*. Diese drei sind keine voneinander getrennten Individuen sondern Hypostasen, also Seinsstufen.

Vater

In der ersten Seinsstufe finden wir die absolute Einheit des göttlichen Geistes, wie er unberührt von den weltlichen Ereignissen über allem Geschehen thront und zugleich deren schöpferische Quelle ist. In Joh.14.6. ist diese Seinsstufe mit der *Wahrheit* betitelt. In der indischen Philosophie ist dies *Brahma*.

Diesen ***zeitlosen*** Aspekt betont z.B. Augustinus mit folgenden Worten: »*Es gab keine Zeit, in der du nichts gemacht hättest, denn du hast die Zeit selbst gemacht. ... Aber du gehst allem Vergangenen voran durch die Erhabenheit deiner immer gegenwärtigen Ewigkeit; du überragst alles Zukünftige ... Deine Jahre gehen nicht und kommen nicht, während diese unsere Jahre gehen und kommen, damit so alle kommen. Deine Jahre stehen alle und sind zugleich.*«

Sohn

In der zweiten Seinsstufe finden wir den individualisierten Zeugen. Den Splitter göttlicher Aufmerksamkeit, den wir alle in uns tragen und den zu erkennen Sinn jedes spirituellen Weges ist. Dieser Splitter wandert durch die Inkarnationen auf einem ganz individuellen Weg vom *Nichts* über *Etwas* zur *Ganzheit der Alleinheit*. In Joh.14.6. ist diese Seinsstufe natürlich der *Weg*. Der Sohn Gottes ist mein individueller Zeuge, mein *Atman*, das Auge, das durch mich auf die Welt blickt. In der indischen Philosophie entspricht der Gott Vishnu diesem Prinzip.

Diesen ***ewigen*** Aspekt betont der Mystiker. Meister Eckhart: *»Gott hat die Welt in der Weise erschaffen, dass er sie immer ohne Unterlass erschafft. Alles, was vergangen und was zukünftig ist, das ist Gott fremd und fern. Und darum: Wer von Gott als Gottes Sohn geboren ist, der liebt Gott um seiner selbst willen, das heißt: er liebt Gott um des Gott-Liebens willen und wirkt alle... seine Werke um des Wirkens willen.«*

Heiliger Geist

Die dritte Seinsstufe bezeichnet den göttlichen Funken in Allem. Nichts existiert, ohne einen göttlichen Funken zu beinhalten. Die Gesamtheit dieser innerhalb der Welt seienden göttlichen Aufmerksamkeit bewirkt den Strom des Lebens. Von diesem Strom wird die Seele zu ihrer Inkarnation aus der Ganzheit abgerufen. Dieser Strom treibt den *Fluss der Seelen* über die Evolution des Kosmos hinauf zur Einheit. Wenn mich der Heilige Geist berührt, heißt das, dass ich mit dem Kollektiv der inkarnierten Seelen Eins werde und den Strom der Zeit, die Richtung und den Sinn der Geschehnisse spüren kann. In Joh.14.6. meint diese Seinsstufe das *Leben*. Sowohl der Gott *Shiva* als auch die

Akasha entsprechen nach der indischen Philosophie diesem Prinzip.

Der theologische Philosoph Nikolaus von Kues (Cusanus) betont diesen ***immerwährenden*** Aspekt in folgendem Zitat: *»Das Eine ist nur dadurch unendlich, dass es zugleich auch das Viele ist. Gott ist Einfaltung der Welt, die Welt Ausfaltung Gottes.«*

*

Jesus hat den Zeugen in sich gefunden und die Entidentifikation mit seiner historischen Persönlichkeitsbasis geschafft. Sein Ego ist am Kreuz der Raumzeit, dem Hier und Jetzt, gestorben und er ist mit der göttlichen Einheit verbunden. Dies ist der Zustand, den wir bereits im Kapitel *»Nirwana«* beschrieben haben. Wenn Jesus nun von sich spricht, spricht er vom *Zeugen* und damit letztendlich von *Gott*:

»Jesus sprach zu ihnen: Wahrlich, wahrlich ich sage euch: Ehe denn Abraham ward, bin ich.«

»Wahrlich ich sage euch: Was ihr getan habt einem unter diesen meinen geringsten Brüdern, das habt ihr mir getan.«

»Ich bin der Weg und die Wahrheit und das Leben; niemand kommt zum Vater denn durch mich.«

»Ich und der Vater sind eins.«

»Der Vater ist in mir und ich in ihm.«

Körper, Seele und Geist

Eine weitere Dreiteilung ist die Lehre von den drei Körpern: *materieller Körper*, *Seele* und *Geist*.

Der *materielle Körper* ist das individuelle, manifeste Ich und damit das individualisierte Auge, durch welches der Zeuge auf die Welt blickt. Der materielle Körper besteht aus vielen SubHolons, welche die Seele innerhalb des Kosmos verwendet, um sich zu manifestieren.

Der *Geist* ist das Licht des Zeugen, der durch den materiellen Körper in den Kosmos blickt. Damit ist der *Geist* mit der *Wahrheit* und dem *Vater* gleichzusetzen.

Die *Seele* dagegen ist das organisierende Muster, welches die SubHolons in ihrer Struktur determiniert.

2.5.3. Hölle, Vorhölle, Paradies

Nun sind wir mit dem Begriff der Seele bei einem weiteren Unterschied zwischen den pantheistischen bzw. polytheistischen Religionen und der monotheistischen Theologie angelangt: In den drei Weltreligionen Judentum, Christentum und Islam gibt es keine Reinkarnation der Seelen. Nach dem Tod gelangen sie in den Himmel, die Vorhölle oder die Hölle. Um das zu erklären, müssen wir uns nochmals näher mit der Funktion des Todes befassen.

Am Ende des Lebens lösen die weltlichen Umstände die Verbindung der Seele mit der materiellen Struktur. Die Ausrichtungen der Raumzeitkoordinaten drehen sich für die Seele zwischen Phase 3 und Phase 4 aus dem Kosmos heraus. In Phase 4 trennen sich die drei Körper *materieller Körper*, *Seele* und *Geist* voneinander. Aber wie ist das zu verstehen, wenn wir den monistischen Standpunkt nicht aufgeben wollen?

- Der ***materielle Körper*** bleibt innerhalb des Kosmos zurück. Die Seele hört auf ihre **SubHolons** zu organisieren, wodurch diese auseinanderfallen. Das Muster, an das sie sich angelagert hatten, existiert nicht mehr *innerhalb* der Raumzeit. So wie die Eisenfeilspäne ihren Zusammenhalt verlieren, wenn der Magnet entfernt wird, so zerfällt der materielle Körper, wenn der Info-Spin der organisierenden Holozelle Phase 4 erreicht.
- Der ***Geist*** ist mit dem Funken der göttlichen Aufmerksamkeit (**Zeuge**) gleichgesetzt und entschwindet mit der Entidentifikation in die Einheit Gottes zurück.
- Die ***Seele*** ist jene subtile Information, welche in Phase 3 die SubHolons organisiert hat und in Phase 4 als Soliton der Wahrscheinlichkeitswelle (***Bardo-Seele***) in die Zukunft abgestrahlt wird.

Es gibt also keine wirkliche Trennung von unterschiedlichen Körpern, die einem Monismus widersprechen würde. Vielmehr zerfällt lediglich eine Verbindung zwischen drei informellen Ebenen. Die Holozelle ist mit dem identisch, was wir Seele nennen. Sie ist die Verbindung zwischen dem göttlichen Funken der Aufmerksamkeit (dem Zeugen) einerseits und der materiellen, raumzeitlichen Manifestation andererseits. Sie ist das organisierende Muster, an dem sich zur Manifestation Materie anlagert. Wobei diese Materie selbst nichts anderes ist, als ein *Haufen Holons*, die ihrerseits nur organisierende Muster sind, an denen sich Materie anlagert – ad infinitum.

Der materielle Körper ist wie ein Haufen Eisenfeilspäne in einem Magnetfeld, nur, dass das Magnetfeld »Seele« in der Materie selbst präsent ist. Im Tod verlässt das organisierende Muster die Raumzeit und die SubHolons fallen zu einem unorganisierten Haufen auseinander. Aber auch hier darf man nicht aus den Augen verlieren, dass die SubHolons selbst wieder nichts anderes als organisierende Muster (Seelen) sind, an denen sich SubHolons anlagern. Materie ist in dieser Hinsicht illusorisch, weil sie immer nur aus Anlagerungen von organisierenden Mustern an organisierende Muster besteht. Es gibt nichts, außer dem Informationspool der sich organisierenden Muster, der von Innen betrachtet *»eine Schau auf sich selbst«* ist, eben göttliche Aufmerksamkeit. Von Außen betrachtet wirkt er wie feste Substanz, weil Seelen in Seelen bis ganz nach unten dieses Muster manifestieren. Alles Existierende ist göttliche Bewusstheit. Materie ist Bewusstsein von Außen.

Das Interessante daran ist nun, wie Phase 4 des Info-Spins (Tod) aus der Sicht der Seele selbst erlebt wird: Durch die orthogonale Drehung der Raumzeitkoordinaten kommt es zu einer Uminterpretation der Informationen des Kosmos. Die Zeit wechselt mit dem phänomenalen Raum ihre Rollen. Vergangenheit des Todeszeitpunkts wird zum Außenraum der Holozelle und Zukunft zu deren Innenraum. Gleichzeitig wird der bisherige Innenraum der Holozelle zur Vergangenheit und der bisherige Außenraum zur Zukunft. Zeit erlebt die Seele (Holozelle von innen), indem sich die Identifikation innerhalb der Raumzeit von der Individualität weg und hin zu den Rändern des Kosmos bewegt. In dieser Phase geht es um die Entidentifikation des Zeugen mit der individuellen Struktur und um die Wiederintegration in die göttliche Einheit. Dazu ist es notwendig, die Grundmuster des bisher Erlebten, welche die Identifikation bestimmen, aus der Gegenposition neu zu erleben, um die Ganzheit wieder herzustellen. Mit anderen Worten: In dieser Nachtodphase begegnet sich die Seele zwangsläufig selbst. Sie muss nacherleben, wie es einst der Umwelt mit ihr ergangen ist.

Das ist der notwendige Weg zur Einheit. Die eigene Vergangenheit, die ihr nun als Außenwelt gegenübertritt, wird in ihren *Bedeutungsaspekten* so interpretiert, dass eine Ganzheitlichkeit wiederhergestellt werden kann.

> Die Bedeutungsmuster, welche das Leben durchzogen haben, werden in der Nachtodphase mit getauschten Rollen nacherlebt.

Die individuelle Perspektive hat die Einheit der Welt in zwei Teile gespalten: in Subjekt und Objekt. Um die Ganzheit wieder herzustellen muss Subjekt nun temporär zu Objekt werden und umgekehrt.

Der *zeitliche Ablauf* des Geschehens beginnt dabei mit oberflächlichen Einzelerlebnissen, die nahe an der Individualitätsgrenze liegen, und steigert sich zu immer tieferen und grundlegenderen Strukturen. Die phänomenalen Folgen dieser Wiederintegrationsphase für die Seele können sehr unterschiedlich sein. Je nach dem, ob sie im Leben liebenswert war oder nicht, wird ihr in dieser Phase eine liebenswerte Außenwelt begegnen - oder eben nicht.

Nun kommt es darauf an, als individuelles Ich diese Erlebnisse anzunehmen. Gelingt es durchgängig, die Geschehnisse zu akzeptieren und sogar zu lieben, erschließt sich zusätzlich zu den eigenen Erfahrungen des vergangenen Lebens das jeweilige Erleben des entsprechenden Gegenübers. Die Seele kann über dieses Nacherleben die Eindrücke der Anderen nachvollziehen, als wären es ihre eigenen. In gewisser Weise sind sie es auch: Mit den Erfahrung der Anderen beginnt die Seele nun auch deren subjektive Standpunkte zu teilen. Sie *wird* zu den Anderen.

Das ist der Sinn dieser Phase: Die Grenzen verschwinden und die Seele erweitert sich um die Identitäten der restlichen Welt, um zu Allem zu werden, ohne die eigenen Individualität aufzulösen. Schließlich lebt sie in Gemeinschaft mit Allem und integriert sich in die Ganzheit. Das persönliche Ich erlebt sich selbst dabei als *in Gemeinschaft mit Gott lebend* und gleichzeitig als *Gott selbst*. Für die einzelne Seele ist es, als würde sie aus einem Schlaf erwachen und erkennen, dass sie immer schon Gott in seinen allumfassenden Aspekten war und nur für kurze Zeit träumte, das individuelle Ich eines von der Ganzheit getrennten Subjekts gewesen zu sein. Dieses Erwachen ist ein wahrhaft paradiesischer Zustand, da er jegliches Leiden marginalisiert.

Das bewusste, individuelle Ich weitet sich und wird mit Gott identisch. Das ist jener Zustand, der als ewige Gemeinschaft mit Gott bezeichnet wird: Das *Paradies*.

Was aber, wenn dieser Weg nicht gegangen werden kann? Wenn es nicht gelingt, sich selbst – als Außenwelt erlebt – zu lieben und bedingungslos anzunehmen? Was also, wenn man sich selbst die eigenen Eigenschaften nicht verzeihen kann?

Die *Gnade Gottes*, beim Tod in den Himmel aufgenommen zu werden, ist nichts anderes, als das *„sich selbst verzeihen können“* der Seele.

Im Bardo weiß die Seele jedoch nicht, dass sie sich selbst verzeihen müsste, um ins Paradies zu gelangen. Sie weiß nicht, dass alle Erlebnisse dieses Bereiches nur der Entidentifikation mit dem Ego, der Wiederintegration in die Ganzheit dienen[1]. In dieser Phase muss die Seele all ihren Peinigern verzeihen, weil diese Peiniger niemand anderer sind, als sie selbst. Wenn dies jedoch zu schwer zu ertragen ist, bleibt das individuelle Bewusstsein innerhalb der Identifikation der Holozelle hängen und schafft den Aufstieg zur Ganzheit nicht. D.h., *die Erinnerung an die Individualität* steigt nicht in der gleichen Weise mit dem Zeugen zur göttlichen Einheit hoch, wie der *Zeuge mit der Erinnerung*. Der Zeuge nimmt die Erinnerung mit, aber die Erinnerung kann dem Zeugen nicht folgen. Die Innenperspektive der Seele kann nicht gleichzeitig mit der Innenperspektive anderer Seelen eingenommen werden. Die eigene Perspektive ist mit den Gegenpositionen unvereinbar. Sobald die Qualia anderer Seelen erscheint, entschwindet die eigene Aufmerksamkeit: *Die Seele wird in einer Art Schockzustand bewusstlos*. Sie steigt daher nicht zur Einheit hoch. Sie erwacht erst wieder, wenn der manifeste Kosmos das Grundmuster des Solitons (Bardo-Seele) in einem neuen Info-Spin wieder (über karmische Dekohärenz) zu sich ruft.

Wenn das seelische Äquivalent des Quantenkollaps den Info-Spin der Holozelle wieder auslöst, wird das Soliton (Bardo-Seele) in den Kosmos zurückgerufen. Damit werden die Wahrscheinlichkeitswellen des Solitons auf eine der vielen Möglichkeiten begrenzt und beim Übergang von Phase 2 in Phase 3 – den Kollaps – in den raumzeitlichen Kosmos integriert. Ist das nun Reinkarnation? Die Antwort darauf ist ein eindeutiges »JEIN«. Die verschiedenen Religionen haben unterschiedliche Aspekte davon hervorgehoben. Bereits im Buddhismus heißt es dazu: *»Zwar reinkarniert das* ICH, *aber das* ICH *ist eine Illusion,*

---

[1] Genau genommen begegnen wir uns während des ganzen Lebens schon selbst. Trotzdem handeln wir, als würden wir wie Fremde unter Fremden leben. Daran ändert auch unser intellektuelles Wissen um unsere Einheit mit der Welt nichts.

somit reinkarniert eine Illusion. Folglich ist auch Reinkarnation eine Illusion.«

Aber Reinkarnation ist eben nur für jene eine Illusion, für die auch das individuelle ICH eine Illusion ist. Für alle anderen gilt beides: Einerseits steigt der Zeuge zur Einheit mit Gott auf, ohne die Erinnerung an die Individualität zu verlieren, womit die verstorbene Seele in ewiger Gemeinschaft mit Gott lebt. Aber andererseits bleibt die seelische Struktur in der Welt vorhanden und wird von der Welt wieder in eine Existenz gerufen. Diese kausale Abhängigkeit der inkarnierten Seele ist das Karma.

2.5.4. Ahnenverehrung

Erinnern wir uns an die wichtigste Veränderung beim Todeszeitpunkt: Die Zeit wechselt mit dem phänomenalen Raum die Rollen. Vergangenheit des Todeszeitpunkts wird zum Außenraum der Holozelle und Zukunft zu deren Innenraum. Wo also befindet sich der Verstorbene nach seinem Tod?

Viele Menschen meinen, ein geliebter, verstorbener Mensch befindet sich im Herzen der Hinterbliebenen: »Solange wir uns an ihn erinnern, ist er nicht fort.« Das mag ein Trost sein, ist aber falsch. Der Verstorbene befindet sich nicht *in uns*, im Gegenteil: *Wir befinden uns innerhalb des Verstorbenen*. Er trägt *uns* in *seinem* Herzen. Die Welt, in der wir leben und die wir wahrnehmen, ist unsere Außenprojektion. Auch unser Körper bildet dabei keine Ausnahme. Zwar ist das Muster unseres Körpers unsere Innenwelt, aber der konkrete Körper besteht aus SubHolons (Zellen, Moleküle, Atome, ...), die sich an diesem Muster anlagern und zur Außenwelt gehören. Aber nicht nur in Phase 3 des Info-Spins ist das so. Auch in Phase 2 des Infospins bildet diese Welt unsere Außenwelt – also in der Phase der Geburt, in der wir von der Ganzheit abgerufen werden und uns auf die Inkarnation vorbereiten. Und schlussendlich auch in Phase 4, in der wir nach unserem Tod zur Einheit zurück streben:

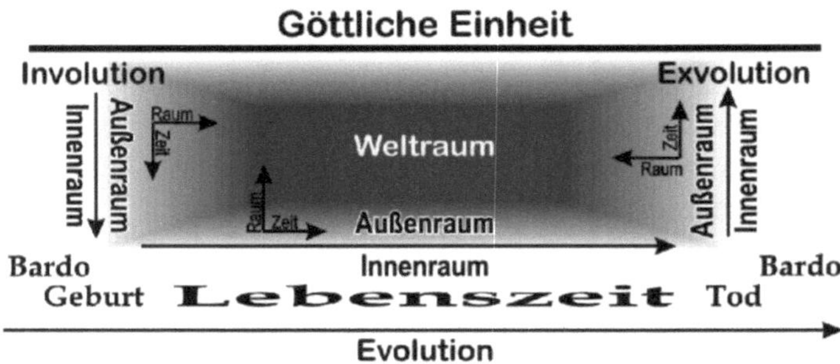

Aus der Funktion des Info-Spins ergibt sich aber auch noch eine zweite Tatsache: Die Welt, in der wir gegenwärtig leben, ist in die Innenwelt von *nicht mehr* und von *noch nicht* inkarnierten Seelen eingebettet. Sie ist Teil des Innenweltpotenzials aller bereits verstorbenen Seelen. Wir suchen uns einen Weg durch das Labyrinth der Möglichkeiten, die ein Verstorbener als seine Innenwelt hinterlässt. Aber auch die Innenwelten erst in Zukunft inkarnierender Seelen sind Teil des Zukunftspotenzials unserer Gegenwart. *Teil* deshalb, weil nicht alle Möglichkeiten des Quantenpotentials zur Realität werden.

Es gibt Menschen, die nach eigenen Angaben mit Toten in Kontakt stehen und mit ihnen sprechen. Manche Schamanen beschwören die Verstorbenen und im christlichen Kulturkreis hält man Totenmessen, um die Verstorbenen auf den Weg in den Himmel zu geleiten. Was ist von solchen Ideen zu halten?

Zunächst ist der Kontakt mit Toten und das heute so aktuelle Channeling eine schwierige Angelegenheit. Dort wo es tatsächlich mehr als bloße Einbildung und kreative Phantasie des Unbewussten ist, wird es meist falsch interpretiert. Mit einem Toten kann man kein Gespräch führen, wie mit seinem Nachbarn. Schließlich hat der Tote im Bardozustand – also in Phase 4 des Info-Spins – eine andere Zeitlinie. Sie steht orthogonal zu unserer. Was für uns ein zeitlicher Ablauf ist, zeigt sich für den Verstorbenen als eine innerliche Bedeutungsstruktur. Wenn wir meinen, ein Gespräch mit ihm zu führen, dann ist das eher so, als würden wir einen Brief von ihm lesen, den er vor seinem Tod geschrieben hat. Wenn es trotzdem für uns wie ein Gespräch wirkt, dann deshalb, weil der Brief viel mehr wie ein »Wiki-Lexikon« funktioniert: Wir geben einen Suchbegriff ein und erhalten eine entsprechende Textpassage. Aber ganz so einseitig funktioniert es natürlich nicht. Es gibt eine Form von Feedback an den Verstorbenen. Wenn eine Seite seines »Wikis« häufig aufgerufen wird, tritt die damit verbundene Prägung in seinem Inneren stärker hervor. D.h., in seinem Bardozustand richtet er mehr Aufmerksamkeit auf diesen Bereich und somit wird dieser als innere Bedeutungsstruktur deutlicher ausgearbeitet. Das klingt zunächst wie ein theoretisches Postulat. Aber sehen wir uns an, wie es funktioniert:

Zunächst müssen wir bedenken, dass die Zukunft der Welt für den Verstorbenen sein eigenes Innenleben ist. Gleichzeitig aber ist diese Zukunft der Welt nicht festgelegt. Sie existiert zum Zeitpunkt des Todes der Seele nur als Wahrscheinlichkeitswolke. Für den Toten erscheint es wie Myopie (Kurzsichtigkeit) innerhalb der eigenen Innenwelt: Alles, was nahe an der Oberfläche liegt – und somit in unserer Welt zeitlich nahe beim Todeszeitpunkt des Verstorbenen – ist scharf und in den Details gut erkennbar. Je tiefer ein Thema im Inneren des Verstorbenen verborgen liegt –

sich also von uns aus gesehen weiter in der Zukunft befindet – desto unschärfer wird es. In der ferneren Zukunft (und damit sehr tief im Inneren des Verstorbenen) sind für ihn nur noch grobe Strukturen zu erkennen, weil die Freiheitsgrade der Wahrscheinlichkeiten zu groß geworden sind. Das ist weniger sonderbar, als es zunächst erscheinen mag. Im Gegenteil: Wir kennen dies als unterschiedliche Bewusstseinszustände während unseres Lebens: Im normalen Tagesbewusstsein, das mit Beta-Gehirnwellen korreliert ist, denken wir in Details. Wir erinnern uns, dass wir den Müll raus bringen müssen und die Katze füttern, dass die Milch im Kühlschrank zur Neige geht und, dass wir fürs Büro neue Kugelschreiber kaufen müssen. Befinden wir uns in einem entspannten Zustand, was einem Alphazustand des Gehirns entspricht, kommen tiefere und grundlegendere Strömungen zum Vorschein. Wir erkennen unsere Liebe zur Kunst, unsere Sehnsucht nach einem harmonisches Familienleben, träumen von einem Sommerurlaub in Spanien usw. Es erscheint uns zwar so, als würden sich die großen Strömungen unseres Lebens aus Details zusammensetzen, aber in Wahrheit sind die großen Strukturen primär vorhanden, die Details unseres Alltags lagern sich daran erst sekundär an. Ebenso geht es dem Verstorbenen im Bardozustand: Was er in seinem Inneren sieht, sind die Folgen, die Spuren seines Lebens, die er innerhalb der Welt zurücklässt. Anfänglich sind die Details noch klar, aber je weiter er nach innen – und damit in die Zukunft der Welt – blickt, umso weiter driften die Wahrscheinlichkeiten auseinander. Übrig bleiben nur die groben Strömungen, welche den Grundmustern seiner Seele entsprechen. Jene, die in der Welt zurückgeblieben sind und an den Verstorbenen denken, sind in diese Strömungen eingebettet. Sie befinden sich im Inneren der Ahnen und durch ihre Erinnerungen, geben sie ihnen ein inneres Licht. Sind diese Gedanken von Liebe getragen, stärken sie die innere Kohärenz des Verstorbenen; er fühlt sich integer. Ist die Erinnerung dagegen von Ablehnung und Hass geprägt, wirkt sie zwar ebenfalls aufmerksamkeitslenkend auf den Verstorbenen, aber in Form innerer Zerrissenheit, welche die Integration der Seele in die göttliche Einheit stört bzw. verhindert. Wenn der Verstorbene in Phase 4 des Info-Spins sich selbst begegnet, schwächt eine innere Zerrissenheit seine Fähigkeit, sich selbst zu verzeihen. Hieraus erklärt sich auch die in fast allen Kulturen überlieferte Überzeugung, über Verstorbene nur Gutes denken und sprechen zu dürfen.

Es ergibt sich eine Wechselwirkung:

Einerseits betrachten und interpretieren die Verstorbenen ihr vergangenes Leben – in Phase 4 des Info-Spins ihre Außenwelt – durch dieses innere Licht (*wie auch wir unsere Außenwelt nach unseren inneren Strukturen interpretieren*). Dieses innere Licht wird von jenen Folgen geprägt, welche die Verstorbenen in der Welt hinterlassen.

Andererseits können uns die Verstorbenen mit ihren Emotionen – also mit der Art und Weise, wie sie uns im Herzen tragen – in unseren Entscheidungen und Handlungen leiten, weil wir Teil ihres Inneren und somit auch durch ihre Entwicklung bedingt bzw. beeinflusst sind.

Gebete für Verstorbene, schamanistische Rituale und Totenmessen haben also durchaus ihren Sinn – und zwar immer in beide Richtungen: Für die Verstorbenen genauso, wie für die Hinterbliebenen.

2.5.5. spirituelle Blindsicht, Gebet, Gnade

Betrachten wir nun, wie es sich auf unser Leben auswirkt, dass unsere Wirklichkeit der Innenwelt *noch nicht inkarnierter*

Seelen angehört: Der Quantenkollaps bringt die Dinge in die Welt, indem er alle Informationen aus der Wahrscheinlichkeitswolke löscht, die sich nicht verwirklichen sollen. Materielle Wirklichkeit entsteht durch eine Informationsreduktion in der Gegenwart gegenüber der Vergangenheit. Derselbe Vorgang zeigt sich bei der Inkarnation komplexer Seelen. Die verschiedenen Möglichkeiten der Inkarnation werden aufgrund ihres karmischen Erbes auf eine einzige reduziert. Die gesamte Beziehung der Gegenwart zur Vergangenheit – und damit aller *im Jetzt der Raumzeit* inkarnierten Seelen zu allen bereits verstorbenen Seelen – liegt in dieser Konkretisierung und Definition der Informationen (Inkarnation bzw. Quantenkollaps).

Welcher Art ist nun die Beziehung der Gegenwart zur Zukunft? Die Gegenwart erzeugt doch erst die Möglichkeiten der Zukunft. Es gibt viele virtuelle Szenarien für die Zukunft, die als Möglichkeitswolken mit unterschiedlichen Wahrscheinlichkeiten vor uns liegen. Wenn wir durch unseren Erwartungshaltungen die Aufmerksamkeit auf bestimmte Situationen lenken, stärken wir Wahrscheinlichkeiten für die Inkarnation von Seelen in konkreten Situationen. Das funktioniert über eine Art *spiritueller Blindsicht*[1]. Die Seele ist immer über alle Wahrscheinlichkeitswolken informiert und sucht sich aber unbewusst ihren Weg in die Zukunft durch das Labyrinth der Möglichkeiten. Der Ablauf erfolgt über Grundmusteraffinitäten: Mir geschieht, was mir geschieht, weil ich bin, wer ich bin.

---

1 „Blindsicht“ liegt vor, wenn ein Patient sich selbst für blind hält, obwohl Augen, Sehnerven und visuelle Zentren im Gehirn voll funktionsfähig sind, aber die Verbindung zwischen Sehzentrum und Frontalkortex, in dem die bewusste Wahrnehmung stattfindet, gestört ist. Stellt man diesen Patienten einen Gegenstand in den Weg, weichen sie zielsicher aus, ohne bewusste Wahrnehmung. D.h., obwohl sie sehen, wissen sie es nicht, geschweige denn, dass sie sogar danach handeln.

2.5.5.1 karmische Blindsicht

Ist es Ihnen schon einmal passiert, dass Sie sich ganz spontan dazu entschieden haben auf eine Party zu gehen und dort haben sie das Geschäft Ihres Lebens abgeschlossen? Oder sind Sie vielleicht ungeplant an einen unbekannten Urlaubsort gefahren und dort einen Menschen kennengelernt, der ihrem Leben eine entscheidende Wendung gab? Natürlich könnte das reiner Zufall sein. Aber wie ist das mit der Gruppe von Skifahrern, die den ganzen Tag zusammen geblieben war, bis sich plötzlich ein Teil von ihnen entschloss in der Schihütte zu bleiben, während die anderen mit der Seilbahn in den Tod stürzten? Derlei Beispiele gibt es bei jedem Unglück. Alles Zufall? Nein. Wie wir bereits im ersten Teil des Buches gesehen haben, ist »Zufall« nur ein anderes Wort für: »Wir kennen die Zusammenhänge nicht«. Und nach dem Kapitel über die »Perlen Indras« muss uns klar sein, dass Zufall in diesem Kosmos keinen Platz hat. Alles ist Bewusstsein und somit kann es auch keine anderen Ursachen im Kosmos geben, als Bewusstsein. Fegt ein heftiger Wind genau in dem Augenblick, in dem ich unten vorübergehe, einen Blumentopf herab, der mich am Kopf trifft, würde wohl jeder, der davon hört, von einem unglückseligen Zufall sprechen. Trotzdem ist es keiner, denn meine spirituelle Blindsicht kennt die Zukunft. Irgendeine Instanz in mir hat sich für diese Situation entschieden. Es gibt dafür eine Ursache in meinem seelischen Grundmuster. Diese Ursache nennt man Karma. »Karma« bedeutet »Rad« und meint, dass jede Ursache eine Wirkung nach sich zieht. Natürlich habe ich nicht verursacht, dass der Blumentopf vom Balkon fällt. Aber viele kleine Einzelentscheidungen haben dafür gesorgt, dass ich mich zur rechten Zeit am rechten Ort befinde. Das Grundmuster meiner Persönlichkeit hat sich im Laufe der individuellen Evolution vom Nichts über Etwas zu Alles in eine Situation hinein manövriert, die ein derartiges

Erlebnis notwendig werden ließ. Zugegeben: Wir befinden uns hier auf dünnem Eis. Ich muss daher gleich ein Missverständnis klarstellen:

Das Opfer eines Unglücks oder Verbrechens ist natürlich nicht *selbst schuld* an dem, was ihm passiert! Schuld und Ursache müssen wir als zwei völlig unterschiedliche Begriffe betrachten. Zwar *verursacht* das seelische Grundmuster, dass ein Opfer in eine entsprechende Situation gerät, aber es trägt keine *Schuld* daran. Schuldig werden wir an Entscheidungen, die wir aus egoistischen Gründen treffen. Das heißt, um schuldig zu werden müssen drei Voraussetzungen erfüllt sein: Wir müssen um die Folgen unseres Tuns wissen, wir müssen eine Handlungsalternative besitzen und wir müssen den *Vorteil für uns* bewusst höher einschätzen, als den *Nachteil für andere.* Das ist bei einer karmischen Verursachung nicht der Fall.

Die gleiche Situation kann man noch aus der anderen Perspektive betrachten: Entschuldigt diese *Verursachung durch das Opfer* den Täter? Nein! Auch wenn es kein Zufall ist, welche Seele zum Opfer wird, liegt die Schuld eines jeden Vergehens immer beim Täter. Und er hat für diese Schuld auch zu bezahlen:

1. Er muss sich der in seiner Gesellschaft herrschenden Rechtsprechung stellen (falls man ihn des Vergehens überführt).

2. Er wird in Phase 4 seines Info-Spins (Bardozustand) mit der Sichtweise des Opfers identifiziert und erlebt sein eigenes Vergehen selbst aus der Opfersicht noch ein mal.

3. Seine Perspektive auf die göttliche Ganzheit ist derart gespalten, seine seelische Grundstruktur also so gestaltet, dass er das durch ihn verursachte Erlebnis aus der Sicht des Opfers in

seiner eigenen Erwartungshaltung verankert. Karmisch führt ihn sein Weg zurück zu Gott zwangsläufig über eine Erfahrung, ähnlich der des Opfers.

> *Echte Schuld* wird mehrfach vergolten – karmische Verursachung nur einmal.

2.5.5.2 Blindsicht bei Affirmation und Gebet

Wenden wir uns der positiven Seite der spirituellen Blindsicht zu:

Trotz der Grundmusteraffinitäten sind wir unserem Schicksal nicht völlig hilflos ausgeliefert. Innerhalb unserer karmischen Vorgaben sind Freiheiten vorhanden, welche unterschiedliche Manifestationen erlauben. Durch die Konzentration unserer bewussten Aufmerksamkeit auf bestimmte Affirmationen oder Gebete stärken wir die Wahrscheinlichkeiten für diese Manifestationen über unsere Co-Kreations-Teilhabe an der permaneten Neuschöpfung des Kosmos. Die Affinität der Seele zu den unterschiedlichen Zukünften wird damit verändert. Wir beeinflussen das Muster zur Organisation unserer SubHolons und über eine *blindsichtige Erleuchtung des richtigen Weges zur Manifestation* neigen wir mehr zu den Mikroentscheidungen, welche uns der Affirmation annähern.

Zugegeben: Das ist weit weniger, als uns esoterische Positivdenker versprechen, denn die schreiben sich auf die Fahnen, das ganze Universum selbst erschaffen zu haben. Aber es ist doch weit mehr, als rein psychologisch orientierte Positivdenker anzubieten haben, nach deren Thesen sich nur die subjektive Interpretation der Fakten ändert, nicht aber die Fakten selbst. Durch spirituelle Blindsicht ändern sich in begrenztem Rahmen auch die Fakten der zukünftigen Ereignisse. Wir sind schließlich die Co-Kreatoren dieses Kosmos.

2.5.6. Gott als Person

Ist Gott als reale Person vorstellbar? Einige aktuelle, spirituellen Sichtweisen sehen Gott als eine Form von unpersönlicher, alles durchdringender Lebenskaft an, die zwar alles erschafft, der man sich aber zu einem persönlichen Gespräch nicht zuwenden kann. Kann Gott also dem Menschen als ansprechbares Du zur Verfügung stehen?

Ja, und zwar in dreifacher Form.

Die erste Form ist Gott als Schöpfer und Ziel des Schöpfungsprozesses. Als Endpunkt einer kontinuierlichen Steigerung der Komplexität des Kosmos kommt nur ein Punkt Omega in Frage, der Gott selbst als allumfassende Persönlichkeit zeigt. Da es in diesem Fall aber keinen Bereich des Kosmos mehr gibt, der aus dieser Einheit der Persönlichkeit ausgeschlossen ist, muss es sich um den Endpunkt der Zeit selbst handeln (und den Beginn eines neuen Kosmos – »The Big Bounce«). Die Person Gottes bleibt damit außerhalb des manifesten Kosmos. Trotzdem handelt es sich streng genommen um eine zukünftige Inkarnation und somit befinden wir uns *innerhalb* der Person Gottes (wie bei jeder zukünftig inkarnierten Person). Wenn wir uns dieser konkreten Person – in der christlichen Theoloie »*Vater*« genannt – zuwenden, wird der Weg zur göttlichen Manifestation für unsere spirituelle Blindsicht heller leuchten, als die anderen ebenfalls möglichen Wege in die Zukunft. Unsere Umwege zu Gott verkürzen sich. Unsere Gebete werden erhört.

Die zweite Form, Gott direkt als Du anzusprechen führt über den Weg des Info-Spins der SubHolons. In jeder Sekunde vollenden Milliarden Seelen ihren Info-Spin (Exvolution) und integrieren ihre Erfahrungen in die Einheit mit Gott. Sie behalten dabei ihre Individualität und erweitern sie um die Individualitäten aller anderen in Gott integrierten Individuen zu einem einzigen großen »ICH BIN«. Hierbei handelt es sich nicht um eine unpersönliche Kraft. Im Gegenteil: Persönlicher ging es gar nicht. In gleicher Weise inkarnieren in jeder Sekunde Milliarden Seelen aus Gott heraus in der Welt (Involution). Es ist die evolutionäre Lebenskraft des Kosmos selbst, welche jeden Winkel dieses Universums ständig mit Gott in Verbindung stehen lässt. Diese Kraft des sich aus Info-Spin-Schlaufen webenden Teppichs des Kosmos ist es, die uns in jedem Augenblick am Leben erhält und die in jedem dieser Augenblicke aus der Fülle der Möglichkeiten die Wirklichkeit neu entstehen lässt. Wenn wir uns dieser Kraft – in der christlichen Theologie *»Heiliger Geist«* genannt – vertrauensvoll zuwenden, werden unsere Gebete erhört.

Die dritte Form, in der Gott als ansprechbares Du zur Verfügung steht, ist Gott in seiner Erscheinung als Zeuge. Sowohl in uns selbst, als auch in jedem bewussten Wesen, welches uns innerhalb dieser Welt begegnet, begegnen wir nie jemand anderem, als Gott. Genau genommen begegnet sich Gott immer nur selbst. Dieser inneren und äußeren Gottesmanifestation – in der christlichen Theologie *»Sohn«* genannt – müssen wir uns liebevoll zuwenden, dann werden unsere Gebete erhört.

2.5.7. Der Sinn des Todes

Der Mensch unterscheidet sich vom Tier durch das Wissen um seinen Tod ... und durch Religion. Es liegt nahe, das eine mit dem anderen in Verbindung zu bringen: Der Mensch braucht eine Religion, weil er sich seines Todes bewusst ist. Aus dieser einfachen Formel glauben viele moderne und postmoderne Anthropologen ableiten zu können, dass sich Religion auf die psychologische Kompensation des Todesbewusstseins reduzieren ließe. Aber mit dieser simplen Trostpflaster-Theorie lässt sich nicht erklären, wieso es zwischen den einzelnen Religionen so viele Gemeinsamkeiten gibt.

- Im *Schamanismus* der Naturvölker bläst eine Lebenskraft durch alle Dinge, heiligt die gesamte Welt und hält sie dadurch im Dasein.
- Für den *Taoismus* ist die gemeinsame Ursache von Yin und Yang die Quelle aller Dinge, aus der alles unaufhörlich hervor sprudelt und wieder ins Nichts zurücksinkt.
- Der *Hinduismus* sieht die Welt über einen unaufhörlichen Tanz der Lebenskraft ständig neu geschaffen.
- Im *Buddhismus* erscheint das Universum jeden Augenblick neu durch einen endlosen Strom des rekursiv aufeinander bezogenen bedingten Entstehens. Das Universum besteht aus einem permanenten Strom einzelner Dharmas.
- *Konfuzianismus* sieht in der Welt eine Einheit, die von der Lebenskraft Chi durchdrungen und erhalten wird.
- Den Mystikern des *Christentums* erscheint die Welt nicht von Gott getrennt, sondern von ihm unaufhörlich neu erschaffen.
- Im *Islam* ist jeder Augenblick für Allah eine Gelegenheit, das Universum neu zu gestalten, weil es nicht einfach ist, sondern ständig ins Dasein kommt.
- Und selbst nach den modernen Philosophien von Withehead bis Wilber gilt das Universum als ein lebendiger Organismus, der sich permanent regeneriert und evolviert.

In all diesen Beschreibungen erkennen wir den Info-Spin der Holozellen wieder: Diese permanente Rotation der subjektiven Interpretation der Raumzeit *ist* diese Lebenskraft des Schamanismus. Das sich aufteilen des Informationsraumes in Subjekt und Objekt *ist* das Hervortreten der Dinge aus dem Tao. Die ineinander geschachtelte Hierarchie der Info-Spins der Sub- und SuperHolons *ist* der kosmische Tanz Shivas. Der permanente Strom der Dharmas *ist* die Verkettung der Holozellen zur Raumzeit. Konfuzianisches Chi *ist* der »Heilige Geist« des Zeugen in jedem Subjekt. Durch das stroboskopartige Aufblitzen der Materie aus den Wahrscheinlichkeiten *wird* die Welt tatsächlich – ganz mystisch – permanent neu erschaffen. Über die Mikroentscheidungen der inkarnierten Holozellen hat Allah jeden Augenblick die Gelegenheit, das Universum neu zu kreieren.

Das ist der Sinn hinter dem Tod: Dieser Tanz der Lebenskraft ist nur möglich, weil das Subjekt nach der Abspaltung von Gott und nach der Erschaffung des Individuellen, den Info-Spin weiterdreht und sich wieder mit Gott vereinigt.

Ewiges Leben ist innerhalb dieses physischen Universums weder möglich noch wünschenswert. Schließlich würde es uns auf ewig von Gott trennen:

»Wenn ich sterbe, sterbe ich in Gott hinein.«

3 Zusammenfassung/Einordnung

3.1 ZUSAMMENFASSUNG

Um uns die Theorie des EVOLUTIONÄREN IDEALISMUS im Überblick anzusehen, müssen wir zwei Tricks anwenden: Wir müssen die hypothetische Position eines unabhängigen Beobachters, außerhalb von Gott und Welt einnehmen und wir müssen eine externe Zeit einführen, die real nicht existiert.

Wir begeben uns also in eine pseudoobjektive Position. Der Nachteil dabei ist, dass die beschriebene »göttliche Substanz« damit ihrer kraftvollen Lebendigkeit und ihrer Omnipräsenz beraubt wird. Aber dies ist die einzige Möglichkeit, die Funktionalität der göttlichen Ganzheit rational zu beschreiben.

3.1.1. Das Wichtigste zuerst

Bewusstsein ist Materie von Innen und Materie ist Bewusstsein von Außen. Es gibt keine Materie ohne Bewusstsein und kein Bewusstsein ohne Materie. Dabei ist die Erfahrung der Materie ebenso viel und ebenso wenig eine Illusion, wie die Erfahrung von sich selbst als Einzelindividuum. Die Welt der Maya (Illusion) betrifft uns nicht nur materiell, sondern auch geistig. Wer sich als Einzelindividuum ernst nimmt, muss auch die Welt der Materie ernst nehmen. Aber beginnen wir am Anfang:

3.1.2. Abspaltung

Es gibt nur Gott. Gott ist ein Bewusstseinspotenzial von unendlicher Größe. Aus diesem Potenzial tauchen kleine Spiegelschleifen auf, so dass die gesamte Göttlichkeit wie eine Wolke aus winzigen, von einander scheinbar isolierten Tröpfchen wirkt. Jedes Tröpfchen ist ein Individuum mit eigenem kleinen Kosmos mit einer winzigen Ausdehnung. Diese Ausdehnung umfasst lediglich eine Spiegelung der eigenen Abspaltung von der Ganzheit. Mathematisch ausgedrückt:

0 (*Einheit*) = **+1** (*Innenperspektive*) **-1** (*Außenperspektive*)

Um einen individuellen Bewusstseinsstandpunkt zu ermöglichen, eine einzigartige Perspektive, wird ein willkürlicher Punkt zum Standpunkt, an dem die Einheit aufgesplittet wird. Aber zunächst ist dieser Punkt ortlos und ermöglicht keinerlei Orientierung. Das einzig Existente, ist die Bedeutung der »Ergänzung« für die Urholozelle. Sie ist mit der einen Hälfte (+1) identifiziert und erkennt daher die ergänzende Bedeutung (-1) im Außen. Die Urholozelle dreht sich um sich selbst und spiegelt dabei nur ihre eigene Spaltung – die nichts anderes ist, als das temporäre Vergessen der Einheit – unendlich oft hin und her. Hier wird auch die Grundstruktur des Begriffs *Bedeutung* erhellt: Die eigene innere Konstellation *deutet* auf eine Ergänzung im Außen, die dadurch wahrnehmbar wird: Das eigene innere Sein ist nichts, als ein Pfeil ins Außen und dieses Außen nur eine Spiegelung des Pfeils.

3.1.3. Verkettung

Da die Abspaltung von der Einheit nicht *real* ist, sondern lediglich eine Abschattung eines Teils der Ganzheit, ein Vergessen der Einheitlichkeit, wirkt sich die Informationszunahme (0 wird zu +1-1) auf die Ganzheit aus. Die Spaltung von Einheit und Individualität, welche eine Differenzierung und damit einen subjektiven Raum erzeugt, wird »seitlich« abgestrahlt. *Seitlich* bedeutet, dass es zusätzlich zur Spaltungsrichtung EINHEIT-

URHOLOZELLE eine Richtung gibt, die von der Urholozelle wegführt, aber *nicht* zur Einheit hin. Stattdessen wird die Kohärenzkraft der Einheit (*Eros*) umgeleitet und führt zur Verkettung der unendlichen Urholozellen. Dadurch entsteht neben dem individuellen (phänomenalen) Raum (Innenraum-Außenraum) der »reale« (kartesische) Raum und die Zeit (Vergangenheit-Zukunft).

3.1.4. Verschmelzung / Emergenz

Durch diese Verkettung der Informationen spiegeln die Urholozellen nicht mehr nur sich selbst, sondern auch ihre dadurch konkret gewordenen Positionen innerhalb der Gemeinschaft aller Urholozellen. Wieder kommt es zu einer gigantischen Informationsvermehrung, die ermöglicht, dass sich die Ganzheit in wesentlich komplexere Holozellen aufteilt, deren Innen- und Außenleben viele Urholozellen umfasst und damit eine Fülle von Erlebnismöglichkeiten eröffnet. Diese Verschmelzung von Urholozellen - *als neue Möglichkeit des Eros der Spaltung entgegenzuwirken* - zu normalen Holozellen geschieht jedoch nicht aus dem Nichts. Sie geschieht entlang der seitlichen Abstrahlungen in einer kontinuierlichen Steigerung, die innerhalb des Kosmos als Evolution erlebt wird. Bevor wir uns aber dieser hierarchischen Kette des Seins zuwenden, müssen wir noch einen wichtigen Punkt erwähnen, der aus einer bloßen Verkettung *das komplexe Netzwerk der Wirklichkeit* ermöglicht: die prinzipielle Vierheit der Erscheinungen, die Tetraprojektion:

3.1.5. Tetraprojektion

Wie bereits bei den Urholozellen ist auch die Spiegelung der komplexeren Holozellen gleichzeitig eine Projektion der Informationen, da es keine Unterscheidung zwischen Information und

Informationsträger gibt. Es ist wichtig festzuhalten, dass die Projektion eine vierfache Spiegelung ist. Innenraum und Außenraum werden ebenso gespiegelt, wie Vergangenheit und Zukunft. Als Ergebnis wird jeder HIER&JETZT-Punkt zum Kaleidoskop, welches den Informationsraum in vier Bereiche aufteilt: vergangener Innenraum, vergangener Außenraum, zukünftiger Innenraum, zukünftiger Außenraum. Diese vier Bereiche sind nichts anderes als Bedeutungsprojektionen der Holozelle. Alle vier gemeinsam ergeben die Ganzheit der Holozelle aus der subjektiven Perspektive (EIQ). Die Wirklichkeit wäre jedoch leer, wenn es keine Projektionsfläche geben würde, auf denen sich diese Bedeutungen manifestieren können. Aber es gibt sie in Form anderer Holozellen. Diese lagern sich an den Bedeutungsprojektionen der Holozelle an, deren Erwartungen sie dadurch manifestieren. Das geschieht jedoch nicht zufällig. Sie wählen jene Strukturen aus, durch die sie ihre eigenen Projektionen verwirklichen können. Denn im Gegenzug wird die Holozelle selbst zur Leinwand für die anderen Holozellen. Der Kosmos entsteht aus einer Vernetzung von übereinandergelagerten Bedeutungsprojektionen. Was uns als materielle Welt erscheint, ist tatsächlich ein hierarchischer Schaum sich gegenseitig projizierender Holozellen. Durch diese Auslagerungen entstehen aus den phänomenalen Quadranten (EIQ) die realen Quadranten (WIQ).

Interpretiert werden diese vier Bereiche der Projektion in folgender Form:

- vergangener Innenraum (EIQ LU)
  = eigener materieller Körper (WIQ RO)
- zukünftiger Innenraum (EIQ RU)
  = Intentionalität des »Ich« (WIQ LO)

- vergangener Außenraum (EIQ LO)
  = Intentionalität des restlichen Kosmos (WIQ LU)
- Zukünftiger Außenraum (EIQ RO)
  = die Objekte des restlichen Kosmos (WIQ RU)

Dabei ist zu beachten, dass alles nur Projektion ist. Ihre scheinbare Offensichtlichkeit ist darauf zurückzuführen, dass sich andere Holozellen zur Verfügung stellen, um sich an diese Bedeutungsprojektionen anzulagern. Dabei kommt es zu einer Überblendung (Co-Kreation) aller Erwartungen der beteiligten Holozellen (Allverbundenheit). Die Wirklichkeit ist der kollektive Traum einer multiplen Persönlichkeit, von der wir Teil sind. Das schafft relative Stabilität und Konsistenz.

Und nun zurück zur hierarchischen Kette des Seins:

3.1.6. Hierarchie der Gewohnheiten

Die Richtung der Zeit im Kosmos wird bestimmt durch die Steigerung der Emergenz. (*Innerhalb des Kosmos ist sie objektiv erkennbar als steigende Entropie bei gleichzeitigem Aufbau von dissipativen Strukturen und autopioetischen Systemen.*) Das bedeutet, dass sich zunächst die Urholozellen auf Gewohnheiten einigen, welche die Grundgesetze der Raumzeit bestimmen. Sie tun dies, indem sie ihre Erwartungen nach außen projizieren und diese sich in Summe überlagern. Alle später kommenden Holozellen haben diese Gewohnheiten als Grundlage. Für sie werden sie zu Naturkonstanten: Lichtgeschwindigkeit, Gravitationskonstante, Raumkrümmung, Higgsfeld, ...

Quantenereignisse – auf einer der nächsthöheren Ebenen – geschehen innerhalb dieser vorgegebenen Raumzeit. Aber ihre Freiheiten sind noch sehr groß. Ihre Eigenschaften sind deshalb *Nichtlokalität* und *Unsicherheit des Kollaps*. Ihre Wahrscheinlichkeitswellen sind jedoch genauestens festgelegte Gewohnheiten, an die sich die Atome später anpassen müssen: Wie viele Elektronen passen in eine Atomschale? Wie viel Energie benötigt ein Quantensprung? Wo kann ein Photon erscheinen, deren Quantenwelle sich selbst überlagert? Quantenereignisse bestehen aus vielen Urholozellen, den Bausteinen der Raumzeit. Während des Ablaufs eines Quantenereignisses – von Kollaps zu Kollaps – inkarnieren und exkarnieren viele Urholozellen (*und stehen damit ständig über den Info-Spin mit der Einheit in Verbindung*), welche die Wahrscheinlichkeitswellen über ihre Verkettungen weitertragen wie Staffelläufer.

Atome haben bei weitem nicht solche Freiheiten, wie subatomare Teilchen. Jedoch sind auch sie immer noch Wahrscheinlichkeitswellen, die »bei Bedarf« vom Kosmos abgerufen und damit inkarniert werden. Die Vielfalt ihrer Erscheinungsmöglichkeiten steigt aber dadurch, dass sie viele Teilchen organisieren und kombinieren können. Ihre Gewohnheiten bilden die Gesetze der Mechanik und die Voraussetzungen für Chemie.

Die Gewohnheiten der Moleküle bilden die Welt der Chemie und auf einer komplexeren Ebene die Welt der Biochemie. Die Freiheiten sind weitestgehend aufgebraucht. Hier lässt sich alles auf Physik zurückführen. Trotzdem gibt es Freiheiten, diese gründen jedoch auf der Unschärfe der Quanten. Allerdings fallen sie zunächst kaum auf, weil sich durch viele Quantenereignisse ein (statistisch berechenbarer) kontinuierlicher Strom ergibt, der den vorgegebenen Gesetzen zu 100% zu folgen scheint. Zudem fallen die Einflüsse der Quantenunsicherheiten nicht auf, denn ob sich z.B. ein Makromolekül durch sein elektrisches Potenzial in die eine oder andere Richtung falten wird, kann – begründet durch das sensitive Chaos – nach physikalischen Gesetzen unentscheidbar sein. Aber genau hier befindet sich in einer Welt der Kausalität das Tor zur Freiheit. Über dieses Prinzip der quantenmechanischen Unschärfe wird Freiheit die gesamte Hierarchie des Kosmos nach oben gesaugt, wie ein Baum durch den osmotischen Druck Wasser von seinen Wurzeln bis zu den Blättern saugt. Der Mensch ist somit in seinen Entscheidungen frei, obwohl er den Notwendigkeiten der Gewohnheiten des Kosmos (= physikalische, chemische, biochemische Gesetze) folgen muss. Erst aus dieser Kombination von Freiheit und Notwendigkeit kann sich überhaupt ein Kosmos bilden.

Biologie kann so oder anders funktionieren. Es gibt für das Leben durchaus verschiedene Möglichkeiten und die Evolution hier auf Erden hat sehr viele davon durchgespielt. Jede ökologische Nische hat in gegenseitiger Abhängigkeit ihre eigenen Spezies hervorgebracht. Und jede körperliche Organisation erzeugt ihren eigenen Ausschnitt aus der Gesamtwirklichkeit als *Welt*-Raum dieser Holozellen. Eine dieser Spezies ist der Mensch, der es jedoch über die Entwicklung seiner Erkenntnisfähigkeit geschafft hat, den eigenen *Welt*-Raum über technische Instrumente immer mehr zu erweitern. Wir haben künstliche Sinnesorgane geschaffen, welche Bereiche der Wirklichkeit für uns wahrnehmbar machen, die uns ansonsten verschlossen wären.

Als zusätzliche ökologische Nische gibt es beim Menschen jedoch auch noch den kulturellen Raum, den er sich selbst erschafft. Auch hier gibt es Gewohnheiten, die wie Gesetze wirken. Diese werden z.B. mittels Psychologie, Hermeneutik, Konstruktivismus und Strukturalismus erforscht.

Jede hierarchische Ebene des Seins bringt seine eigenen Gesetzte hervor, die auf den Gesetzen der unteren Ebenen aufbauen, sie integrieren und weit über sie hinausweisen. Aber die Gewohnheiten könnten auch andere sein. Erst der Mensch steht auf einer Stufe der Bewusstseinsentwicklung, die ihm seine

Gewohnheiten bewusst werden lässt und ihm erst dadurch Veränderungen ermöglicht.

3.1.7. Info-Spin

Der Info-Spin ist die Dynamik der Informationsverkettung, mit der die Abspaltung der einzelnen Holozellen von der Einheit ermöglicht wird. Das Licht der göttlichen Aufmerksamkeit fängt sich in den Tröpfchen – den Holozellen –, wird über die kaleidoskopartige Spiegelung im Kreis geleitet und auf sich selbst zurückgestrahlt. Dadurch kommt es zur kurzfristigen Teil-Abschattung des Lichts. So, wie die Farben des Regenbogens durch eine Teilabschattung des weißen Lichts der Sonne erzeugt werden, so kommt es hier zu einer temporären Individualisierung der göttlichen Aufmerksamkeit durch die Reduzierung auf den Zeugen innerhalb einer Holozelle und zur Zeitlichkeit des Erlebens. Der individuelle Informationsraum wird durchlaufen und – je nach Phase des Info-Spins – in vier unterschiedliche Teilbereiche projiziert und interpretiert. In Phase 3 des Info-Spins befindet sich die Holozelle innerhalb unserer Wirklichkeit. D.h., die vier Quadranten werden so interpretiert, dass sich daraus unser Raumzeit-Kosmos ergibt. In den Phasen 2 und 4 befindet sich die Holozelle im Bardozustand und die vier Quadranten werden orthogonal zu unserer Wirklichkeit interpretiert. Raum wird zur Zeit und Zeit zum Raum. Wobei es sich bei dem interpretierten Raum nicht um den kartesischen, dreidimensionalen Raum handelt, sondern um einen phänomenologischen Bedeutungsraum (Innen- u. Außenraum). Der kartesische Raum ergibt sich erst aus der Überlagerung aller Bedeutungsprojektionen der gegenwärtig in Phase 3 des Info-Spins befindlichen Holozellen.

3.1.8. Die Illusion der Materie

Wir betrachten die Welt prinzipiell aus zwei Perspektiven. Uns selbst nehmen wir in der Innenperspektive wahr. Den Rest der Welt in der Außenperspektive. Alles, was wir in der Außenperspektive wahrnehmen erscheint uns materiell. Unser Körper erscheint uns ebenfalls materiell, wenn wir ihn von außen betrachten, zum Beispiel die Hand vor Augen halten oder uns vor einen Spiegel stellen. Tatsächlich jedoch sehen wir unseren eigenen Körper immer nur aufgrund anderer Holozellen, die sich an unsere Projektionen anlagern. Was wir sehen, das sind immer die Anderen, nie wir selbst. Aber wir erkennen uns selbst aufgrund der Organisation der Anderen, weil sie unsere Projektionen abbilden, wie Eisenfeilspäne die Magnetfeldlinien.

3.1.9. Involution, Exvolution und Evolution

Phase 2 des Info-Spins ist die **Involution**, bei der sich der göttliche Funke von der Einheit löst, diese Einheit vergisst und aus der Vergangenheit der Möglichkeitswolke die Informationen aufnimmt, um in Zeit und Raum eine individuelle Perspektive einzunehmen. Da jeder winzige Teil der Wirklichkeit aus Holozellen besteht und jede Holozelle diesem Info-Spin unterliegt, wird die Welt in jedem Augenblick durch permanente Involution neu erschaffen.

Exvolution ist die Phase 4 des Info-Spins. Jener Bereich, bei dem die Holozelle ihre Information als Wahrscheinlichkeitswolke in die Zukunft abstrahlt, während der göttliche Funke über einen Prozess der Entindividualisierung oder Deintentifikation jene abgeschatteten und ausgeblendeten Informationen wieder aufnimmt, die ihm eine Wiederintegration in die göttliche Einheit erlauben.

Auf diesen beiden gegensätzlichen Strömungen schwimmt der manifeste Raumzeit-Kosmos.

> Wie die Oberfläche des Ozeans durch die Tiefe des Wassers entsteht, so entsteht der Kosmos aus den stetigen Konvektionsströmen von Involution und Exvolution.

Innerhalb der Wirklichkeit – also in jenem Bereich, der sich aus der Überlagerung der Phase 3 der Info-Spins aller gegenwärtig inkarnierten Holozellen ergibt – entfaltet sich die Evolution, welche die Emergenz des Kosmos voran treibt und von absolut gleichförmiger Zersplitterung beim Urknall zur organisierten und manifestierten Ganzheit des Omegapunktes hinführt. Diese Tendenz kennen wir als **Evolution** des Kosmos.

Die Wirklichkeit schwimmt als Co-Kreation aller Holozellen auf den Konvektionen von In- u. Exvolution.

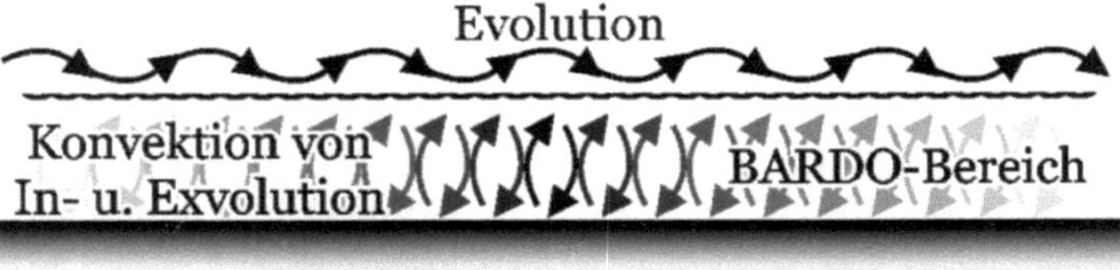

3.2 EINORDNUNG

Wie ist die Philosophie des *EVOLUTIONÄREN IDEALISMUS* nun in die bestehende Geschichte der Philosophie einzureihen? Die Bedeutung einer Theorie wird oft erst dann klar, wenn man sie im Zusammenhang mit der geschichtlichen Entwicklung anderer Theorien betrachtet. Erst im Vergleich wird die Qualität deutlich und verständlich. Versuchen wir also nun, zum Abschluss diesen Überblick zu schaffen.

3.2.1. Metaphysik

Seit die Menschen denken konnten, teilten sie ihr inneres Erleben in verschiedene Bereiche (Triebe, Empfindungen, Gefühle, Gedanken). Diese wurden auch in der Natur identifiziert und so galt es als klar, dass sie auch tatsächliche Sphären der Natur waren (astral, ätherisch, mental, kausal). Die Welt war voller Geister, Götter und Dämonen.

Seit der Antike ist Metaphysik der Versuch einer rationalen Beschreibung dieser grundlegenden Naturmystik. Es ist die Behandlung philosophischer Fragen wie z.B.: Was sind die Grundursachen dieser Welt? Gibt es einen Gott? Wie hängen Geist und Materie zusammen? Hat der Mensch eine unsterbliche Seele?

Die Klärung der Grundprinzipien des Seins ist zugleich die Suche nach der Ursubstanz des Kosmos. Glaubte man zunächst, sie in Elementen wie Wasser oder Erde gefunden zu haben, so waren es bei Platon die Ideen, welche die Welt als Schatten hervorbrachten. Dieser Dualismus zwischen Diesseits (Wirklichkeit) und Jenseits (Ideen) wurde auch zur Grundlage der mittelalterlichen Metaphysik. Im Gegensatz zur *Empirie*, die lediglich die diesseitige Welt erfahren kann, glaubte man mit Hilfe der *Vernunft* die Welt der Ideen wahrnehmen zu können und suchte auf diese Weise die Existenz Gottes zu beweisen.

Aus diesen Überlegungen leitete sich ein Schichtenmodell der Wirklichkeit ab, das in ähnlicher Weise auch in den Lehren anderer Weltreligionen existiert. Die Realität ist dabei in Ebenen unterteilt, die einerseits im Inneren des Menschen als Identitätssphären vorkommen und andererseits die hierarchische Struktur der Jenseitssphären bezeichnet. Aber natürlich waren diese Analysen lediglich Erfahrungsinterpretationen. Die Erfahrungen waren real, ihre Interpretationen wurden später in Frage gestellt.

3.2.2. Moderne

Mit dem Beginn der Neuzeit versuchte Descartes noch, mit dem methodischen Ansatz der *subjektiven Gewissheit* die Evidenz von Gott und Seele zu beweisen. Immanuel Kant leitete jedoch bald darauf eine grundlegende Wende ein. In seiner *Kritik der reinen Vernunft* zeigte er auf, dass der Mensch die Welt nur so wahrnehmen kann, wie sein Erkenntnisvermögen strukturiert ist. Eine objektive Erkenntnis der Wirklichkeit ist dem Menschen unmöglich. So erscheint ihm das Jenseits in Ebenen geschichtet, weil sein Verstand diese, seine eigenen Ebenen, auf die phänomenale Welt projiziert. Die Welt selbst, das *Ding an sich*, muss dem Menschen immer verborgen bleiben, da er keine Möglichkeit hat, die Welt anders, als durch seine eigenen Kategorien zu betrachten. Es ist z.B. nicht entscheidbar, ob es Raum und Zeit tatsächlich gibt, aber diese grundlegenden Kategorien des Verstandes sind für eine Einordnung der Phänomene unverzichtbar. Daher *erscheint* uns die Welt räumlich und zeitlich. Kant forderte eine neue Metaphysik, in der aus moralischen und ethischen Gründen bestimmte Postulate angenommen werden müssen, auch wenn es aus prinzipiellen Gründen niemals Beweise dafür geben wird. Diese Postulate sind die *Freiheit des Willens*, die *Unsterblichkeit der Seele* und die *Existenz Gottes*.

Die Vorstellung Kants von der Übertragung der eigenen Struktur durch den Verstand auf die wahrgenommene Umwelt wurde vom deutschen Idealismus aufgegriffen und ausgebaut. Die Welt wurde als absolute Erfindung des Geistes betrachtet. War Metaphysik bisher noch das Streben nach objektiver Erkenntnis über die Welt in allen Ebenen des Seins, so wurde sie nun zur Untersuchung der subjektiven Bedingungen des Verstandes und der Überwindung dieser subjektiven Beschränkungen hin zu einem absoluten Wissen. Wenn jede Erkenntnis – wie Kant meint – nur auf das Subjekt bezogen ist, das Subjekt aber absolut ist, dann kann auch die Erkenntnis absolut sein. Kritik kam vor allem von den materialistisch orientierten Denkern dieser Zeit, denen die industrielle Revolution schließlich Recht zu geben schien. Der Aufstieg von Wissenschaft und Technik beendete jede metaphysische Spekulation, indem es die Versprechen der Religionen durch Versprechen der Wissenschaft ersetzte. Die Tatsache, dass die Kirche ihre weltliche Macht immer schon mit aller Gewalt verteidigt hatte, spielte der Aufklärung zusätzlich in die Hände. »Vergesst die Gräuel nicht«, wurde der Wahlspruch der Säkularisierung und der Materialismus hielt Einzug in den Köpfen europäischer Intellektueller.

Aber Wissenschaft und Technik fanden keine der genannten Ebenen aus der heiligen Hierarchie. Die Schichtung der Wirklichkeit war empirisch nicht zu entdecken. Lediglich der Körper offenbarte sich den Instrumenten. Also etablierte sich ein mechanistisches Weltbild. Aber innerhalb dieses Weltbildes spalteten sich die Gelehrten in zwei Lager. Während die einen die Tradition des Idealismus fortsetzten und die Welt als Konstruktion des Ichs ansahen, meinten die anderen, das Ich als

Konstruktion seiner Umwelt entlarven zu können. In jedem Fall begann sich das gerade entstandene Bild der Realität gleich wieder aufzulösen.

3.2.3. Postmoderne

Aus diesen Strömungen entstanden auf der einen Seite der *Konstruktivismus* und auf der andern der *Strukturalismus* und *Poststrukturalismus.*

Konstruktivismus – wie der Idealismus ebenfalls auf Kant aufbauend – sieht den individuellen Verstand als den Verursacher und Konstrukteur der Wirklichkeit. *Strukturalismus* weist darauf hin, dass es das Individuum nur aufgrund der kulturell bedingten Sprachspiele gibt. Seine Grundaussage: *»Die Vorstellung eines unabhängigen Seins von Bewusstseins ist eine Illusion und lediglich das Ergebnis intersubjektiver Kommunikation.« Poststrukturalismus* weist darüber hinaus darauf hin, dass diese Bedingungen, Strukturen und Diskurse der geistigen Symbolverarbeitung nicht statisch sind, sondern im Laufe der Geschichte Veränderungen und Brüchen unterworfen sind. *Poststrukturalismus* bezieht sich somit auf die Metaebene der Bedingungen, wie Kommunikationsstrukturen kulturell konstruiert werden. Allen Strömungen der Postmoderne ist jedoch die Kritik an den *großen Erzählungen* gemeinsam. Gemeint sind damit absolute Welterklärungen, die auf ein bestimmtes Prinzip als Prämisse aufbauen, z.B. Gott (Metaphysik), Subjekt (Idealismus), Geschichte (Marxismus) oder Materie (Materialismus), um daraus allgemein gültige Grundwahrheiten abzuleiten. Jede dieser Welterklärungen ist der Grundstein zu einem totalitären System, welches andere Sichtweisen auf die Welt leugnet. Die

Vielfalt der Möglichkeiten wird durch diese *großen Erzählungen* zugunsten der Gleichförmigkeit zerstört. Die Natur wird ihres Potenzials beraubt und der Einzelne in seiner Entfaltung behindert.

Dem sollte nun ein *egalitärer Pluralismus* entgegenwirken. Verschiedene Erklärungsmodelle der Wirklichkeit sollten nicht mehr oder weniger Anspruch auf Wahrheit haben, als andere; sie alle sollten als gleich-wertig gelten. Ihre Unterschiede gründen sich lediglich auf ihrem *Sprachspiel*. So könnte z.B. das wissenschaftliche Sprachspiel eine mechanistische Weltsicht hervorbringen, die jedoch nicht höherwertiger ist, als das mystische Weltbild von Schamanen oder das der Götterwelt des alten Griechenlands. Es handelt sich um nichts weiter als unterschiedliche Sichtweisen auf die Welt, die sich durch ihre Art der Weltbeschreibung selbst erzeugen und bestätigen.

Damit hat jede Welterklärung ihre Macht als Legitimation für gesellschaftliche Institutionen, politische Praktiken, bestimmte Denkweisen, Ethik und Moral eingebüßt. Die Gesellschaft muss damit klar kommen, dass es eine Vielzahl unterschiedlicher Wahrheiten und unterschiedlicher Vorstellungen von Gerechtigkeit gibt. Alle Werte besitzen damit gleiche Gültigkeit, wodurch die postmoderne Weltvorstellung des Pluralismus *keine eigenen Werte* mehr kennt, sie ist Werten gegenüber im wahrsten Sinn des Wortes *gleichgültig*. Denn nur so kann gewährleistet werden, dass Werte nicht in ungerechtfertigter Weise unterschiedlich behandelt werden. Durch die Intention *keine* Werte unterdrücken zu wollen, wurden schließlich *alle* Werte marginalisiert.

3.2.4. Post-Metaphysik

Dieser egalitäre Pluralismus ist unbefriedigend, weil er zwangsläufig an Grenzen stößt. Wenn er konsequenterweise z.B. religiösen Fundamentalisten die gleiche Legitimation ihrer Handlungsweisen zugestehen muss, wie friedvollen Vertretern toleranter Lebensphilosophien.

Es zeigt sich aber auch, dass Weltbilder unterschiedlich umfassend sein können. Jeder von uns kennt das aus seiner eignen Geschichte: Wir hegen so lange bestimmten Vorstellungen, bis diese sich lediglich durch ein paar Zusatzinformationen in ihr Gegenteil wandeln. Rückblickend würden wir nie auf die Idee kommen, diesen früheren Vorstellungen die gleiche Legitimation einzuräumen, wie den jetzigen, welche auf einer größeren und umfassenderen Informationsbasis gründen und mehr Phänomene der Wirklichkeit erklärend einschließen. Wir halten die Veränderung unserer Meinung für Entwicklung.

Postmoderne Pluralisten berufen sich gerne auf den Begriff des *Paradigmas* nach Thomas Kuhn. Demnach ist ein Paradigma eine disziplinäre Matrix, welche alle Meinungen, Werte und Methoden einer Gemeinschaft enthält, welche auf neue Probleme angewandt werden. Kann ein Problem damit nicht gelöst werden, kann es zu einem Paradigmenwechsel kommen. Im Gegensatz zur allgemeinen Interpretation meinte Kuhn jedoch eine *Erweiterung* und keine absolute *Neugestaltung*. So ist der Übergang von der klassischen Mechanik zur Relativitätstheorie ein Pradigmenwechsel, weil durch sie die Welt neu betrachtet wird. In gewissen Grenzen behält die klassische Mechanik jedoch weiterhin ihre Gültigkeit. Es ist also eine *Erweiterung* des Weltbildes, indem das alte Paradigma als nur eingeschränkt gültig erkannt wird, aber weiterhin legitim ist. Es wird also nicht aufgehoben, es wird aber seiner Universalität entledigt. Das neue Paradigma, welches dabei zur Lösung der Probleme herangezogen wird, beinhaltet das alte Paradigma als Teillösung. Die Interpretation, dass jedes Weltbild dieselbe Legitimation hätte, weil ihm nur ein anderes Paradigma zugrunde liegt, ist folglich eine Fehlinterpretation des Paradigma-Begriffs.

Nach dieser Methode der Theorie-Analyse lassen sich auch Weltbilder nach ihrer *Weite* klassifizieren. Weltvorstellungen liegen nicht mehr völlig unverbunden und gleichberechtigt nebeneinander, sondern lassen sich hierarchisch ineinander verschachteln, je nach dem, wie viele Informationen sie in ihrer Theorie verarbeiten. Aber das alleine reicht natürlich noch nicht aus. Es muss auch beachtet werden, welche Phänomene sie berücksichtigen, welche sie übersehen und welche sie ausblenden. Zur Weite eines Weltbildes kommt damit auch noch die Perspektive hinzu. So hat der Idealismus eine andere Perspektive, als der Materialismus und die Kontemplation ist die Methode einer anderen Perspektive, als das Experiment. Ebenso nehmen Strukturalismus und Konstruktivismus lediglich verschiedene Perspektiven ein.

Ken Wilber hat eine Matrix aus 4 Quadranten (WIQ) und 8 Methodologien entwickelt, in die alle Phänomene eingeordnet werden können. Anscheinend widersprüchliche Weltbilder lassen sich damit zu sich ergänzenden Teilwahrheiten aneinanderfügen. Das zugrundeliegende Prinzip ist die Erkenntnis und Anerkennung dessen, dass es keine objektiven Wahrheiten gibt, die per se vorhanden sind und nur noch gefunden werden müssen. Es bedarf immer eines Subjekts mit einer bestimmten Perspektive, um die Welt wahrzunehmen und zu interpretieren. Solche Perspektiven können sich auch ineinander schachteln und übereinanderstapeln.

Beispiele:

- Ich kann mir vorstellen (mein Subjektives Ich = WIQ OL 1. Person) wie es ist, jemand anderer zu sein (subjektives Ich des anderen = WIQ OL 3. Person), der gerade einen bestimmten Vorgang beobachtet (objektiver Kontext = WIQ UR).
- Ich kann die Gehirnwellen eines Menschen analysieren (WIQ OR), der gerade einen Film sieht (WIQ UR).
- Ich kann auch jemanden beobachten (WIQ OR), der jemanden beobachtet (WIQ OR), der sich wiederum in einen anderen hineinversetzen will (WIQ OL 3. Person).

Aber egal, welche Methode ich auch immer anwende, um etwas über die Wirklichkeit heraus zu finden, ich nehme immer eine bestimmte Position ein. Niemals kann ich aus der Beobachterposition heraustreten und völlig objektiv sein. Ich kann lediglich sehr viele Perspektiven ineinander schachteln, um mich einer hypothetischen Objektivität anzunähern. Erreichen werde ich sie jedoch prinzipiell nie.

Aber mit dieser Einteilung wird es möglich vorurteilsfrei auch jene Phänomene einzuordnen, welche von bestimmten Perspektiven abgelehnt oder umgedeutet werden mussten. So kann das Gefühl der Einheit mit dem Kosmos von der Wissenschaft nur auf der materiellen und quantitativen Ebene untersucht werden: Gehirnströme messen, Fragebögen entwerfen, kulturellen Hintergrund beleuchten usw. Aber das Erleben selbst und vor allem jene spirituelle Dimension der Realität, die damit verbunden ist, bleibt der Wissenschaft unzugänglich. So ist es ihr auch niemals möglich, die Realität hinter derartigen Phänomenen zu verstehen.

Diese Matrix der Post-Metaphysik ist also eine entscheidende Weiterentwicklung in der Geschichte der Philosophie gegenüber der Postmoderne.

→ Nach der Theorie der herkömmlichen Metaphysik existiert ein Objekt in einem bestimmten Bereich der Realität und wird dort wahrgenommen. Ein Baum steht auf der Wiese und wird als Baum gesehen. In gleicher Weise schwebt ein Geist, bestehend aus subtiler Materie, im Jenseits und wird dort von sensitiven Personen wahrgenommen.

→ Moderne und Postmoderne räumen mit diesem naiven Realismus auf, indem sie erkennen, dass die Realität der Beobachtungssituation die Wahrnehmung des Objekts entscheidend beeinflusst. Jetzt erscheint es nicht unerheblich, ob z.B. ein Mensch unter Drogeneinfluss steht, wenn er einen Geist sieht.

→ In der Post-Metaphysik existieren alle Objekte jedoch in virtuellen Räumen, die zum Teil vom erkennenden Subjekt selbst stammen, ohne subjektive Erfindungen zu sein. Jedes Phänomen ist in erster Linie ein Phänomen im Bewusstsein des Subjekts und kann durch intersubjektiven Abgleich innerhalb der Matrix verortet werden. Es hat demnach eine bestimmte Adresse: Quadrant + Methode = Perspektive, Entwicklungshöhe usw. Das betrifft in gleicher Weise den Baum vor meinen Haus wie Mickey Mouse. Nichts ist davon ausgeschlossen. Lediglich die *Adressen* im systemischen Raster unterscheiden sich. Ähnlich, wie in der Postmoderne gibt es keine ontologischen Räume mehr, sie sind durch subjektive und intersubjektive (virtuelle) Welträume ersetzt. Nun aber liegen unterschiedliche Weltvorstellungen nicht mehr unverbunden nebeneinander, sie stehen in Relation zueinander, können aufeinander bezogen und untereinander bewertet werden. Die Position der Postmoderne wird hier nicht geleugnet, sondern integriert und erweitert. Wilbers Post-Metaphysik ist demnach die Folgestufe zur Postmoderne.

Allerdings können spirituelle Fragen, wie z.B. nach der Existenz Gottes oder der Unsterblichkeit der Seele, mittels dieses Systems nicht beantwortet werden. Vielmehr unterscheidet man hier zwischen Existenz und Subsistenz. So waren Atome bis zu ihrer Entdeckung zwar subsistent, aber nicht existent. Gott ist auf jeden Fall in der Form existent, dass er in den Wirklichkeiten von Menschen vorkommt, aber das tut auch Micky Mouse. Comicfiguren waren jedoch vor ihrer Erfindung nicht subsistent. Ob Gott subsistierte bleibt hier weiterhin ungewiss. Wilber meint, dass sich diese unmöglich zu beantwortenden Fragen in der Post-Metaphysik erst gar nicht stellen und, dass stattdessen daran gearbeitet werden sollte, den Rest der Metaphysik, der gerettet werden kann, in das System zu integrieren. Dies auch, um eine anthropische Ökumene zu ermöglichen, durch die verschiedenste kulturelle und religiöse Positionen versöhnt werden könnten. Mit Sicherheit ist dies eine wichtige Aufgabe. Mir erscheint es jedoch so, als wäre damit der letzte Schritt noch nicht vollzogen, als würde das Finale noch seiner Entdeckung harren. Der Schlussstein des Torbogens fehlt.

3.2.5. Evolutionärer Idealismus

Wie fügt sich hier nun der EVOLUTIONÄRE IDEALISMUS ein?

Machen wir noch einmal einen kurzen Abstecher zurück zur Postmoderne: Zwischen *Konstruktivismus* und *Strukturalismus* entstand eine dritte Strömung, die *Evolutionäre Erkenntnistheorie.* Im Gegensatz zu Kant ging man hier von der Überzeugung aus, dass die Kategorien der Erkenntnis dem Menschen nicht a priori gegeben sind. Diese Kategorien sind vielmehr in enger Koevolution mit dem Ökosystem entstanden. Sie bildeten sich also in enger Kopplung an eine reale Wirklichkeit heraus. Aufgrund dieser Kopplung bestand die Notwendigkeit, diese Wirklichkeit auch real zu reflektieren. Unser Verstand, mit dem wir die Welt begreifen wollen, ist das Ergebnis der Evolution. Die Kategorien der Erkenntnis passen daher auf die Welt, weil sie sich im Laufe der Evolution in Anpassung an diese Welt herausgebildet haben. Aus diesem Grund stimmen die Strukturen des Verstandes mit den Strukturen der Welt überein. Das erkennende Subjekt ist nicht unverbundener Beobachter des erkannten Objekts, sondern in seiner eigenen Entstehung eng mit ihm verwoben. Zeit und Raum sind Kategorien des Verstandes, weil sie Dimensionen der Wirklichkeit sind. Nur diese prinzipielle Übereinstimmung zwischen Bewusstsein und Welt ermöglicht dem Individuum das Überleben innerhalb der Welt.

Durch die Anerkennung der Evolution hat die Wirklichkeit ihren unsicheren Schwebezustand verloren und aus Konstruktivismus und Strukturalismus ist ein sich gegenseitig erzeugender Regelkreis geworden. Hieß es vorher, dass entweder der Strukturalismus den Konstruktivismus enthält *(indem der Strukturalismus erklärt, wie es zur Illusion des Konstruktivismus kam)* oder aber der Konstruktivismus den Strukturalismus *(indem der Konstruktivismus erklärt, wie es zur Illusion des Strukturalismus kam)*, so beinhalten sich die beiden nun auf eine gleichberechtigte Weise gegenseitig. Diese Sicht hat den Vorteil, dass man keine a priori Annahmen mehr benötigt. Stattdessen wird ein anerkanntes System soweit interpoliert, das es diese Erklärung liefert. Es sind also keine zusätzlichen Postulate nötig, die Theorie *reduziert* die unsicheren Prämissen der Erkenntnis. Eine philosophische Regel (Okhams Rasiermesser) besagt: Die Richtigkeit einer Theorie ist umso wahrscheinlicher, je weniger Grundannahmen sie benötigt und je mehr Phänomene sie erklären kann.

Evolutionäre Erkenntnistheorie erweitert *Konstruktivismus* und *Strukturalismus* zu einem einheitlichen Weltbild, das beide integriert und gleichzeitig über sie hinaus weist. Beide Weltbilder können mit der Evolutionären Erkenntnistheorie erklärt werden und die erfahrbare Wirklichkeit wird wieder auf eine Basis gestellt, der wir vertrauen dürfen.

In gleicher Weise funktioniert der EVOLUTIONÄRE IDEALISMUS für die *Post-Metaphysik* und den *materialistischen Monismus*.

Im EVOLUTIONÄRE IDEALISMUS wird die Hierarchie der Weltvorstellungen angenommen und auf eine Weise erklärt, in der Fragen nach *Gott, Jenseits* und der *Unsterblichkeit der Seele* nicht nur wieder erlaubt, sondern *auch beantwortbar* sind.

4 Gottes Schatten im Zentrum des Regenbogens

Eine kleine Geschichte:

Es war ein Tag wie aus dem Bilderbuch. Plötzlich jedoch zogen schwarze Wolken herauf und drohten den strahlend blauen Himmel zu verdüstern. Jedoch die Sonne ergab sich nicht so einfach der drohenden Übermacht. Mit unverminderter Kraft schickte sie ihre Strahlen durch dunkle Wolkenberge und fallende Regentropfen hindurch.

Ein Mann und eine Frau hatten auf ihrer Wanderung schützend Zuflucht unter ihren Regenmänteln gesucht. So saßen die beiden nun Seite an Seite auf einem hohen Felsen und betrachteten gebannt das Schauspiel.

Plötzlich sahen sie einen leuchtender Regenbogen, der sich vor ihren staunenden Augen, wie eine Brücke von Horizont zu Horizont erstreckte.

Nach einem kurzen Moment des Innehaltens, des faszinierten Verstummens über diesen grandiosen Anblick, begannen sie sich gegenseitig nun nach und nach ihre Eindrücke zu schildern. Mit ihren Worten malten sie Bilder über ihre Wahrnehmungen und über diese Bilder erkannten sie selbst, dass dieses wunderbare Geschehen keine Halluzination war – vor ihren Augen spannte sich tatsächlich ein wunderbarer, buntschillernder Lichtbogen.

Je detaillierter jedoch ihre Schilderungen wurden, umso deutlicher trat hervor, dass ihre Wahrnehmungen voneinander abwichen. Wie konnte das sein? Sahen ihre Augen nicht dasselbe

Phänomen? Sollte es doch nichts weiter als eine Illusion sein und ihre Eindrücke sich nur zufällig ähneln?

Sie fuhren fort, den Bogen zu beschreiben, und drangen auf diese Weise immer mehr zu seinem Zentrum vor. Und genau dort fanden sie die größte Diskrepanz in dem, was sie sahen:

Sowohl er, als auch sie benannten zwei Schatten – einen genau in der Mitte des Bogens, der andere knapp daneben. Aber während die Frau davon überzeugt war, dass der linke Schatten exakt im Zentrum läge und der rechte ein wenig außerhalb, so war der Mann der Ansicht, es wäre genau umgekehrt. Er sah ganz deutlich und ohne jeden Zweifel den rechten Schatten in der Mitte und den linken asymmetrisch ein kleines Stückchen außerhalb davon.

Des Rätsels Lösung konnte nur in ihren unterschiedlichen Positionen liegen.

Verwundert sahen die beiden sich an und plötzlich erkannten sie die Wahrheit:

Sie selbst waren diese Schatten – sie der linke und er der rechte.

Jedoch mit dieser einleuchtenden Erklärung ergaben sich bereits schon wieder neue Konsequenzen und Fragen:

Dieser bunte Regenbogen vor ihnen musste von ihrer beider Position abhängig sein. Aber bedeutete dies nun, dass sie selbst ihn ursächlich beeinflussten? Gab es eine kausale Verbindung zwischen ihnen? Waren sie vielleicht sogar seine Schöpfer?

War der Schatten im Zentrum und damit sie selbst die Ursache für das Licht, das ihn ausmachte? Und das durch den Schatten verdrängte Licht? Was geschah mit ihm? Verteilte es sich um den Schatten herum?

Aber je mehr Fragen sie sich stellten, um so weiter schienen sie sich auch wieder von einer Antwort wegzubewegen. Sie konnten dieses Wunder, das sich vor ihren Augen abspielte, damit nicht auf schlüssige Weise aufklären.

Je mehr sich die beiden jedoch auf den Schatten des Regenbogens konzentrierten, umso deutlicher stieg in ihnen eine Ahnung auf: Die Antwort auf dieses Rätsel, der Schlüssel zum Geheimnis, musste sich weit hinter ihnen und weit außerhalb ihrer Wahrnehmung befinden.

Und während sie noch die gefundenen, empirischen Erkenntnisse und Erfahrungen mit einander vernetzten, öffnete sich das innere Auge ihres kontemplativen Verstandes und es erblickte:

Die Ursache von Licht und Schatten:
Die göttliche Sonne.

Der Regenbogen vor ihre Augen löste sich auf – aber die Erinnerung daran blieb in ihren Herzen geborgen...

Buchempfehlungen:

Wer sich näher für die Thematik aus 1.3 interessiert, dem sei das Buch *»Wie kommt der Geist in die Materie?«* von Colin McGinn empfohlen (C.H.Beck, München 2001, 978-3406472176), an dessen Struktur dieses Kapitel angelehnt ist, dessen agnostischen Schlussfolgerungen ich jedoch nicht teile.

In den Kapiteln 1.4.1 und 1.4.2 lehne ich mich an das Buch *»Dr. Bertelmanns Socken«* von Shimaon Malin an (rororo, 2006, 978-3499620584), das ich aus diesem Grunde zur Vertiefung dieser Thematik sehr empfehlen kann, auch wenn ich seine erkenntnistheoretischen Schlussfolgerungen für übereilt halte.

Die Ideen des Kapitels 1.5.2.1 entstammen dem Buch *»Der Webstuhl der Zeit«* von Peter Eisenhardt (rororo, 2006, 978-3499608841), in dem allerdings die grundlegende Struktur der Raumzeit lediglich aus der objektiven Perspektive beschrieben wird.

Und natürlich empfiehlt es sich die Werke Ken Wilbers zu lesen, da der Evolutionäre Idealismus in großen Teilen auf der integralen Theorie Wilbers aufbaut.

Weitere Empfehlungen:

Bateson Gregory
Geist und Natur Suhrkamp 1987 978-3518282915
Churchland Paul M.
Die Seelenmaschine Spektrum 1997 978-3827401250
Damasio Antonio
Der Spinoza-Effekt List Tb 2005 978-3548604947
Descartes‹ Irrtum List Tb 2004 978-3548604435
Ich fühle, also bin ich List Tb 2002 978-3548601649
Eccles John C.
Die Evolution des Gehirns Piper 1989 978-3492116992
Eisenhardt Peter
Der Webstuhl der Zeit rororo 2006 978-3499608841
Görnitz Thomas
Der kreative Kosmos Spektrum 2002 978-3827413680
Quanten sind anders Spektrum 2006 978-3827417671
Gribbin John
Schrödingers Kätzchen Fischer Tb 1996 978-3596141517
Hauskeller Michael
Alfred North Whitehead Junius 1994 978-3885068952
Hawking Stephen
Der große Entwurf Rowohlt 2010 978-3498029913
Horgan John
Der menschliche Geist Luchterh. 1999 978-3630880020
Humphrey
Die Naturgeschichte des Ich H&C 1992 978-3455085617
Jaynes Julian
Der Ursprung des Bewusstseins rororo 1988 978-3499195297
Laszlo Ervin
Der Quantensprung im glob... ViaNova 2010 978-3866161535
Malin Shimaon
Dr. Bertelmanns Socken rororo 2006 978-3499620584
McGinn Colin
Wie k.d. Geist i.d. Materie C.H.Beck 2001 978-3406472176
Nörretranders Tor
Spüre die Welt rororo 1994 978-3499602511
Penrose Roger
Das Große, das Kleine u... Spektrum 1998 978-3827402899
Ramachandran
Eine kurze Reise d. Geist u... Rowohlt Tb2005 978-3499619878

Spitzer Manfred
Geist im Netz Spektrum 2000 978-3827405722
Watzlawick Paul
Die Unsicherheit u. Wirklichkeit Piper 1988 978-3492107426
Weizsäcker Carl F.v.
Aufbau der Physik dtv 1988 978-3446141421
Wilber Ken
Eros, Kosmos, Logos Fischer Tb 2001 978-3596149742